Lourdes Ros-El Hosni | Olga Swerlowa | Dr. Sylvia Klötzer | Dr. Sabine Jentges |
Kathrin Sokolowski | Dr. Kerstin Reinke (Phonetik) | Jørn Precht (Hörspiel)

AF216477

# Aussichten  A2

Kursbuch
mit 2 Audio-CDs

Ernst Klett Sprachen
Stuttgart

# Die Symbole bedeuten:

Sie arbeiten mit Ihrer Lernpartnerin / Ihrem Lernpartner zusammen.

Sie arbeiten in der Gruppe.

Sie gestalten etwas (schreiben, zeichnen, …).

1 _1      Sie hören mit der Audio-CD.

Sie lernen eine Strategie kennen.

Die Aufgabe ist für Ihr Portfolio.

AB 1      Das sind passende Aufgaben im Arbeitsbuch und

IS 2/1      in Integration Spezial.

1. Auflage    1 ¹⁰ ⁹ ⁸ | 2023   22   21

**Autorinnen / Autor:** Lourdes Ros-El Hosni, Olga Swerlowa, Dr. Sylvia Klötzer, Dr. Sabine Jentges, Kathrin Sokolowski, Dr. Kerstin Reinke (Phonetik), Jørn Precht (Hörspiel)
**Beratung:** Prof. Dr. Britta Hufeisen (TU Darmstadt), Alexandra von Rohr (Sprachinstitut Treffpunkt, Bamberg), Andrea Witt (VHS Bonn)

**Projektteam:** Renate Weber, Enikő Rabl, Annette Kuppler
**Redaktion:** Renate Weber, Enikő Rabl
**Layoutkonzeption:** Beate Franck-Gabay, Claudia Stumpfe
**Herstellung:** Claudia Stumpfe
**Gestaltung und Satz:** Eva Mokhlis, Stuttgart
**Illustrationen:** Vera Brüggemann, Bielefeld
**Umschlaggestaltung:** Silke Wewoda
**Druck und Bindung:** Elanders GmbH, Waiblingen

ISBN 978-3-12-676210-6

9 783126 762106

# Wie arbeiten Sie mit Aussichten?

## Kursbuch

Die Einstiegsdoppelseite stellt Schauplätze und Themen der Lektion vor.

Jede Lektion besteht aus drei thematischen Einheiten, die in den Handlungsfeldern privat – beruflich – öffentlich spielen.

Zu jedem wichtigen sprachlichen Phänomen (Wortschatz, Grammatik, Phonetik) gibt es eine Infobox.

Die Ausklang-Doppelseite bietet Projekte, Spiele, Lieder und Gedichte an.

Im Strategietraining werden die Fertigkeiten noch einmal Schritt für Schritt trainiert. In den Strategierezepten sind Redemittel und Tipps für die alltägliche Kommunikation übersichtlich zusammengestellt.

Im Anhang gibt es eine Grammatik zum Nachschlagen und eine komplette alphabetische Wortliste.

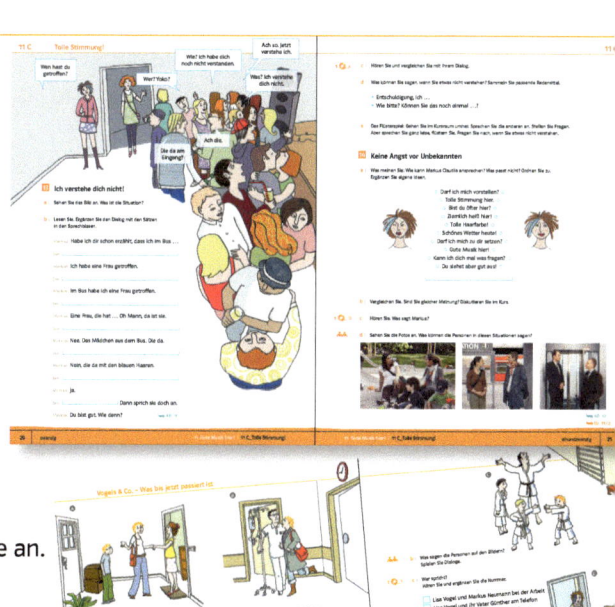

## Arbeitsbuch

Jede Lektion beginnt mit einer Übersicht über den Basiswortschatz.

Viele Übungen, Fokus-Kästen mit wichtigen Informationen zu Grammatik, Landeskunde und Strategien sowie ein Überblick über das neue Sprachmaterial unterstützen beim Lernen.

In Lust auf mehr gibt es weiterführende Themen, Texte und Bilder zur Lektion.

Das kann ich schon! – Eine Wiederholung nach jeder zweiten Lektion und ein Wiederholungsspiel nach jeder fünften Lektion bringen Sicherheit.

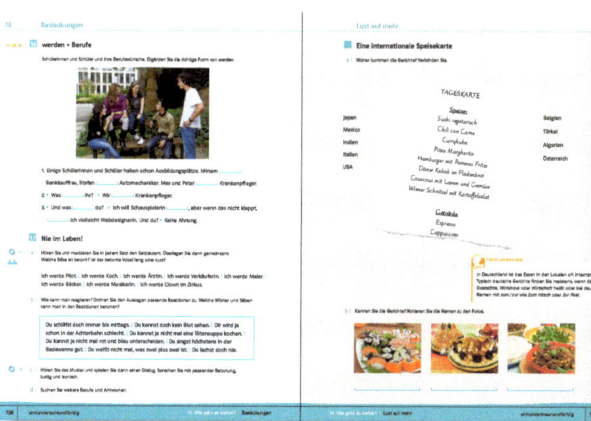

## DVD

Die DVD zeigt Filmporträts realer Personen in den deutschsprachigen Ländern. Zu jedem Porträt gibt es eine Doppelseite mit passenden Aufgaben im Arbeitsbuch.

## Audio-CDs

Die CDs enthalten alle Texte zum Kurs- und Arbeitsbuch: Hörspiel, Übungsdialoge, Ausspracheübungen, Lieder und Gedichte.

## Integration Spezial

Jedes Modul greift passend zu den Lektionen Themen des öffentlichen Lebens in Deutschland auf und vertieft diese.

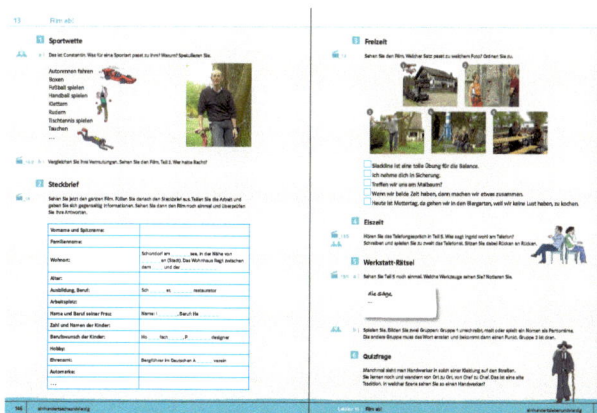

# Inhaltsverzeichnis

| Wortschatz und Strukturen | Strategien | Phonetik |
|---|---|---|

**Wortschatz und Strukturen**

- Musikinstrumente und -stile
- Kleidung und Aussehen
- *gefallen / mögen / lieben*
- Fragewort *Was für (ein/e)?*
- *dass*-Satz
- Adjektive vor Nomen (Nominativ)
- Wortbildung: mehrfach zusammen-gesetzte Nomen

**Strategien**

- Textabschnitten Überschriften zuordnen
- einen Text auf bestimmte Fragen hin analysieren und das Wichtige mit unterschiedlichen Farben markieren

**Phonetik**

- phonetische Mittel zum Ausdruck der Begeisterung und der Ironie
- Auslassungen in der gesproche-nen Sprache
- Unterscheidung von stark gespannten und schwach gespannten Konsonanten <p–b, k–g, t–d, f–w>

---

- Möbel und Einrichtungsgegenstände
- Ausflugsziele und Aktivitäten
- Präpositionen mit Dativ oder Akkusativ: *in, an, auf, neben, ...*
- *würde / könnte / möchte* + Infinitiv (Wünsche und Vorschläge)
- Wortbildung: Adjektive auf *-bar*
- Wortbildung: Nomen und Verben

- mithilfe von Stichpunkten eine Anfrage schreiben
- mit der Stimme und kleinen Wörtern zeigen, ob man für oder gegen etwas ist

- Satzakzente und Gliederung
- lange und kurze Vokale

---

- Sportarten
- Werkzeuge
- Präpositionen: *gegen, für*
- *sich*-Verben
- lautmalerische Wörter
- Temporaladverbien: *schon, noch, erst*
- *damit*-Satz
- Wortbildung: vom Verb zum Nomen

- wichtige Redemittel für ein Telefonat systematisieren
- beim Sprechen Emotionen einsetzen
- Smalltalk-Themen und -Redemittel verwenden
- Zeitangaben zur Orientierung im Text nutzen

- Aussprache [ks]-Laute

---

- Schultypen und Schulabschlüsse
- Demonstrativartikel *dieser, dieses, diese*
- *wenn*-Satz
- Verben mit Präposition: *sich interessieren für, sich bewerben bei, ...*
- *werden* + Nomen

- im Wörterbuch Verben mit Präposition nachschlagen
- mithilfe eines Textrasters schreiben

- phonetische Mittel für über-zeugende Sprechweise: Akzentuierung, Melodisierung, Stimmklang

---

- Feste
- Krankheiten und Notdienste
- Mutterschutz und Elternzeit
- Modalverb *sollen*: Aufträge, Aufforderungen
- *werden* + Adjektiv
- Modaladverbien: *vielleicht, wahrscheinlich, ...*
- Temporalangaben: Präpositionen mit Dativ

- Füllwörter benutzen, wenn man ein Wort nicht weiß
- Redemittel für peinliche Situationen kennen
- vor dem Lesen Erwartungen an einen Text klären

- stimmlose Konsonanten an Silben- und Wortgrenzen

# Inhaltsverzeichnis

| Wortschatz und Strukturen | Strategien | Phonetik |
|---|---|---|
| <ul><li>Kommunikationsmittel und Aktivitäten</li><li>Computersymbole</li><li>Relativsätze (Nom., Akk.)</li><li>*sich*-Verben: *sich treffen, sich sehen, …*</li><li>Komparativ, Superlativ</li><li>Vergleich mit *als / wie*</li><li>Verben mit Präpositionen: *sich ärgern über, sich beschweren bei, …*</li></ul> | <ul><li>vor dem Hören eines Interviews mögliche Fragen sammeln</li><li>vor dem Sprechen Notizen machen und Stichworte logisch ordnen</li><li>ein Reklamationsgespräch am Telefon vorbereiten</li><li>Argumente eines Textes für einen eigenen Beitrag nutzen</li><li>detailliertes Lesen</li></ul> | <ul><li>Pausen und Satzakzente</li><li>Aussprache R-Laute</li><li>Aussprache Endung *-ig*</li><li>Wortakzent bei *da(r)* + Präposition</li></ul> |
| <ul><li>Berufsbiografie</li><li>Autoteile und Eigenschaften</li><li>Tiernamen</li><li>die Form *sollte-*</li><li>Adjektive vor Nomen (Nom., Akk., Dat.)</li><li>Lokaladverbien: *raus, runter, …*</li><li>Schimpf- und Schmusewörter</li><li>Diminutiv *(-chen, -lein)*</li></ul> | <ul><li>eine Rede vorbereiten und strukturieren</li><li>Betonung nutzen und Textzusammenhänge deutlich machen</li><li>Feedback geben</li><li>beim Hören auf Details achten</li></ul> | <ul><li>Sprechweise der festlichen Rede</li><li>Aussprache konsonantisches R</li><li>Satzakzent und wichtige oder neue Informationen</li></ul> |
| <ul><li>Wörter rund um technische Geräte</li><li>Wetterphänomene</li><li>Adjektive vor Nomen (Wiederholung)</li><li>Verben mit Dativ</li><li>indirekte Frage: Nebensatz mit Fragewort</li><li>Sätze mit *deshalb*</li></ul> | <ul><li>Argumente vorbereiten und in einer Diskussion einbringen</li><li>deutliches Sprechen und richtiges Betonen</li><li>Verstehen absichern und bei Unverständnis nachfragen</li></ul> | <ul><li>Sprechweise der Überraschung</li></ul> |
| <ul><li>Familienmodelle und Beziehungen</li><li>Wörter rund um Kochrezepte</li><li>Pronomen *einander*</li><li>Interjektionen: *Oh! Au! Nanu? …*</li><li>Indefinitpronomen: *einer, keiner, welche*</li><li>Indefinitartikel: *viele, einige, …*</li><li>indirekte Frage: Nebensatz mit *ob*</li><li>verkürzter Nebensatz mit W-Wort</li></ul> | <ul><li>Textsortenkenntnisse nutzen</li><li>auf Verständlichkeit am Telefon achten</li><li>einen Text ganz genau lesen</li></ul> | <ul><li>emotionale Sprechweise und Interjektionen</li><li>steigende Melodie in Fragen</li></ul> |
| <ul><li>Alltagsgegenstände</li><li>historische Ereignisse</li><li>Possessivpronomen: *meiner, meins, meine, …*</li><li>Temporal- und Lokalangaben im Satz</li><li>Partikeln der gesprochenen Sprache: *denn, ja, doch, …*</li><li>Präteritum (rezeptiv)</li></ul> | <ul><li>einen längeren Redebeitrag strukturieren</li><li>bei einer Erklärung Pausen machen und wichtige Wörter betonen</li><li>vor dem Hören (eines Interviews) mögliche Antworten antizipieren</li><li>aus einem Text Jahreszahlen und Ereignisse herausziehen</li></ul> | <ul><li>persönliche Aussprache-schwierigkeiten</li><li>Sprechweise beim Vorlesen (erklärender Sachtext, Prosatext)</li></ul> |

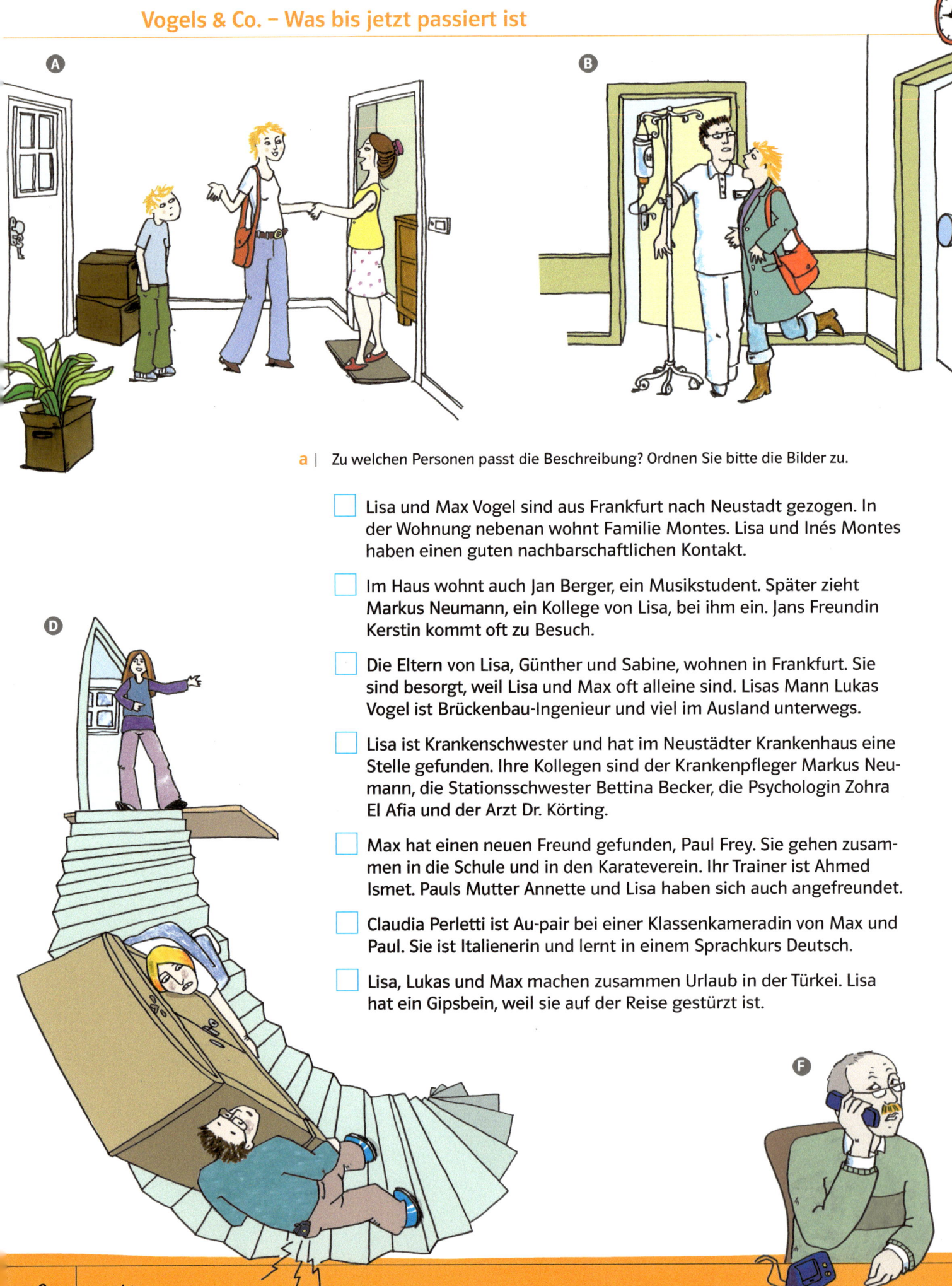

**a** | Zu welchen Personen passt die Beschreibung? Ordnen Sie bitte die Bilder zu.

☐ Lisa und Max Vogel sind aus Frankfurt nach Neustadt gezogen. In der Wohnung nebenan wohnt Familie Montes. Lisa und Inés Montes haben einen guten nachbarschaftlichen Kontakt.

☐ Im Haus wohnt auch Jan Berger, ein Musikstudent. Später zieht Markus Neumann, ein Kollege von Lisa, bei ihm ein. Jans Freundin Kerstin kommt oft zu Besuch.

☐ Die Eltern von Lisa, Günther und Sabine, wohnen in Frankfurt. Sie sind besorgt, weil Lisa und Max oft alleine sind. Lisas Mann Lukas Vogel ist Brückenbau-Ingenieur und viel im Ausland unterwegs.

☐ Lisa ist Krankenschwester und hat im Neustädter Krankenhaus eine Stelle gefunden. Ihre Kollegen sind der Krankenpfleger Markus Neumann, die Stationsschwester Bettina Becker, die Psychologin Zohra El Afia und der Arzt Dr. Körting.

☐ Max hat einen neuen Freund gefunden, Paul Frey. Sie gehen zusammen in die Schule und in den Karateverein. Ihr Trainer ist Ahmed Ismet. Pauls Mutter Annette und Lisa haben sich auch angefreundet.

☐ Claudia Perletti ist Au-pair bei einer Klassenkameradin von Max und Paul. Sie ist Italienerin und lernt in einem Sprachkurs Deutsch.

☐ Lisa, Lukas und Max machen zusammen Urlaub in der Türkei. Lisa hat ein Gipsbein, weil sie auf der Reise gestürzt ist.

**b |** Was sagen die Personen auf den **Bildern?**
Spielen Sie Dialoge.

 **1** 🔊_1 **c |** Wer spricht?
Hören Sie und ergänzen Sie die Nummer.

- [ ] Lisa Vogel und Markus Neumann bei der Arbeit
- [ ] Lisa Vogel und ihr Vater Günther am Telefon
- [ ] Jan, Markus und Kerstin im Treppenhaus
- [ ] Lisa, Max und Inés Montes im Treppenhaus
- [ ] Lisa und Max, Annette und Paul Frey, Ahmed Ismet im Karatekurs
- [ ] Lisa und Lukas im Urlaub
- [ ] Claudia Perletti im Deutschkurs

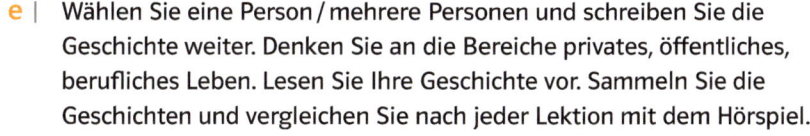

 **d |** Wer kennt die Vogels und Co. schon? Was finden Sie an den Personen noch interessant? Schreiben Sie drei Sätze, die anderen erraten die Person.

- ▪ Sie / Er sagt / denkt / ist / … Wer ist das?
- ▫ Ich glaube, das ist …

**e |** Wählen Sie eine Person / mehrere Personen und schreiben Sie die Geschichte weiter. Denken Sie an die Bereiche privates, öffentliches, berufliches Leben. Lesen Sie Ihre Geschichte vor. Sammeln Sie die Geschichten und vergleichen Sie nach jeder Lektion mit dem Hörspiel.

# 11 Gute Musik hier!

**1** **Orchesterprobe**

 2    **a**   Welches Instrument hören Sie? Kreuzen Sie an.

    **b**   Wie heißen die Instrumente? Ordnen Sie zu. Raten Sie eventuell.

die Gitarre     die Trompete     das Schlagzeug     das Saxofon     das Klavier
die Geige      das Cello       die Mundharmonika     die Querflöte     die Klarinette

**c** | Welches Instrument ist für Sie noch wichtig? Was spielen Sie? Was mögen Sie?
Gestalten Sie das leere Feld und tauschen Sie sich mit Ihren Lernpartnerinnen / Lernpartnern aus.

- Ich kann ein bisschen Gitarre spielen.
- Ich kann Sitar spielen.
- Mir gefällt Didgeridoo. Das möchte ich lernen.
- Ich höre gern Mandoline.

➡ AB 1–2

**Kommunikative Lernziele:**

- Gefallen und Missfallen ausdrücken
- einen Vorschlag für gemeinsame Aktivitäten annehmen /ablehnen
- nachfragen, wenn man etwas nicht versteht
- die Meinung ausdrücken
- eine Jobanzeige schreiben
- jemanden ansprechen und Smalltalk führen
- Komplimente machen und darauf reagieren
- Hoffnungen und Ängste ausdrücken

**Wortschatz und Strukturen:**

- Musikinstrumente und -stile
- Kleidung und Aussehen
- *gefallen / mögen / lieben*
- Fragewort *Was für (ein/e)?*
- *dass*-Satz
- Adjektive vor Nomen (Nominativ)
- Wortbildung: mehrfach zusammengesetzte Nomen
- phonetische Mittel zum Ausdruck der Begeisterung und der Ironie

**Zusatzmaterial:** Lieblingslieder auf CD (Ausklang)

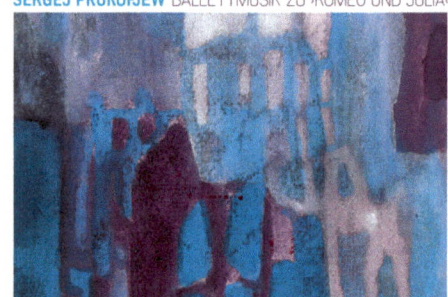

**2**    **Klassik, Pop oder Rock?**

1 🔘_3    **a** |   Sehen Sie die Plakate an. Hören Sie die Musikausschnitte.
Ordnen Sie die Plakate zu.

| 1 Pop | 2 Hip-Hop | 3 Jazz | 4 Klassik | 5 Volksmusik | 6 Rock |
|---|---|---|---|---|---|
| | | | | | |

**b** |   Hören Sie noch einmal. Wie klingt die Musik? Sammeln Sie Adjektive und beschreiben Sie die Musik.

> rhythmisch | melancholisch | feierlich | fröhlich | langsam | harmonisch | …

- Die Musik ist sehr | ziemlich | etwas …
- Ich finde die Musik …

**c** |   Wählen Sie ein Konzertplakat. Lesen Sie genau und tauschen Sie sich
dann mit Ihrer Lernpartnerin / Ihrem Lernpartner aus.

- Was für Musik | Was für ein Musikstil | Was für eine Band ist das?
- Was für ein Musiker / eine Musikerin ist das? Woher kommt er / sie?
  Was für ein Instrument spielt er / sie?     ➡ AB 3–4
- Wann spielt …? Wo findet … statt?

**Fragewort *Was für (ein/e)***

Was für Musik gefällt Ihnen / gefällt dir?
Was für ein Stil ist das?           (m)
Was für ein Instrument ist das?    (n)
Was für eine Band ist das?         (f)
Was für Konzerte gefallen Ihnen / dir? (Pl.)

**D**

## „Musikantengrüsse"
Blaskapelle LUBLASKA

10 JAHRE
**Lublaska**

*Böhmische und mährische Musik aus der Schweiz*

Unter der Leitung von
Kapellmeister Benno Peter

**21. März, Frühlingsfest Willisau**

**E**

## NACHTSPAZIERGANG
**AUS DER FERNE**

### Rock aus Stuttgart
von soliden Rocknummern bis zu honigsüßen
Akustikballaden – Nachtspaziergang hat alles drauf!

Gesang, 6- und 12-String-Gitarre: Jan Harnisch;
Gitarre, Gesang: Matze Bauch; Bass: Thomas
Schwinge; Schlagzeug: Tom König

**7. März im Scala Ludwigsburg**

**F** YOKO

Eigene Songs und Covertitel
Yokopop ist Pop vom Feinsten
aus Berlin

Yoko - Gesang
Sigmund Kiesant - Gitarre
Simon Anke - Piano und Bass
Christian Radtke - Hammond
Jürgen Schötz - Schlagzeug

3.Februar im Club Bett,
Stuttgart

---

**3   Was für Musik mögen Sie?**

a |   Gehen Sie im Kurs umher und fragen Sie. Bilden Sie Gruppen nach Musikstilen.

- Was für Musik mögen Sie / magst du?
- Ich mag Popmusik | Volksmusik aus … | …

- Mögen Sie / Magst du Jazz | …?
- Nein, das gefällt mir gar nicht.

b |   Warum gefällt Ihnen die Musik? Finden Sie gemeinsam so viele Gründe wie möglich.
Stellen Sie den anderen Ihre Musik vor.

- Uns gefällt Popmusik, weil sie fröhlich ist, weil man gut dazu tanzen kann, weil …

**4   Wirklich begeistert?**

1 ⊙_4   a |   Wer ist begeistert ☺ / ☺☺ und wer ist nicht begeistert ☹? Hören Sie und kreuzen Sie an.
Erkennen Sie auch, wer ironisch spricht?

|  | ☺ | ☺☺ | ☹ |
|---|---|---|---|
| 1. Ich mag Reggae. Der Rhythmus macht total gute Laune. | ☐ | ☐ | ☐ |
| 2. Mir gefällt Fado. Der ist so schön melancholisch. | ☐ | ☐ | ☐ |
| 3. Ich mache mir nichts aus Klassik. Die finde ich langweilig. | ☐ | ☐ | ☐ |
| 4. Ich liebe Samba. Tolle Musik und herrlich zum Tanzen. | ☐ | ☐ | ☐ |
| 5. Ich hasse Hip-Hop. Einfach nur laut und schrecklich. | ☐ | ☐ | ☐ |
| 6. Ich liebe Blasmusik. Da tun mir immer die Ohren so schön weh. | ☐ | ☐ | ☐ |

b |   Sprechen Sie einen Satz aus a nach. Imitieren Sie auch die Begeisterung. Variieren Sie dann.
Erkennen die anderen, ob Sie begeistert sind?

- Ich liebe Klassik. Da kann man so gut träumen.

c |   Woran erkennen Sie Ironie? Diskutieren Sie.

---

**Begeisterung ausdrücken**

☺ Ich **mag** / Mir **gefällt** Klassik.
☺☺ Ich **liebe** Klassik.
(sehr langes [i:] und große Melodiebewegung)

---

## 5 Ein bisschen laut?

1 🔴_5 **a |** Sehen Sie das Bild an und hören Sie die Geräusche.
Was ist die Situation? Erzählen Sie bitte.

1 🔴_6 **b |** Hören Sie. Stimmen Ihre Vermutungen?

**c |** Welche Personen haben etwas gemeinsam?
Hören Sie noch einmal und verbinden Sie.

| Wer fährt Bus? ○ | ○ Lisa ○ | ○ Wer geht zum Konzert? |
| Wer hört iPod? ○ | ○ Jan ○ | ○ Wer arbeitet zusammen? |
| | ○ Markus ○ | |
| Wer mag Yoko? ○ | ○ Claudia ○ | ○ Wer wohnt zusammen? |

**d |** Hören Sie unterwegs Musik? Oder stört Sie laute Musik in Bussen / Bahnen? Diskutieren Sie im Kurs.

> Laute Musik stört die anderen Leute im Bus.

> Im Auto höre ich immer Radio.

> Ich höre oft Musik mit Kopfhörer. Das entspannt mich.

## 6 Wer kommt mit zum Konzert?

Sie haben zwei Karten für ein Konzert Ihrer Wahl gewonnen.
Ergänzen Sie zuerst die Karte. Fragen Sie dann im Kurs,
wer mitkommt. Jeder kann nur bei einem Konzert „Ja" sagen.
Bei allen anderen muss er / sie mit einer Begründung ablehnen.

**TICKET**

für das Konzert von └──────────┘
Ort: └──────────┘
Datum: └──────────┘
Einlass: └────┘ Uhr

☺  Ja, sicher, sehr gern! | Das ist ja toll! Da komme ich gern mit. | …

☹  Das geht leider nicht, weil ich da … habe. | Ich kann leider nicht mitkommen,
ich muss nämlich … | Danke, aber nein, die Musik mag ich gar nicht. | …

↪ AB 5

**7**   **Lust auf einen Kaffee?**

a | Wer ist Claudia? Was wissen Sie über Claudia? Sammeln Sie bitte.

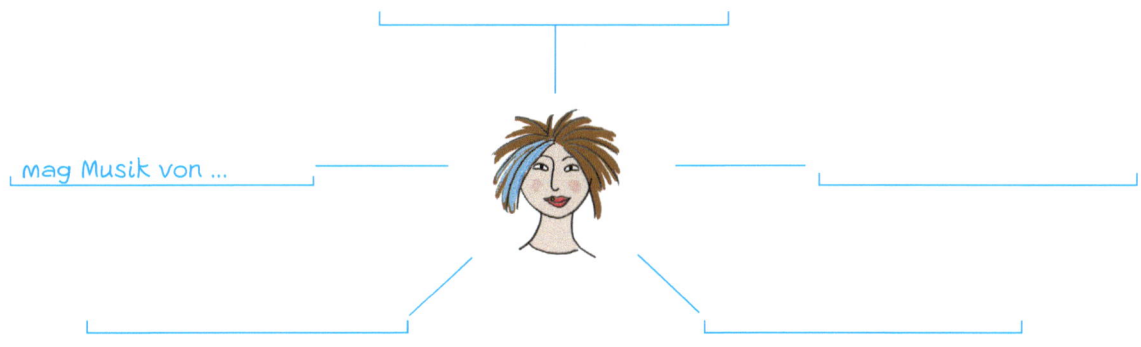

mag Musik von …

**1** 🔴_7   b | Hören Sie. Was erfahren Sie noch über Claudia? Vergleichen Sie mit Ihren Notizen und ergänzen Sie.

c | Welche Wörter hören Sie im Dialog? Hören Sie noch einmal genau und markieren Sie.

Studienberatung | Datenbank | Studium | Stipendium | BAföG | EU-Bürgerin | Antrag | MensaCard | Angebot | Anzeige | Schwarzes Brett

d | Welche Wörter kennen Sie? Was bedeuten sie? Sprechen Sie mit Ihrer Lernpartnerin / Ihrem Lernpartner.

- EU-Bürger? – Das sind Menschen aus …
- Studienberatung? – Da bekommt man bestimmt Tipps für …
- BAföG? – Keine Ahnung.
- Schwarzes Brett? – Da kann man …

## 8 | Das Studium finanzieren

a | Lesen Sie den Informationstext: Welche Überschrift passt zu welchem Textteil? Ordnen Sie bitte zu.

> Studentenwerke – Ihre Partner rund ums Studium | An wen muss ich mich wenden? |
> Stipendien – Förderung für alle Fächer | Was ist BAföG? | Wie finde ich Stipendien?

### Studienfinanzierung in Deutschland

Mit dem Bundesausbildungsförderungsgesetz (BAföG) können Studierende und auch Schüler eine Ausbildung oder ein Studium finanzieren, wenn die Eltern nicht die finanziellen Möglichkeiten haben. Auch Nicht-Deutsche können unter bestimmten Voraussetzungen BAföG bekommen. In der Regel muss man die Hälfte vom BAföG zurückzahlen. Damit beginnt man meist fünf Jahre nach Studienabschluss.

In jeder Universitätsstadt gibt es ein Amt für Ausbildungsförderung (BAföG-Amt) beim Studentenwerk. Das BAföG-Amt berät und hilft bei der Antragsstellung. Die Antragsformulare gibt es auch im Internet unter www.bafoeg.bmbf.de.

Neben dem BAföG-Amt gibt es viele Institutionen und Stiftungen, die Stipendien vergeben. Man kann Zuschüsse für Lebensunterhalt, Sprachkurse, Studiengebühren, Sachkosten oder für Auslandsaufenthalte bekommen. Für Stipendien können sich Studierende aller Fächer bewerben.

In der Datenbank des Karrierenetzwerks E-Fellows unter www.stipendien-datenbank.de gibt es rund 700 Stipendien für das Bachelor-, Master- und Promotionsstudium. Auch auf der Homepage des DAAD (www.daad.de) gibt es in einer Stipendiendatenbank Informationen über Fördermöglichkeiten für das Studium in Deutschland: www.funding-guide.de.

In Deutschland gibt es 58 Studentenwerke. Sie sind für die wirtschaftliche, soziale, gesundheitliche und kulturelle Förderung der Studierenden zuständig. Sie kümmern sich zum Beispiel um Mensen und Cafeterien, Zimmer und Wohnungen in den Studentenwohnheimen, BAföG, Rechtsberatung, Kindertagesstätten, kulturelle Angebote und vieles mehr.
Die Adressen der einzelnen Studentenwerke finden Sie unter www.studentenwerke.de.

b | Fassen Sie die Informationen zusammen.

_____ ist eine staatliche finanzielle Hilfe für Studierende und Schüler. Ein

BAföG-Amt gibt es in jeder _____. Eine andere Möglichkeit, Zuschüsse zu

bekommen, sind _____. Im Internet findet man viele Informationen über

_____ für das Studium in Deutschland. _____ haben viele

Aufgaben. Sie vergeben zum Beispiel Zimmer in _____.

## 9 Was bedeutet …?

 a | Verstehen Sie diese Wörter aus dem Text? Fragen Sie. Ihre Lernpartnerin / Ihr Lernpartner antwortet.

| | |
|---|---|
| Bundesausbildungsförderungsgesetz | ein Wohnheim für Studenten |
| Studienabschluss | eine Stadt mit einer Universität |
| Ausbildungsförderung | eine finanzielle Hilfe für die Ausbildung |
| Antragsformular | ein Gesetz zur finanziellen Unterstützung |
| Universitätsstadt | von Studierenden |
| Studiengebühren | ein Aufenthalt im Ausland |
| Auslandsaufenthalt | die Kosten für ein Studium |
| Stipendiendatenbank | das Ende vom Studium |
| Studentenwohnheim | eine Datenbank für Stipendien |
| … | ein Formular für einen Antrag |
| | … |

> Was ist das Bundesausbildungsförderungsgesetz?

> Das ist ein Gesetz zur …

> Und was bedeutet …?

**Nachfragen**

Ich habe eine Frage: Was ist …?
Entschuldigung, was bedeutet …?
Was heißt …? Können Sie das
bitte erklären?
Wie schreibt man das? Können Sie das
bitte buchstabieren?

b | Markieren Sie in den Wörtern schwierige Konsonanten.
Schlagen Sie die Aussprache in der Lauttabelle in Band 1 nach.
Üben Sie und sprechen Sie dabei jeden Konsonanten deutlich.

Stipendiendatenbank
Universitätsstadt     AB 6

## 10 Wählen Sie eine Aufgabe.

▪ Das längste Wort: Bilden Sie ein möglichst langes deutsches Wort (z. B. Deutschsprachkursteilnehmerin).
Präsentieren Sie Ihr Wort im Kurs. Beantworten Sie Fragen nach der Bedeutung des Wortes.
Wer hat das längste Wort? Wer erklärt die Bedeutung gut?

▪ Sie möchten in Deutschland studieren, haben aber noch viele Fragen dazu. Bereiten Sie ein Gespräch im
Studentenwerk vor: Formulieren Sie Ihre Fragen.

> Guten Tag, ich möchte hier studieren und habe Fragen zum Studium. Können Sie mir helfen?

> Wie kann ich … bekommen?
> Kann ich … bekommen?
> Wo bekomme ich …?
> Wo ist …?
> …

## 11 Eine Radiosendung über Minijobs

a | Was wissen Sie bereits über Minijobs? Was vermuten Sie? Sammeln Sie im Kurs.

Minijobs

1 🔵_8  b | Hören Sie den Beitrag. Was erfahren Sie über den Minijob? Notieren Sie bitte Schlüsselwörter.

c | Was sagen die Anrufer? Hören Sie noch einmal und kreuzen Sie an.
   (Mehrere Antworten können richtig sein.)

Helga Schmidt findet:
- [ ] „Minijobs sind für Rentner praktisch."
- [ ] „Rentner können keinen Minijob haben."
- [ ] „Minijobs sind schlecht bezahlt."

Helga Schmidt meint:
- [ ] „Man bleibt nützlich."
- [ ] „Man hat keine Langeweile."
- [ ] „Man verdient ein bisschen dazu."

Frank Busch sagt:
- [ ] „Ein Minijob ist ein guter Nebenverdienst."
- [ ] „Man zahlt keine Steuern."
- [ ] „Minijobs in Fitnessstudios sind nicht gut."

Johanna Hermann denkt:
- [ ] „Minijobs sind unbürokratisch."
- [ ] „Babysitten und Kellnern sind keine Minijobs."
- [ ] „Studenten können keinen Minijob machen."

> **dass-Satz**
>
> Die Frau sagt: „Der Job macht Spaß."
> Die Frau sagt, dass der Job Spaß macht.

d | Ergänzen Sie bitte.

Helga Schmidt findet, dass Minijobs für Rentner _____ sind.

Helga Schmidt meint, dass man so _____ bleibt

und dass man ein bisschen _____ .

Frank Busch sagt, dass ein _____

und dass man _____ .

Johanna Hermann denkt, _____ .

e | Was denken Sie über Minijobs?

> Ich glaube, dass …

> Ich denke, dass …

➡ AB 7–8
➡ IS 11/1

## 12 Suche und biete

**Fahrer (m/w) gesucht**
Sushi For You sucht Fahrer mit eigenem PKW für Lieferservice, flexible Arbeitszeiten, faire Vergütung.
Interessenten bitte anrufen: 0173 579634

**Geschenke einpacken für Weihnachten!**
Ich packe Ihre Geschenke ein. Nehme 60 Cent/Stück. Papier und Tesa sind gratis.
Bei Interesse bitte anrufen unter 0162 963468 (Fabian)

**Mini-Job**
Kleine Online-Schuhboutique sucht Mitarbeiter/in im Schuhlager, 2 x 3 Stunden, Vergütung 6,50/Stunde.
Bewerbung bitte per Mail an mail@pfennigabsatz.de

**Klavierunterricht für Kinder:** Biete professionellen Klavierunterricht bei Ihnen zu Hause an! Bin sehr geduldig und kinderlieb. Honorar nach Vereinbarung.
Ich freue mich auf Ihren Anruf. Tel.: 0163/328-566

Muttersprachlerin mit sprachwissenschaftlichem Abschluss und langjähriger Erfahrung bei vielen Übersetzungsagenturen bietet **Übersetzungen ins Spanische** aus dem Deutschen oder Englischen. Bewerbung, Webseite, Untertitel. Arbeite schnell, sorgfältig u. günstig. Preis n. V. übers@spanisch.de

**Flexible Putzkraft**
Hallo, ich heiße Corine und ich bin 22 Jahre alt. Ich mache gern Ihre Wohnung oder Ihren Laden sauber.
PS: Ich gehe noch in einen Deutschkurs. Ich habe auch eine Lohnsteuerkarte. Danke!
Corine@Emailservice.com

**a |** Welche Anzeige finden Sie interessant? Begründen Sie.

- Ich möchte gern als Fahrer für „Sushi For You" arbeiten, weil ich gern Auto fahre | weil ich flexible Arbeitszeiten gut finde | …
- Ich suche Klavierunterricht für meine Tochter, weil sie Klavier lernen möchte | weil …

**b |** Analysieren Sie eine Anzeige. Markieren Sie die Antworten mit unterschiedlichen Farben.

Was für ein Job?  Was muss man machen?  Für wen?  Was muss man können / haben?
Wo arbeitet man?  Wie viel kann man verdienen?  Wie kann man einen Kontakt herstellen?

**Flötenunterricht**
Suche für meine Kinder (4, 6 und 7): Geduldige Person für Flötenunterricht bei uns zu Hause! Honorar nach Vereinbarung. Wir wohnen im Zentrum!
Wir freuen uns auf Ihren Anruf. Tel.: 328-566

**c |** Wählen Sie und schreiben Sie selbst eine Anzeige:

- Sie suchen einen Job: Was für eine Arbeit suchen Sie? Was können Sie?
- Sie bieten einen Job: Was für eine Arbeit möchten Sie nicht selbst machen? Wobei brauchen Sie Hilfe?

**d |** Hängen Sie Ihre Anzeigen im Kursraum auf. Welche Anzeigen finden Sie interessant?

➜ AB 9–10

### 13  Ich verstehe dich nicht!

**a** | Sehen Sie das Bild an. Was ist die Situation?

**b** | Lesen Sie. Ergänzen Sie den Dialog mit den Sätzen
in den Sprechblasen.

Markus: **Habe ich dir schon erzählt, dass ich im Bus …**

Jan: _____

Markus: **Ich habe eine Frau getroffen.**

Jan: _____

Markus: **Im Bus habe ich eine Frau getroffen.**

Jan: _____

Markus: **Eine Frau, die hat … Oh Mann, da ist sie.**

Jan: _____

Markus: **Nee. Das Mädchen aus dem Bus. Die da.**

Jan: _____

Markus: **Nein, die da mit den blauen Haaren.**

Jan: _____

Markus: **Ja.**

Jan: _____ **Dann sprich sie doch an.**

Markus: **Du bist gut. Wie denn?**     ↪ AB 11

1 ⊙_9  c | Hören Sie und vergleichen Sie mit Ihrem Dialog.

d | Was können Sie sagen, wenn Sie etwas nicht verstehen? Sammeln Sie passende Redemittel.

  ▪ Entschuldigung, ich …
  ▪ Wie bitte? Können Sie das noch einmal …?

e | Das Flüsterspiel: Gehen Sie im Kursraum umher. Sprechen Sie die anderen an. Stellen Sie Fragen. Aber sprechen Sie ganz leise, flüstern Sie. Fragen Sie nach, wenn Sie etwas nicht verstehen.

## 14 Keine Angst vor Unbekannten

a | Was meinen Sie: Wie kann Markus Claudia ansprechen? Was passt nicht? Ordnen Sie zu. Ergänzen Sie eigene Ideen.

○ Darf ich mich vorstellen? ○
○ Tolle Stimmung hier. ○
○ Bist du öfter hier? ○
○ Ziemlich heiß hier! ○
○ Coole Haarfarbe! ○
○ Schönes Wetter heute! ○
○ Darf ich mich zu dir setzen? ○
○ Gute Musik hier! ○
○ Kann ich dich mal was fragen? ○
○ Du siehst aber gut aus! ○

b | Vergleichen Sie. Sind Sie gleicher Meinung? Diskutieren Sie im Kurs.

1 ⊙_10  c | Hören Sie. Was sagt Markus?

 d | Sehen Sie die Fotos an. Was können die Personen in diesen Situationen sagen?

↪ AB 12
↪ IS 11/2

## 15 Erste Verabredung

a | Was denken die Personen vor der Verabredung? Lesen Sie und ordnen Sie die Bilder zu.

☐ Hoffentlich mag er meine Frisur!      ☐ Hoffentlich gibt es jetzt keinen Stau!

☐ Er hat mich bestimmt vergessen.       ☐ Hoffentlich gefällt ihm das Kleid!

☐ Hoffentlich gefallen ihr die Blumen!  ☐ Meine Brille ist doch total unmodern!

b | Wer hofft und befürchtet was? Formulieren Sie Sätze.

▪ Die Frau hofft, dass er ihre Frisur mag.      ▪ Sie befürchtet, dass ...

▪ Der Mann hofft, dass ...      ▪ Er befürchtet, dass ...

➥ AB 13

## 16 Komplimente

a | Was können die Personen sagen? Kombinieren Sie.

Schöne Blumen! ○          ○ Die steht dir gut!

Schickes Kleid! ○          ○ Ist die neu?

Hübsche Frisur! ○          ○ Ich liebe Vergissmeinnicht!

Tolle Jacke! ○          ○ Die gefällt mir.

Coole Brille! ○          ○ Er ist sehr elegant!

Das T-Shirt ist schön! ○          ○ Sehr modern.

Elegante Uhr! ○          ○ Es sitzt perfekt.

Schicker Anzug! ○          ○ Es hat so fröhliche Farben!

| Adjektive vor Nomen |
| --- |
| **Der** Anzug ist elegant! |
| **Elegant**er Anzug!    (m) |
| **Das** T-Shirt ist schön! |
| Schön**es** T-Shirt!    (n) |
| **Die** Jacke ist schick! |
| Schick**e** Jacke!    (f) |
| **Die** Schuhe sind bequem! |
| Bequem**e** Schuhe!    (Pl.) |

1 🔘_11   b | Hören Sie und vergleichen Sie mit Ihren Ideen.

➥ IS 11 / 3

## 17 Was ziehe ich an?

a | Lesen Sie. Welche Kleidungsstücke kennen Sie noch? Welche sind für Sie wichtig? Ergänzen Sie.

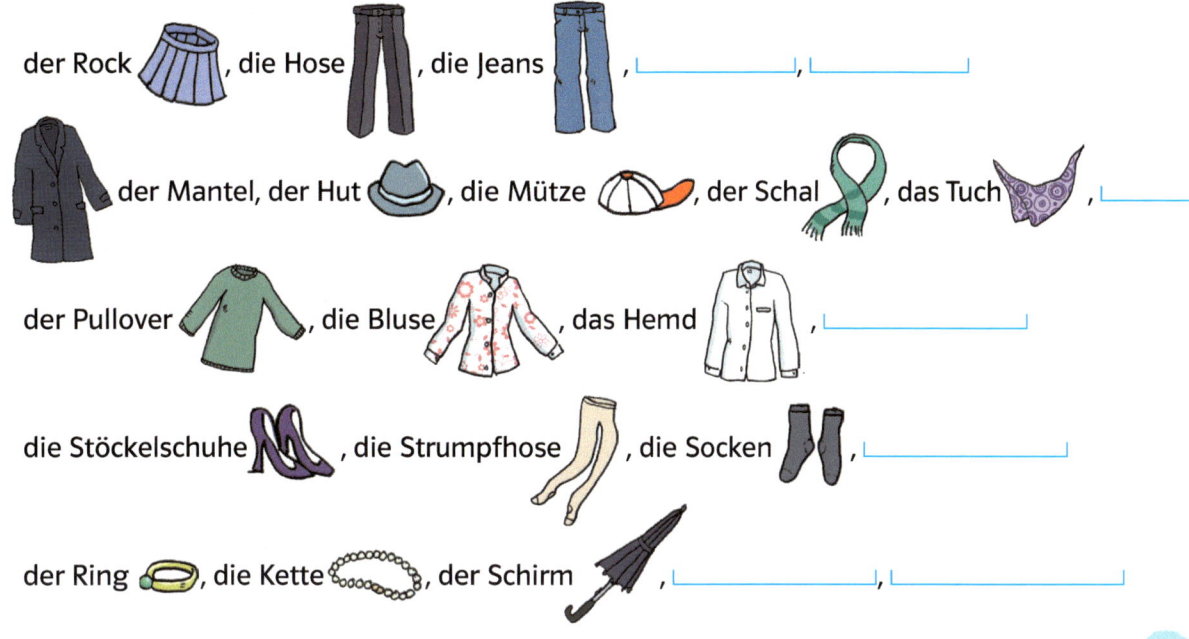

der Rock , die Hose , die Jeans , |_____| , |_____|

der Mantel, der Hut , die Mütze , der Schal , das Tuch , |_____|

der Pullover , die Bluse , das Hemd , |_____|

die Stöckelschuhe , die Strumpfhose , die Socken , |_____|

der Ring , die Kette , der Schirm , |_____| , |_____|

b | Was ziehen Sie zu einer ersten Verabredung an?
Wählen Sie aus und schreiben oder zeichnen Sie in die Figur.

 c | Tauschen Sie die Bücher. Was hat Ihre Lernpartnerin / Ihr Lernpartner an?
Machen Sie sich Komplimente. ⮩ AB 14, 16

## 18 Kleidungsstücke und gereimte Komplimente

1 ⊙_12 a | Hören Sie und markieren Sie. Ist der betonte Vokal lang (_) oder kurz (.)?

der Hut | der Schal | der Ring | der Rock | die Uhr | das Hemd | das Tuch |
der Mantel | der Anzug | der Pullover | die Hose | die Bluse | die Mütze |
die Tasche | die Kette | die Brille | die Frisur | die Figur

b | Lesen Sie die Wörter vor. Machen Sie bei jedem Wort eine passende Geste für die Vokallänge.

1 ⊙_13 c | Hören Sie und sprechen Sie nach. Spielen Sie mit Mimik und Gestik.

Toller Hut! Steht dir gut.          Das Shirt ist schick. Macht gar nicht dick.
Schicker Schal! Schau doch mal!     Und der Ring! Ein tolles Ding!
Das Kleid ist schön! Und so bequem. Schöne Uhr! Passt zur Frisur.
Und die Frisur passt zur Figur.     Cooler Schal! Phänomenal!
Alles toll und wundervoll!          So elegant und sehr charmant!

⮩ AB 15

## Projekt: Lieblingslieder

Machen Sie einen Liederabend mit Musik aus Ihren Ländern. Bringen
Sie Lieblingslieder aus Ihrer Heimat mit. Stellen Sie Ihr Lieblingslied
den anderen vor. Erzählen Sie kurz auf Deutsch, was für ein Lied das ist
(Inhalt und Musik). Begründen Sie, warum Ihnen das Lied gefällt.

## Ausländische Studierende in Deutschland

Sehen Sie das Schaubild an. Aus welchen Ländern gibt es viele, aus welchen wenige
Studierende in Deutschland?
Wie viele Studierende aus Ihrem Land sind in Deutschland? Studieren Sie vielleicht
selbst oder kennen Sie Studenten aus Ihrem Land? Berichten Sie.

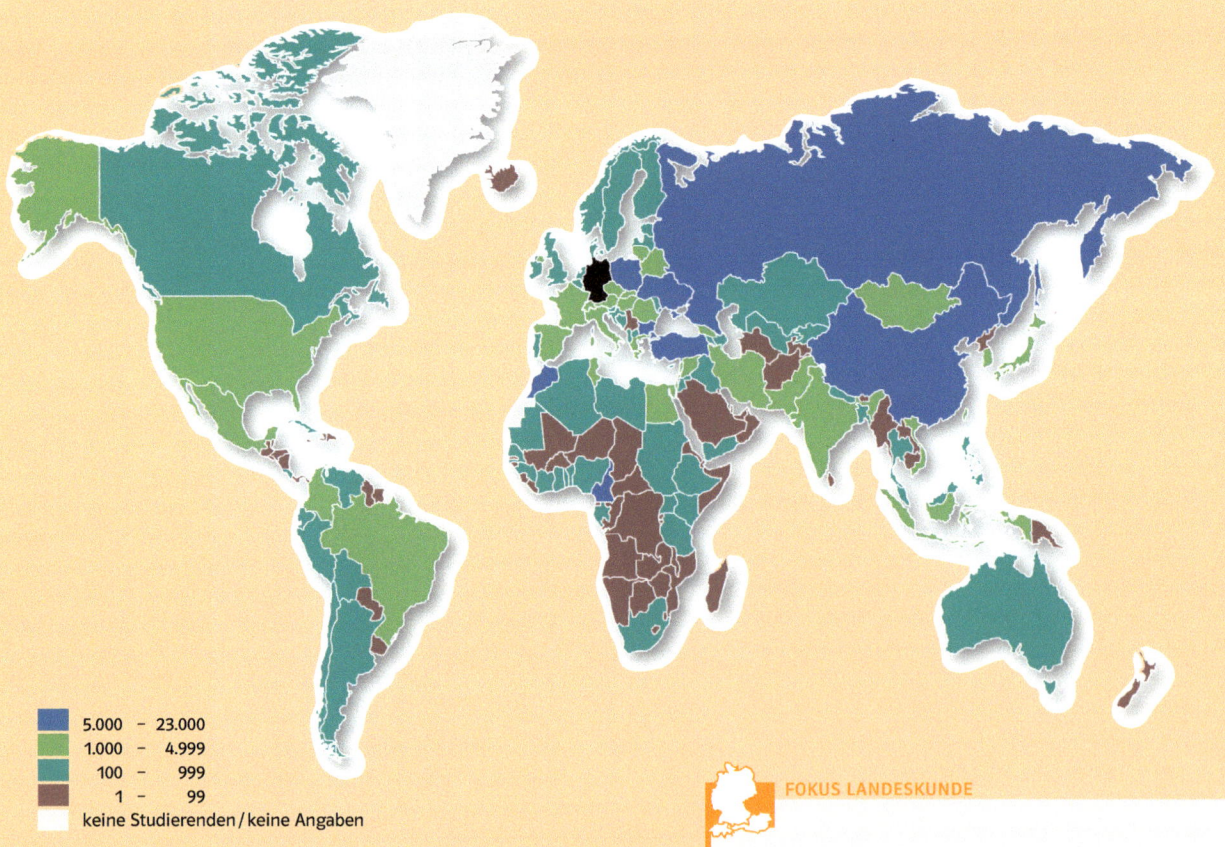

| | |
|---|---|
| ■ | 5.000 – 23.000 |
| ■ | 1.000 – 4.999 |
| ■ | 100 – 999 |
| ■ | 1 – 99 |
| □ | keine Studierenden / keine Angaben |

**FOKUS LANDESKUNDE**

Ein Minijob oder 400-Euro-Job ist eine Arbeitsstelle, bei der man monatlich maximal 400 Euro
verdient. Der Arbeitnehmer muss keine Steuern
oder Sozialabgaben zahlen, er erhält brutto für
netto. Der Arbeitgeber zahlt Pauschalbeiträge an
die Minijob-Zentrale.

### Ein Lied von Yoko

**a |** Lesen Sie den Liedtext. Ergänzen Sie die Wörter.

> Weg | fahre | heute | geschrieben | Tage | gelacht | Tag

Gestern Hamburg, └──────────┘ Berlin, Louie.

Zwei └──────────┘ hier – der └──────────┘ ist das Ziel.

Louie, du fehlst mir.

Wollte mich melden, der Tag wurde Nacht, Louie.

Hab dir └──────────┘, die Nacht wurde └──────────┘.

Louie, du fehlst mir.

...

Viel └──────────┘, zu viel geraucht, Louie.

Hallo Taxi, ich └──────────┘ zu dir.

Louie, du fehlst mir, ... Louie, du fehlst mir so.

Song "Louie" / Band YOKO
Text: Sigmund Kiesant / Yoko
Musik: Sigmund Kiesant

**1 🔘_14** **b |** Hören Sie das Lied und vergleichen Sie mit Ihrem Liedtext.

**c |** Welche Sprache außer Deutsch spricht Yoko im Lied noch? Erkennen Sie sie?

# 12 Gar nicht so einfach!

## 1 Schilderwald

a | Sehen Sie die Schilder an. Wo findet man sie? Was bedeuten sie?

> in Kaufhäusern | in Bürogebäuden | in Krankenhäusern | bei Seniorenheimen | bei
> Kindergärten | auf Flughäfen | auf Bahnhöfen | in U-Bahnen | an Bushaltestellen |
> in Unterführungen | auf Parkplätzen | in Spielstraßen | in Parks | …

- Schild 1 habe ich … gesehen | findet man …

  Es bedeutet, dass es    eine Rolltreppe           für Rollstuhlfahrer                            gibt.

                   einen Parkplatz           für Menschen mit einer Behinderung

                   eine Toilette              für Menschen mit kleinen Kindern

                   einen Wickelraum        …

                   …

- Schild … bedeutet, dass hier ältere Menschen | Kinder | … spielen | parken | … können.

**b |** Welche Schilder gibt es auch an Ihrem Wohnort / in Ihrem Land?

**c |** Gestalten Sie das leere Feld: Entwerfen Sie eigene Schilder. Wo kann man sie aufstellen?
Warum? Vergleichen Sie Ihre Ideen.

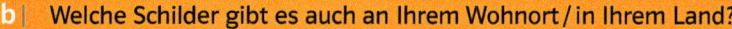

➥ AB 1

---

**Kommunikative Lernziele:**

- Schilder verstehen
- Netzpläne lesen
- den Fahrtweg erklären
- Möbelangebote im Internet verstehen
- über die Einrichtung sprechen
- Vorschläge und Wünsche äußern
- Meinung äußern und begründen
- einen Prospekt verstehen
- eine Anfrage schreiben

**Wortschatz und Strukturen:**

- Möbel und Einrichtungsgegenstände
- Ausflugsziele und Aktivitäten
- Präpositionen mit Dativ oder Akkusativ: *in, an, auf, neben, vor, hinter, über, unter, zwischen*
- *würde / könnte / möchte* + Infinitiv (Wünsche und Vorschläge)
- Wortbildung: Adjektive auf *-bar*
- Wortbildung: Nomen und Verben
- Satzakzente und Gliederung

**Zusatzmaterial:** Netzpläne der öffentlichen Verkehrsmittel in Ihrer Stadt / Region (Aufgabe 3)

Prospekte aus einem Möbelkaufhaus (Aufgabe 8)

**2** **Gleich bin ich ihn los!**

*Schillerstraße*

U

Außer
Betrieb

**a** | Sehen Sie das Bild an und beschreiben Sie die Situation.

**1** 🔊_15   **b** | Hören Sie. Wen / Was ist Lisa gleich los? Wohin fährt sie?

**c** | Hören Sie noch einmal. Welche Probleme hat Lisa unterwegs? Kreuzen Sie bitte an.

☐ Der Aufzug ist kaputt.          ☐ Der Aufzug bleibt stehen.
☐ Die U-Bahn ist nicht pünktlich.  ☐ Lisa verpasst die U-Bahn.
☐ Lisa stürzt auf der Rolltreppe.  ☐ Die Rolltreppe ist außer Betrieb.

**d** | Welche Probleme haben die Leute auf den Bildern? Erzählen Sie.

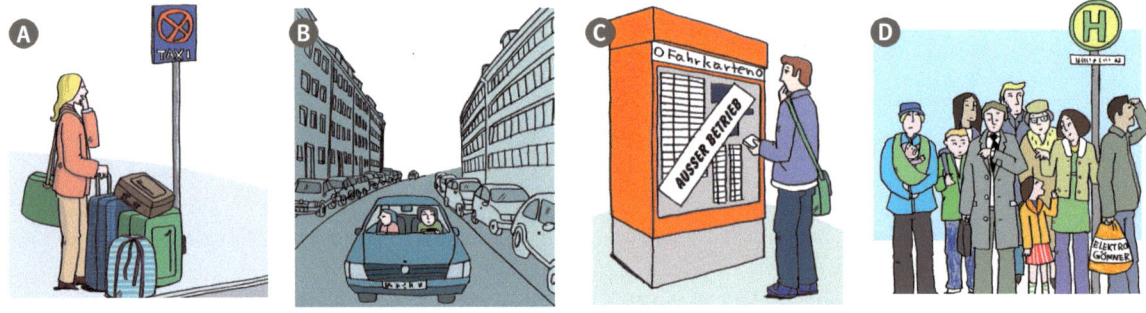

- … funktioniert nicht | ist kaputt | …
- Es kommt kein/e …

**e** | Hatten Sie oder andere Menschen unterwegs schon einmal ähnliche Probleme? Erzählen Sie.

- Einmal bin ich … gefahren. Ich wollte …, konnte aber nicht …

➥ IS 12 / 1

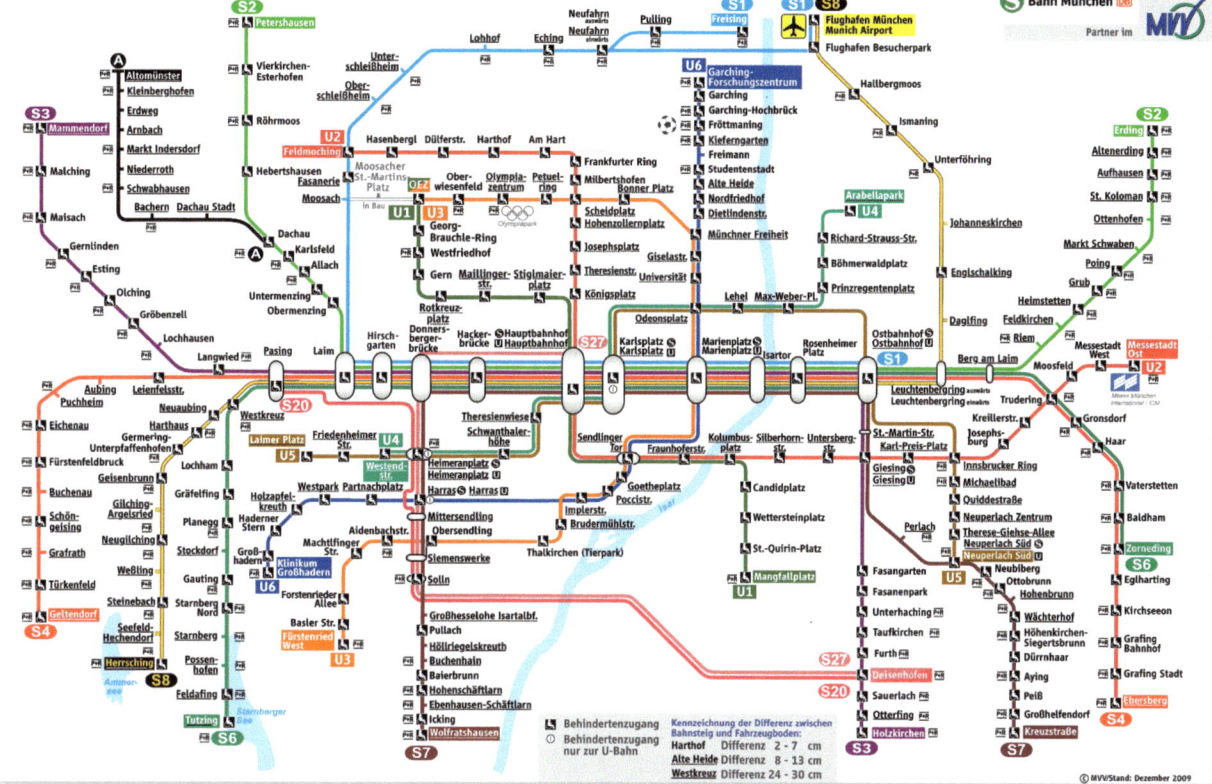

### 3 Nehmen Sie die Linie ...

 **a |** Sehen Sie den Netzplan von München an. Welche Informationen finden Sie auf dem Plan?
Für wen sind diese Informationen wichtig?

1 ⊙_16 **b |** Wohin wollen die Leute fahren? Hören Sie und markieren Sie die Start- und Endstationen auf dem Plan.

**c |** Hören Sie noch einmal. Ergänzen Sie die Tabelle.

| Ziel | Linie | Richtung | umsteigen | Linie | Richtung | Stationen |
|------|-------|----------|-----------|-------|----------|-----------|
| Poccistraße | | Messestadt | am ... | | | |
| | | | | | | |

**d |** Spielen Sie ähnliche Dialoge. Benutzen Sie die Netzpläne der öffentlichen Verkehrsmittel Ihrer Stadt / Region.

- ▪ Entschuldigung, wie komme ich ...?
- ▫ Nehmen Sie die Linie ... in Richtung ...
  Fahren Sie bis ...
  Steigen Sie am ... | an der ... in die Linie ... um.
- ▪ Ist das weit? | Wie viele Stationen sind das? | Ist das die Endstation?
- ▫ Ich weiß nicht genau, etwa ...
- ▪ Gibt es dort einen Aufzug | ...?
- ▫ Ich glaube, ...
- ▪ Danke.
- ▫ Keine Ursache. | Bitte, gern.

↪ AB 2

## 4 Mit Kinderwagen oder Rollstuhl unterwegs

a | Lesen Sie und ergänzen Sie den Chat.

> mit meinem Kinderwagen | mit ihrem Kinderwagen | mit Koffern und Taschen |
> auf keiner Rolltreppe | mit einem Aufzug

**AnnaLena:** Heute Morgen wollte eine junge Frau _____ in die Straßenbahn einsteigen. Aber da waren schon zwei Kinderwagen. Und da musste sie zu einer anderen Tür rennen. Mit ihren Taschen, dem Kinderwagen und einem Kind auf dem Arm.

**Dora:** Ich bin auch viel mit meiner kleinen Tochter unterwegs und habe es auch schon erlebt, dass ich _____ keinen Platz im Bus bekommen habe und auf den nächsten Bus warten musste.

**SigmundB:** Ich bin Rollstuhlfahrer und fahre oft mit der U-Bahn. Es gibt fast überall Aufzüge für Menschen mit Behinderung, für ältere Menschen, für Mütter mit Kindern. Das finde ich auch sehr wichtig! Mit einer Rolltreppe kann ich nicht fahren. Aber _____ schaffe ich es problemlos nach oben. ☺

**Meier:** Aufzüge in U-Bahnhöfen sind leider oft außer Betrieb. Und mit einer Gehbehinderung fühlt man sich doch _____ sicher.

**Paul22:** Auch für Reisende sind Aufzüge und Rolltreppen wichtig. Denn nicht nur mit Kinderwagen, auch _____ kommt man nur schwer eine Treppe hoch.

b | Markieren Sie weitere Dativstrukturen im Text. Wie viele finden Sie?

c | Wie bewegen Sie sich an Ihrem Wohnort? Welche Probleme haben Sie (oder Menschen, die Sie kennen) manchmal dabei? Schreiben Sie einen Beitrag zum Chat. Hängen Sie die Beiträge im Kursraum auf.

➡ AB 3–4
➡ IS 12/2

**Artikelwörter im Dativ**

mit d**em** Kinderwagen
mit ein**em** Rollstuhl
mit kein**em** Aufzug
mit mein**em** Gepäck
mit (den) Koffern und Taschen

## 5 Wählen Sie eine Aufgabe.

- Notieren Sie Nomen auf Kärtchen (Fahrrad, Koffer, Kinderwagen, Rollstuhl, Gipsbein, Skateboard, iPod, Radio, Eis, Pommes, …). Ziehen Sie ein Kärtchen und formulieren Sie einen Satz wie im Beispiel.

> Mit einem Gipsbein kann man keine Treppen steigen.

- Die U-Bahn ist außer Betrieb. Sie müssen ein anderes Verkehrsmittel nehmen und kommen später. Schreiben Sie eine SMS nach Hause / ins Büro / an einen Geschäftspartner / …

- Spielen Sie: Ein Freund kommt nach Deutschland. Sie können ihn nicht abholen, weil Sie einen wichtigen Termin haben. Sie rufen ihn an und erklären ihm den Weg vom Flughafen zu Ihnen nach Hause. Ihr Freund hat viele Fragen: Welche Richtung? Wie viele Stationen? Wo umsteigen? Aufzug fürs Gepäck?

## 6 Ach Mensch!

1  _17  a | Hören Sie das Telefongespräch zweimal.
Was meinen Sie: Wie klingen die Personen? Warum?

| fröhlich | besorgt | begeistert | wütend | enttäuscht | ruhig | ... |

Lisa klingt am Anfang _____, weil der Gips endlich ab ist | weil ...

Max klingt _____, weil _____.

Lisas Vater klingt _____, weil _____.

b | Vergleichen Sie Ihre Lösungen.

c | Hören Sie noch einmal. Was hat Lisas Vater zum Geburtstag bekommen? Wie ist das Geschenk?
Kreuzen Sie an.

☐ einen Stuhl        ☐ einen Sessel        ☐ ein Sofa

☐ elegant     ☐ bequem     ☐ modern     ☐ vollautomatisch     ☐ verstellbar

## 7 Endlich! Ich bin so froh!

1  _18  a | Hören Sie und sprechen Sie nach.

A Endlich Samstag! Endlich Wochenende! Endlich ausschlafen! Herrlich!
B Endlich Montag! Endlich wieder Schule! Endlich wieder hier! Mensch toll!

b | Und worüber sind Sie froh? Sprechen Sie mit Mimik und Gestik.

## 8 Neu oder gebraucht?

**a |** Sehen Sie die Möbel an und ordnen Sie die Bezeichnungen zu. Welche Möbel sind neu?

> Kleiderschrank | Fernsehsessel | Stehlampe | Sofa | Esstisch | Stuhl | Regal

**1** schick und originell, ausziehbar und höhenverstellbar

109,95 + 18,95 Versand
Möbelversand Meyer
sofort lieferbar

**2** bequem und pflegeleicht, modernes Design, sehr guter Zustand, 2 Jahre alt

VP 120,- an Selbstabholer,
Raum Dresden
Sascha Frank

**3** praktisch und modern, weiß / braun, überall aufstellbar
Maße: 120 x 196 x 35

99,- + 23,99 Versand
Möbeldiscounter Holzmann

**4** gemütlich und farbenfroh, ausklappbar

Angebot 599,- 399,-
Lieferzeit 2 Wochen

**5** im Landhausstil, aus massivem Holz – mit kleinen Kratzern

VB 200,-
nur an Selbstabholer (Abholort Niederkassel bei Köln)
Novak

**6** Designerklassiker aus Metall und Glas, höhenverstellbar

99,-
Antiquitäten Klein

**7** 4 modern und praktisch, aus Metall, klappbar – fast wie neu

4 für 80,-
Versand jederzeit möglich
Caro

**b |** Welche Möbel gefallen Ihnen? Welche nicht? Warum?

> ... gefällt mir nicht, weil es zu bunt ist.

> ... finde ich sehr praktisch, weil es verstellbar ist.

**Adjektive auf -bar**

Man kann den Tisch verstellen.
Er ist verstellbar.
Man kann das Sofa ausklappen.
Es ist ausklappbar.

**c |** Bringen Sie Prospekte aus einem Möbelkaufhaus mit. Was gefällt Ihnen? Warum?

➥ AB 5 – 6

## 9 So schöne Möbel!

**1** _19  a | Hören Sie und markieren Sie. Ist der betonte Vokal lang (_) oder kurz (.)?

der Schrank | der Stuhl | der Tisch | das Bett | das Bild | der Sessel | der Teppich  |
der Hocker  | der Spiegel | die Lampe | das Sofa | die Möbel | das Regal |
die Leselampe | die Gardinen  | der Küchenschrank | das Bücherregal

**1** _20  b | Wörter zum Bewundern: Hören Sie die Beispiele. Kombinieren Sie dann weiter.

Nett! Toll! Klasse! Oh! Ah! Schön! Super!

> Oh! Toll!

c | Spielen Sie: Schreiben Sie die Wörter aus b groß auf Zettel. Jemand nennt ein Möbelstück und hält einen Zettel hoch. Alle anderen rufen das Wort im Chor. Achten Sie auf den Vokal und verwenden Sie Mimik und Gestik.

- Da, das Bett!
- Nett!
- Hier, das Sofa!
- Super!

**1** _21  d | Steigern Sie bitte die Bewunderung! Hören Sie zuerst die Beispiele und variieren Sie dann.

A Da, das Sofa.
B Schön!
C Wirklich schön!
D Wirklich superschön!
E Toll, echt toll!

A Hier, die Lampe!
B Oh!
C Oh!!!
D Oh! Schön!!!
E Oh!!! Toll! Super!!!

AB 7

## 10 Secondhand-Möbel: pro und contra

**1** _22  a | Pro oder contra? Welche Argumente nennen die Personen zu Qualität, Preis und Zustand der Möbel? Hören Sie zweimal und ergänzen Sie die Tabelle.

|  | pro oder contra? | Argumente |
|---|---|---|
| Andrea Berger |  |  |
| Johann Kleinmeier |  |  |

b | Was ist Ihre Meinung? Begründen Sie bitte.

c | Woher haben Sie Ihre Möbel? Wo kann man Möbel günstig bekommen? Tauschen Sie sich im Kurs aus.

AB 8

## 11 Das Schlafzimmer – ein Abstellplatz?

**1** _23 **a |** Was befindet sich wo?
Hören Sie und vergleichen
Sie mit dem Bild.

**b |** Hören Sie noch einmal. Was passt?
Verbinden Sie bitte.

Das Bett steht ○
Der Schreibtisch steht rechts ○
Eine Lampe hängt ○
Ein schwerer Bilderrahmen hängt ○
Eine selbst genähte Decke liegt ○
Ein alter Teppich liegt ○
Die Postersammlung ist ○
Die Pflanzen stehen ○
Alte Zeitschriften liegen ○

○ auf ○
○ zwischen ○
○ neben ○
○ über ○
○ an ○
○ vor ○
○ hinter ○
○ unter ○

**Lokalangaben: Präpositionen**

| in | hinter | über |
| an | vor | neben |
| auf | unter | zwischen |

○ der Fensterbank.
○ dem Bett.
○ dem Fenster und der Kommode.
○ der Wand.
○ der Kommode.

**c |** Welche Ratschläge gibt die Einrichtungsberaterin? Lesen Sie und ergänzen Sie dann die Tipps.

## DIE TIPPS DER EINRICHTUNGSBERATERIN

Wollen Sie sich in Ihrem Schlafzimmer erholen, entspannen und den Arbeitsalltag hinter sich lassen? Dann werfen Sie als Erstes den Schreibtisch aus Ihrem Schlafzimmer! Drehen Sie das Bett und ziehen Sie es rechts an die Wand. Da ist jetzt genügend Platz. Nehmen Sie den schweren Bilderrahmen von der Wand und hängen Sie stattdessen Ihre Lieblingsbilder an die Wand. Legen Sie eine schöne Decke und bunte Kissen auf Ihr Bett. Das bringt Stimmung und gute Laune in Ihr Schlafzimmer.

Die Lampe über Ihrem Bett ist viel zu groß. Stellen Sie lieber eine Stehlampe neben das Bett. Die blendet nicht und gibt Ihnen zielgerichtetes Licht.

Der alte Teppich hat nun wirklich ausgedient. Kaufen Sie sich einen neuen, modernen Teppich und legen Sie ihn vor Ihr Bett. Und bitte räumen Sie nichts mehr hinter die Kommode, das vergessen Sie sowieso. Was unter dem Bett liegt, staubt auch nur ein. Werfen Sie die alten Zeitschriften in die Mülltonne – oder haben Sie sie in den letzten fünf Jahren vermisst?

Ziehen Sie das Bett ⌐_____⌐.

Hängen Sie Ihre Lieblingsbilder ⌐_____⌐.

Legen Sie eine schöne Decke ⌐_____⌐.

Stellen Sie eine Stehlampe ⌐_____⌐.

Räumen Sie nichts mehr ⌐_____⌐.

Werfen Sie die alten Zeitschriften ⌐_____⌐.

**d |** Suchen Sie zu jedem Verb ein Beispiel.
Vergleichen Sie. Was stellen Sie fest?

⊗          ↗

… steht …          Stellen …
… liegt …          Legen …
… hängt …          Hängen …

➡ AB 9–13

> **Lokalangaben mit Akkusativ oder Dativ**
>
> Wir hängen das Bild **neben den** Schrank.
> Das Bild hängt **neben dem** Schrank.
>
> Ich lege den Teppich **vor das** Bett.
> Der Teppich liegt **vor dem** Bett.
>
> Stell den Tisch **in die** Küche.
> Der Tisch steht / ist **in der** Küche.

**12  Im Rhythmus durch die Wohnung**

**1  __24   a |** Hören Sie und sprechen Sie nach. Achten Sie auf die Betonungen und die Pausen.

Im **Fl<u>u</u>r** / unter dem **St<u>u</u>hl** / neben dem **F<u>e</u>nster** / stehen die **H<u>au</u>sschuhe**.
In der **K<u>ü</u>che** / an der **W<u>a</u>nd** / unter dem **F<u>e</u>nster** / hängt ein **Kal<u>e</u>nder**.
Im **K<u>i</u>nderzimmer** / hinter dem **Reg<u>a</u>l** / auf dem **K<u>i</u>ssen** / liegt eine **K<u>a</u>tze**.

**b |** Schreiben Sie Kärtchen, legen Sie Sätze und lesen Sie sie rhythmisch vor. Wer kann es am lustigsten?

| Im W<u>o</u>hnzimmer 1 | auf dem S<u>e</u>ssel 2 | vor dem F<u>e</u>nster 3 | liegt ein T<u>e</u>ller. 4 |
| Im Fl<u>u</u>r 1 | unter dem St<u>u</u>hl 2 | neben der T<u>ü</u>r 3 | schläft der H<u>u</u>nd. 4 |

**13  Ihr Lieblingszimmer**

Was ist Ihr Lieblingszimmer in der Wohnung? Warum? Beschreiben Sie es. Ihre Lernpartnerin / Ihr Lernpartner macht dabei eine Skizze. Geben Sie sich auch Einrichtungstipps. Tauschen Sie dann die Rollen.

▪ Mein Lieblingszimmer ist … Hier kann ich … Die Wände sind … Auf / An / … steht / liegt / hängt … Ich hätte gern noch …

▫ Häng / Leg / Stell doch … neben / vor / …

## 14  Ein guter Vorschlag?!

**a |** Sehen Sie das Bild an.
Was machen die Personen?
Worüber sprechen sie?
Wie ist die Stimmung?

**1 💿_25  b |** Hören Sie und vergleichen Sie mit Ihren Vermutungen.

**c |** Hören Sie noch einmal. Wer macht welchen Vorschlag? Verbinden Sie bitte.

Frau Becker ○          ○ möchte das neue Automobilmuseum besichtigen.

Markus Neumann ○          ○ will zum Neustädter Volksfest gehen.

Dr. Körting ○          ○ würde gern eine Wanderung im Neustädter Wald machen.

**d |** Mit welchen Redemitteln kann man Vorschläge machen und auf Vorschläge reagieren? Sortieren Sie bitte.

> Ich würde gern … | Wir könnten … | Das ist eine gute Idee! | Ich weiß nicht. |
> Super! | Nein, auf keinen Fall. | Ich habe eine Idee: Wir fahren … | Mir ist es egal. |
> Ich möchte … | Das finde ich nicht so gut. | Ich schlage vor, dass wir …

| Vorschlag machen | positiv reagieren | negativ reagieren | keine Meinung haben |
|---|---|---|---|
|  |  |  |  |

**e |** Kettenspiel: Machen Sie so viele Vorschläge
für einen Kursausflug wie möglich.

Ich würde gern … besichtigen. – Wir könnten nach … fahren. –
Ich schlage vor, dass wir … – Ich möchte …

↪ AB 14

> **würde / könnte / möchte + Infinitiv**
>
> Ich würde gern eine Party feiern.
> Wir könnten doch ins Kino gehen!
> Sie möchten aber schlafen.

## Meinungen

a | Lesen Sie die Meinungen über den Betriebsausflug.
Welcher Meinung stimmen Sie zu?

> Ich finde es wichtig, dass alle Mitarbeiter am Betriebsausflug teilnehmen. Das stärkt das Teamgefühl.

> Ich finde, Betriebsausflüge sind für das Arbeitsklima sehr gut.

> Es ist wichtig, dass die Mitarbeiter bei einem Ausflug auch mal privat miteinander sprechen können und nicht immer nur über die Arbeit reden.

> Ich meine, dass man privat und beruflich trennen muss. Betriebsausflüge sind unnötig.

b | Wie kann man die Meinung sagen? Suchen Sie Beispiele in a und ergänzen Sie weitere Möglichkeiten.

*Ich finde es richtig / falsch, dass ...*   *Es ist ...*

 c | Formulieren Sie Ihre Meinung über Betriebsausflüge.

> Ich finde es richtig, dass man ...

↪ IS 12 / 3

1 🔘_26  d | Meinungsverschiedenheit: Hören Sie und sprechen Sie leise mit.
Was meinen Sie: Worüber sprechen die Personen?

Ich finde es **richtig**.
 Das ist doch nicht **wichtig**.
Das ist doch **normal**.
 Mir ist es **egal**.
Dir fehlt nur der **Mut**.
 Ich find' es nicht **gut**.
Jeder macht's – **überall**.
 Auf gar keinen **Fall**!
Es ist deine **Pflicht**.
 Ach, ich **weiß** es nicht.
Komm doch bitte mit **rein**.
 Mensch, jetzt lass es doch **sein**!

 e | Spielen Sie mit Gesten und sehr emotional und nachdrücklich. Erweitern Sie dann das Gespräch.

- ▪ Ich finde es richtig, dass man sich auch privat kennen lernt und besucht.
- ▫ Nein, das ist doch nicht wichtig. Wir sehen uns schon den ganzen Tag hier im Kurs.

## 16 Ausflugsziele

a | Überfliegen Sie die Prospekte. Welches Ausflugsziel finden Sie interessant? Wählen Sie einen Text.

Das Zeppelin Museum in Friedrichshafen ist ein Erlebnisort der besonderen Art. Es bietet die weltweit größte Sammlung zur Geschichte und Technik der Zeppelin-Luftschifffahrt. Außerdem zeigt das Museum Kunstwerke der letzten 500 Jahre aus der Region Bodensee und verbindet damit als einziges deutsches Haus Technik und Kunst.

Den Besuchern bietet das Museum Gruppenführungen, Führungen zu bestimmten Themen und Audio-Führungen. Jeden Donnerstagabend Kulturprogramm, außerdem Teilnahme an Familienprogrammen und Projekte für Schulklassen.

Für Menschen mit eingeschränkter Mobilität geeignet.

Wie das Leben auf einem Bio-Hof aussieht, das können die Besucher auf dem Mühlenhof miterleben und dabei in entspannter Atmosphäre viel Interessantes über den ökologischen Landbau und Bio-Lebensmittel erfahren.

Mögliches Programm:
Betriebsrundgang und Stallbesichtigung, Spaziergang über Felder und Wiesen, Besuch im Hofladen, gemütliche Brotzeit auf dem Hofgelände.

Für Rollstuhlfahrer geeignet.

Die bekannte Herreninsel am Chiemsee ist etwa 240 ha groß und bietet mit dem Königsschloss, den Parkanlagen und Wasserspielen sowie dem Museum und den beiden Galerien im Augustiner-Chorherrenstift zahlreiche Sehenswürdigkeiten.

Möglicher Tagesausflug: Eintritt und Führung im Königsschloss und durch den Park, Mittagessen in einer typischen bayerischen Wirtschaft, Besichtigung der Galerien.

b | Sie sind die Expertin / der Experte: Die anderen stellen Fragen zu Ihrem Text, Sie antworten.
Bereiten Sie sich auf mögliche Fragen vor: Wo? Wie? Was kann man machen?

> Was kann man auf dem Bio-Hof machen?

> Man kann den Betrieb und den Stall besichtigen.

**Nomen und Verben**

der Spaziergang – spazieren gehen
der Besuch – besuchen
die Besichtigung – besichtigen

c | Wohin würden Sie gern fahren? Warum?　　　　　➡ AB 15

- Ich würde gern zum Bio-Hof fahren, weil ich etwas über Bio-Lebensmittel erfahren will.

## 17 Eine Anfrage schreiben

a | Was? Wann? Lesen Sie die Anfrage. Markieren Sie die Schlüsselwörter.

Sehr geehrte Damen und Herren,

unsere Firma macht am 5. Juni einen Betriebsausflug zum Chiemsee. Wir möchten bei Ihnen einen Reisebus für 50 Personen mit Klimaanlage und WC bestellen. Der Bus muss barrierefrei sein, weil ein Kollege Rollstuhlfahrer ist.
Wir möchten um 9:15 Uhr in der Firma (Leopoldstr. 48B) losfahren. Die gewünschte Rückfahrtzeit ist ca. 17:30 Uhr.
Bitte schicken Sie uns ein Angebot bis Ende der Woche.

Vielen Dank im Voraus

Firma Bach & Co

Zeichnen ▾ | AutoFormen ▾ | ＼ ＼ □ ○ 🖼 ◢ ⬡ 🖼 🖼 | 🎨 ▾ ✎ ▾ A ▾ ≡ ≣ ⇳ 🟩 🟩

b | Lesen Sie noch einmal. In welcher Reihenfolge stehen folgende Informationen?

☐ Anrede                               ☐ Bitte um eine Antwort (bis + Termin)
☐ Detailangaben (Uhrzeiten, Orte)      ☐ Grund des Schreibens
☐ Dank                                 ☐ Unterschrift

c | Für Ihren Betriebsausflug müssen Sie Snacks und Getränke für unterwegs organisieren. Schreiben Sie mithilfe der Stichpunkte eine Anfrage.

- Bringen Sie die Stichpunkte in eine Reihenfolge.

- Ergänzen Sie weitere Details.

- Formulieren Sie die E-Mail.
   AB 16

*Termin für den Ausflug*
*man braucht: alkoholfreie Getränke, ...*
*Geschirr, Besteck, Gläser*
*Angebot bis ...*
*30 Personen*

## 18 Kursausflug

Sie wollen nach dem Kursende einen Tagesausflug machen. Planen Sie den Ausflug in Kleingruppen. Diskutieren Sie:

- Wann und wohin fahren Sie?
- Wie kommen Sie dahin?
- Was machen Sie dort?
- Wie organisieren Sie Ihr Mittagessen?
- Wann kommen Sie zurück?

Stellen Sie Ihren Ausflug vor. Welche Gruppe hat den interessantesten Vorschlag?

## ▪ Barrierefreier Ausflug in meiner Stadt

Sie planen einen Tagesausflug in Ihrer Stadt / Region mit einem Freund, der im Rollstuhl sitzt.

▪ Legen Sie mögliche Ziele fest: Was wollen / können Sie in Ihrer Stadt unternehmen?
▪ Recherchieren Sie im Internet (z.B. www.muenchen.de/Rathaus/soz).
▪ Schreiben Sie eine Liste mit Aktivitäten, Daten, Preisen.

Stellen Sie alle Informationen auf einem Plakat zusammen.
Hängen Sie alle Plakate auf und vergleichen Sie.

## ▪ Wer hat Lust wozu?

1 ⊙_27 **a |** Erkennen Sie es an der Sprechweise? Hören Sie und kreuzen Sie an.

| Wer? | Wozu? | . . . hat Lust | . . . hat keine Lust |
|------|-------|----------------|----------------------|
| Anton | Museum | | |
| | Achterbahn | | |
| Tanja | Wandern | | |
| | Zuckerwatte | | |
| Felix | Lesen | | |
| | Tanzen | | |

1 ⊙_28 **b |** Hören Sie, was Anton, Tanja und Felix noch sagen. Überprüfen Sie Ihre Lösung.

**c |** Schreiben Sie zwei Wörter auf. Sprechen Sie jedes Wort so, dass die anderen erkennen, ob Sie dazu Lust haben oder nicht.

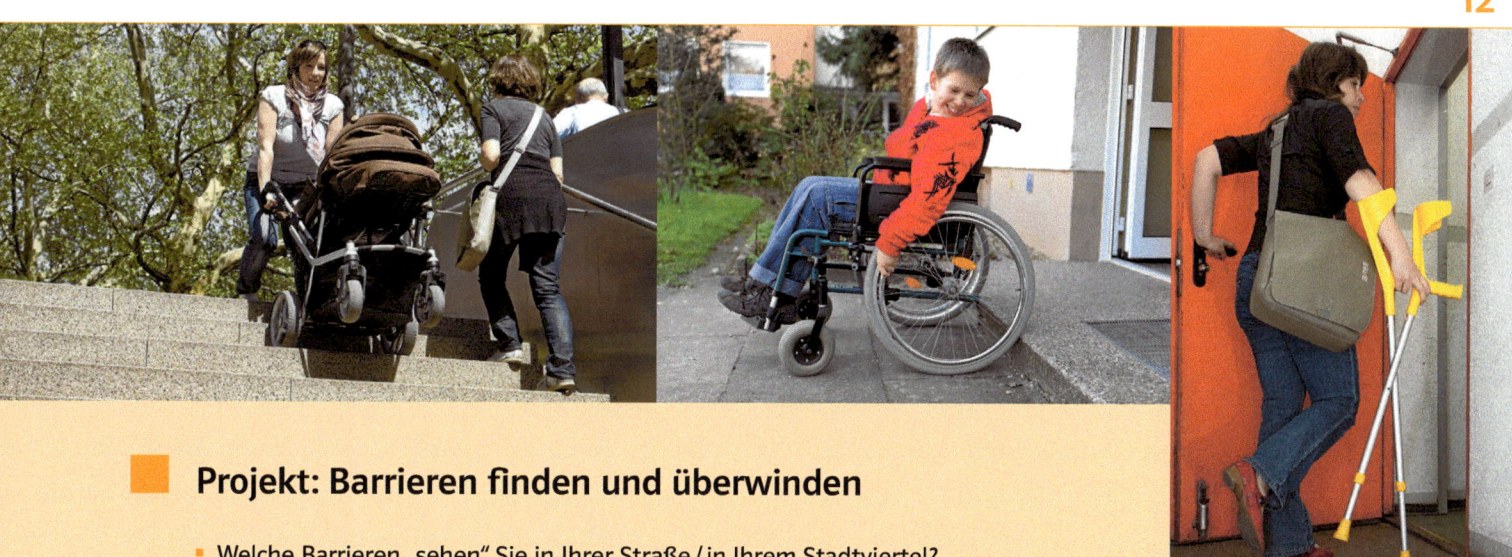

## Projekt: Barrieren finden und überwinden

- Welche Barrieren „sehen" Sie in Ihrer Straße / in Ihrem Stadtviertel?
- Welche Probleme gibt es für Menschen mit Rollstuhl oder Kinderwagen?
- Welche Gefahren gibt es für kleine Kinder?
- …

Machen Sie Fotos. Sammeln Sie Verbesserungsvorschläge.
Präsentieren Sie die Ergebnisse im Kurs.

## Mein Lieblingsmöbelstück

a | Lesen Sie den Text.

Mein liebstes Möbelstück ist seit kurzer Zeit mein phantastischer neuer, weiß gepolsterter "Poäng"-Sessel von IKEA. Bisher hatte ich aus Platzgründen (1-Zimmer-Appartement!) keinen Sessel.
Der Bürostuhl, die beiden Stühle am Küchentisch und mein Bett mussten als Sitz-gelegenheiten ausreichen. Mittlerweile habe ich aber dem ständigen Genörgel meiner Freunde ("Christoph, du liest doch sooooo viel! Und wer sooooo viel liest, der braucht auch einen Sessel!") nachgegeben und mir einen "Poäng"-Sessel gekauft.
Auch wenn meine Freundin - eine Innenarchitektin - nicht ganz von dem Sessel begeistert ist, liebe ich ihn bereits jetzt heiß und innig.
Es ist ein ganz wunderbares Gefühl, abends in dem leicht wippenden Sessel zu versinken und einen anstrengenden Tag mit einer Tasse Tee und einem guten Buch ausklingen zu lassen.

🖨 Drucken ✉ Versenden 💬 Newsletter

aus: Woistwalter, jetzt.de http://sueddeutsche.de/jetztpages/Woistwalter

b | Was ist Ihr Lieblingsmöbelstück? Seit wann haben Sie es? Warum gefällt es Ihnen?
Erzählen Sie und bringen Sie ein Foto / ein Bild mit.

# 13 In Bewegung

**a** | Wer macht was? Verbinden Sie und beschreiben Sie die Fotos.

| | |
|---|---|
| der Sportreporter ○ | ○ die Spieler anfeuern |
| die Fußballspielerin ○ | ○ das Spiel anpfeifen |
| der Trainer ○ | ○ auf der Wiese Fußball spielen |
| der Schiedsrichter ○ | ○ über ein Spiel berichten |
| die Fans ○ | ○ Fanartikel verkaufen |
| die Kinder ○ | ○ ein Tor schießen |
| der Verkäufer ○ | ○ die Mannschaft trainieren |

**b** | Für wen gehört Fußball zum Beruf und für wen ist es Freizeit? Diskutieren Sie.

**c |** Ist Fußball für Sie / in Ihrem Land wichtig? Gestalten Sie das leere Feld und tauschen Sie sich mit Ihren Lernpartnerinnen und Lernpartnern aus.

- Fußball interessiert mich gar nicht | wenig | sehr | …
- Bei uns ist Basketball | Baseball | Eishockey | … sehr beliebt.
- Der Nationalsport in … ist …
- Ich bin ein Fan von …
- Ich spiele …

➥ AB 1

**Kommunikative Lernziele:**

- über Sport und Sportergebnisse sprechen
- sich verabreden
- ein Zeitungsinterview lesen
- über Vorurteile sprechen
- am Telefon etwas bestellen
- über ehrenamtliches Engagement sprechen
- ein Ziel angeben

**Wortschatz und Strukturen:**

- Sportarten
- Werkzeuge
- Präpositionen: *gegen, für*
- *sich*-Verben
- lautmalerische Wörter
- Temporaladverbien: *schon, noch, erst*
- *damit*-Satz
- Wortbildung: vom Verb zum Nomen
- Aussprache: [ks]-Laute

**Zusatzmaterial:** Spielübersicht von Fußball- oder anderen Sportvereinen (Aufgabe 3)

## 2  Guck mal!

 **a |**  Spekulieren Sie: Wer ist das? Wo ist das? Was ist die Situation?

1 ⏺ _29  **b |**  Hören Sie und vergleichen Sie mit Ihren Vermutungen.

**c |**  Wer spielt gegen wen? Wie steht das Spiel? Hören Sie noch einmal und ergänzen Sie bitte.

> Bayern München | Schalke 04 | Eintracht Frankfurt | Real Madrid | zwei zu eins

_____ spielt gegen _____.

Es steht am Ende _____ für

_____.

Max war früher für _____, Paul ist

für _____.

> **Präpositionen _für, gegen_**
>
> Bayern München spielt **gegen** den HSV.
> Es steht zwei zu eins **für** Bayern München.

## 3  Sind Sie für oder gegen …?

**a |**  Welche Mannschaften spielen am Wochenende? Wer spielt gegen wen? Recherchieren Sie bitte.

▪ Werder Bremen spielt gegen Borussia Dortmund.

 **b |**  Was ist Ihre Lieblingsmannschaft im Fußball oder in einer anderen Sportart?
Machen Sie eine Liste der Favoriten und fassen Sie die Ergebnisse zusammen.

> Für wen sind Sie / bist du?

▪ Einige finden … gut. Viele sind für … Aber die meisten sind für …

> Ich bin für …

➥ AB 2

## 4 Vor dem Sport und nach dem Sport

a | Was machen Max und Paul? Sehen Sie die Bilder an und bringen Sie sie in eine Reihenfolge.

b | Was passt? Verbinden Sie bitte und erzählen Sie die Geschichte.

Max und Paul beeilen sich, ○     ○ und föhnt sich die Haare.
Max zieht sich nicht um, ○     ○ und die beiden verabschieden sich von Ahmed.
Max und Paul gehen in die Halle ○     ○ weil er seine Sportsachen vergessen hat.
Paul steht unter der Dusche ○     ○ und zieht sich an.
Er trocknet sich ab ○     ○ und langweilt sich.
Er kämmt sich ○     ○ weil sie spät dran sind.
Max wartet ○     ○ und wäscht sich die Haare.
Endlich ist Paul fertig ○     ○ und laufen sich warm.

> **sich-Verben**
>
> Ich beeile **mich**.
> Langweilst du **dich**?
> Er / Sie läuft **sich** warm.
> Wir beeilen **uns**.
> Duscht ihr **euch**?
> Sie waschen **sich** schnell.
>
> **mit Akkusativ-Ergänzung**
>
> Ich kämme **mir** die Haare.
> Föhnst du **dir** die Haare?

c | Was macht Max nicht? Erzählen Sie.

⮕ AB 3–5

> Er zieht sich nicht um, …

## 5 Sorgen am Morgen: Wasch dich, zieh dich an, …!

1 🟠 _30   a | Hören Sie und markieren Sie in jedem Satz das betonte Wort. Sprechen Sie beim zweiten Hören nach.

A Er **wäscht** sich nicht. Er wäscht sich
einfach nicht.
Nun wasch dich doch endlich. Wäschst
du dich jetzt?
B Okay. Ich wasche mich gleich.

A Sie zieht sich nicht an. Sie will sich
einfach nicht anziehen.
Nun zieh dich bitte an. Zieh dich doch
endlich an.
B Ja, ja, ich ziehe mich gleich an.

b | Spielen Sie die Szenen. Variieren Sie dann.

## 6  Das Tor ins Leben

a |  Sehen Sie das Foto an und lesen Sie den Einleitungstext. Was ist das Thema des Artikels?

Fatmire „Lira" Bajramaj wird am 1. April 1988 in Gjurakovc (im ehemaligen Jugoslawien) geboren. Im Alter von fünf Jahren flieht sie mit ihrer Familie aus dem Kosovo nach Deutschland, wo sie eine Kindheit zwischen Armut und Rassismus erlebt. Heimlich und gegen den Willen ihres Vaters beginnt sie, Fußball zu spielen. Schnell erkennt der jedoch ihr Talent, und eine große Karriere beginnt. Mit 21 Jahren ist die erste Muslima der deutschen Frauenfußball-Nationalmannschaft bereits Welt- und Europameisterin.

**SZ:** Sie sind Muslima und als Flüchtling nach Deutschland gekommen. Heute sind Sie Welt- und Europameisterin. War der Fußball Ihr Tor ins Leben?

5 **Bajramaj:** Durch den Fußball habe ich viele Freunde gefunden. Er hat mir geholfen zu verstehen, wie die Leute hier leben und ticken. Deshalb ist es so wichtig, dass ausländische Kinder in 10 Sportvereine gehen. Sport bezieht alle ein. Da bleibt keiner zurück.

**SZ:** Bekommt man durch den Sport mehr Respekt?

**Bajramaj:** Ja, das habe ich selbst er-15 lebt. Durch gute Leistungen im Sport bekommt man Respekt.

**SZ:** Mit welchen Vorurteilen und Problemen mussten Sie kämpfen?

**Bajramaj:** Vor allem damit, dass Fuß-20 ball kein Frauensport ist. Besonders mein Vater war am Anfang sehr dagegen. Ich konnte nur heimlich spielen. Irgendwann kam alles raus, das war richtig schlimm. Aber seitdem er mein 25 Talent entdeckt hat, ist er mein größter Fan.

**SZ:** Was braucht Frauenfußball, damit Mädchen ihn „cool" finden?

**Bajramaj:** Vor allem viel Fernsehprä-30 senz. Damit die Leute Frauenfußball sehen können und auch, wie gut wir inzwischen sind. Dann ist es logisch, dass junge Mädels in einen Verein gehen, weil sie das cool finden und so 35 wie ihre Vorbilder sein wollen.

**SZ:** In Ihrer Kindheit wurden Sie manchmal als „Zigeunerin" beschimpft, ihr Bruder Fatos als „Scheiß-Ausländer". Ist das heute auch noch so?

**Bajramaj:** Eigentlich nicht. Vielleicht, 40 weil ich durch den Sport anerkannt bin.

**SZ:** Sagen Sie uns: Wie können sich Flüchtlingskinder möglichst schnell in Deutschland integrieren? 45

**Bajramaj:** Das sollte schon in der Schule anfangen, dass ausländische Kinder nicht nur unter sich sind. Ich selber hatte zum Beispiel viele deutsche Freunde und so kam ich auch zum 50 Sport. Da habe ich die Sprache besser gelernt und gesehen, wie die anderen Kinder sich verhalten. Das geht sehr gut im Sportverein.

**SZ:** Als Fußballerin treten Sie extrava-55 gant auf, spielen auch mal mit pinken Schuhen. Im Sportstudio haben Sie mit Pumps auf die Torwand geschossen. Wie wichtig ist Ihnen dieses Image?

**Bajramaj:** Das Image ist mir egal. Mein 60 Aussehen ist mir dagegen sehr wichtig. Ich überlege jeden Tag lange, was ich anziehe. Kleidung, Make-up, Haare, alles muss passen. Auch auf dem Spielfeld will ich gut aussehen. 65

**SZ:** Man hört, Sie schminken sich vor dem Training?

**Bajramaj:** Ja, das stimmt (lacht). Weiblichkeit gehört zum Frauenfußball. Ich mache das aber für mich, nicht für an-70 dere.

**SZ:** Wollen Sie irgendwann ins Kosovo zurück?

**Bajramaj:** Ich werde das Kosovo immer in meinem Herzen tragen. Aber 75 zurückkehren – nein, das kann ich mir nicht vorstellen. Meine Heimat ist jetzt Deutschland.

aus: Süddeutsche Zeitung

**b |** Was erfahren Sie im Interview über Lira Bajramaj? Lesen Sie und ergänzen Sie den Steckbrief. Vergleichen Sie dann mit Ihrer Lernpartnerin / Ihrem Lernpartner.

Name?    Fatmire „Lira" Bajramaj

Geburtsdatum?

Geburtsort?

Wohnort?

Ihr größter Fan?

Ihr Image?

Sportliche Erfolge?

**c |** Lesen Sie die Sätze und vergleichen Sie mit dem Text. Korrigieren Sie die falschen Aussagen.

Lira Bajramaj ist als Flüchtling nach Deutschland gekommen.
Sie hatte eine glückliche Kindheit in Deutschland.
Sie findet es sehr wichtig, dass ausländische Kinder in Sportvereine gehen.
Ihre Familie hatte nichts dagegen, dass sie Fußball spielt.
Durch ihre Leistungen im Sport bekommt sie heute viel Respekt.
Sie will auch auf dem Spielfeld gut aussehen.
Sie möchte später in ihr Heimatland zurückkehren.

➡ AB 6–7

## 7 Vorteil und Vorurteil

**a |** Was bedeutet Vorteil? Was bedeutet Vorurteil? Ordnen Sie die Definitionen zu.

negative Meinung über etwas, bevor man es kennt

etwas, was jemandem oder einer Sache nützt

**b |** Wählen Sie eine Frage und suchen Sie Antworten im Text. Vergleichen Sie dann in Gruppen.

- Welchen Vorteil sieht Lira Bajramaj im Vereinssport?

- Von welchen Vorurteilen und Problemen berichtet Lira Bajramaj?

**c |** Was ist Ihre Meinung? Diskutieren Sie eine Frage.

Ballett ist nur etwas für Mädchen.

- Welche Vorteile bringt Sport?

- Welche Vorurteile kennen Sie im Sport?

Das finde ich nicht. Ich denke, …

## 8 Für jeden die richtige Sportart

**a |** Sehen Sie die Bilder an. Welche Sportart machen Sie / haben Sie schon einmal gemacht?

Tischtennis · Schwimmen · Boxen · Rudern · Handball

Joggen · Schifahren · Volleyball · Tanzen · Schlittschuhlaufen

- Als Kind bin ich viel geschwommen | habe ich … gespielt | …
- Ich habe 5 Jahre lang geboxt.
- Ich spiele regelmäßig …
- Im Winter | Im Sommer …

**b |** Um welche Sportart geht es in den Texten? Lesen Sie und wählen Sie das passende Nomen aus a.

„Im Wasser fühle ich mich wohl. Deshalb ist ⌐_____⌐ für mich der ideale Sport.
Eine Badehose und eine Schwimmbrille – mehr brauche ich nicht. Und Schwimmbäder
gibt es in der Stadt genug."

„Viele sagen, dass ⌐_____⌐ brutal ist. Aber das finde ich nicht.
Beim ⌐_____⌐ gibt es strenge Regeln, einfach jemanden k.o. schlagen,
das darf keiner."

„Ich liebe ⌐_____⌐. Man ist den ganzen Tag draußen in der winterlichen
Bergwelt, das ist sehr erholsam."

„Ich treffe mich zweimal in der Woche zum ⌐_____⌐ mit einer Laufgruppe.
Alleine laufe ich immer zu schnell und in der Gruppe macht es einfach mehr Spaß."

„Manchmal nehme ich einfach meinen Schläger und einen Ball und gehe in den Park. Da finde ich
immer Leute zum ⌐_____ *spielen* ⌐."

**c |** Warum ist Ihre Sportart für Sie wichtig?
Schreiben Sie einen kurzen Text.

➡ AB 8 – 9

---

**Vom Verb zum Nomen**

| | |
|---|---|
| Ich fahre Schi. | Ich liebe (das) Schifahren. |
| Ich schwimme oft. | Ich gehe oft zum Schwimmen. |
| Spielst du gern Tennis? | Ja, beim Tennisspielem kann ich mich gut entspannen. |

## 9 X wie in Boxen

1 🔘_31  **a |**  Sie hören [ks] – aber was schreiben Sie? Hören Sie und ergänzen Sie.

Bo____en | Ta____i | monta____ | se____ | du trin____t | Ke____

> **Der Trick zum [ks]**
>
> Üben Sie erst langsam, dann schneller:
> Montag + s = montags
> trink + st = trinkst

**b |**  Ergänzen Sie die Regel.

Wie [ks] spricht man die Buchstaben

- | x |: | Boxen, |          - | ___ |: | ___ |
- | ___ |: | ___ |          - | ___ |: | ___ |

(Achtung: Bei *-ngs* in *Jungs* und *chs* in *möglich-st*, *lach-st* spricht man kein [ks].)

**c |**  Markieren Sie alle [ks]-Laute in dem Witz. Überlegen Sie, welche Wörter man betonen muss, und lesen Sie ihn möglichst lustig vor.

Der Boxer sitzt fix und fertig in der Ecke und wartet auf den Gong zur sechsten Runde. Der Trainer sagt: „Weißt du was? Wenn der andere jetzt wieder zuschlägt, schlägst du endlich mal zurück!"

➡ AB 10

## 10 Ihr Sportprofil

**a |**  Füllen Sie bitte den Fragebogen aus.

| | |
|---|---|
| Welche Sportart finden Sie gut? | |
| Welche Sportart finden Sie nicht gut? | |
| Welche Sportart möchten Sie gern ausprobieren? | |
| Was mögen Sie: Einzelsport oder Mannschaftssport? | |
| Mögen Sie lieber Wintersport oder Sommersport? | |
| An welchem Ort / In welchem Land machen Sie gern Sport? | |
| Sehen Sie gern Sport im Fernsehen? Was? | |
| Gehen Sie zu Sportveranstaltungen? Zu welchen? | |

**b |**  Gehen Sie im Kursraum umher und suchen Sie eine Person mit einem ähnlichen Sportprofil.

**c |**  Sie möchten gemeinsam Sport machen / Sport ansehen. Verabreden Sie sich.

- ▪ Wollen wir zusammen …? | Ich würde gern … Kommst du mit?
- ▫ Ja, gern. Wann | Wo treffen wir uns?
- ▪ Um … vor dem Stadion | am Schwimmbad | …

➡ AB 11

## 11  Komische Geräusche

a | Sehen Sie das Bild an. Was ist die Situation? Beschreiben Sie.

1 ⊙_32    b | Hören Sie und beantworten Sie die Fragen.

1. Wem gehört die Werkstatt?
2. Was ist passiert?
3. Wie kann man das Problem lösen?

c | Hören Sie noch einmal. Welche Geräusche macht das Auto?
Wählen Sie die passenden Sprechblasen aus.

1 ⊙_33    d | Hören Sie die Verben. Ordnen Sie sie den Geräuschen in c zu.

klirren | klappern | brummen | summen | knacken | knirschen |
blubbern | pfeifen | knallen | quietschen

e | Geräuschorchester – haben Sie Lust? Schreiben Sie Kärtchen mit Geräuschwörtern und verteilen Sie sie.
Jeder macht sein eigenes Geräusch. Sie können auch einen Dirigenten wählen – er / sie zeigt, wer sein
Geräusch machen soll.

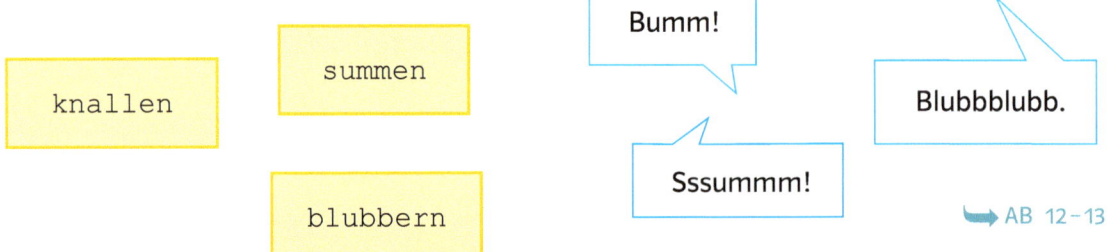

➡ AB 12–13

## 12 In der Werkzeugkiste

a | Welches Werkzeug brauchen Sie? Wählen Sie eine Situation und füllen Sie Ihre Werkzeugkiste.

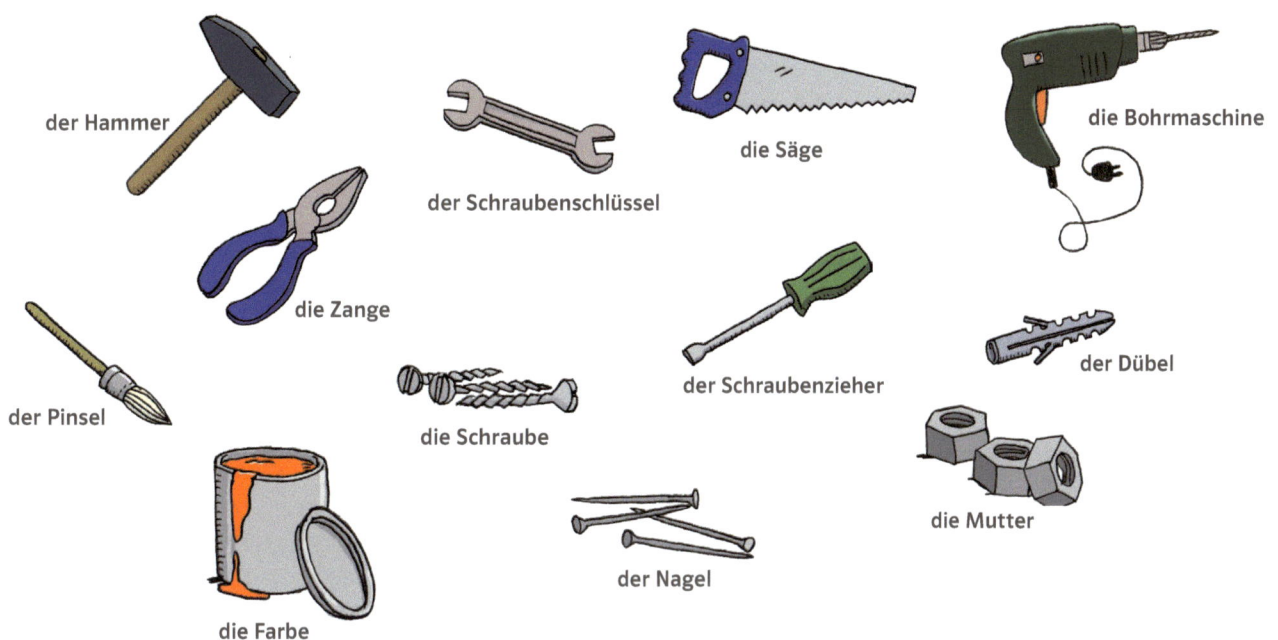

der Hammer

der Schraubenschlüssel

die Säge

die Bohrmaschine

die Zange

der Schraubenzieher

der Dübel

der Pinsel

die Schraube

die Mutter

der Nagel

die Farbe

- Sie müssen Ihre Wohnung renovieren / streichen.
- Sie wollen ein Regal aufbauen.
- Sie möchten ein Bild aufhängen.
- Sie müssen Ihr Fahrrad reparieren.
- …

ein

 b | Vergleichen Sie in der Gruppe.

- Zum Renovieren brauche ich …

## 13 Was brauchen Sie?

Was brauchen Sie in Ihrem Beruf? Schlagen Sie nach. Erzählen Sie dann.

- Ich bin … In meinem Werkzeugkasten sind …
- Ich arbeite im Labor. Ich brauche ein Mikroskop, …
- Als Krankenschwester arbeite ich oft mit einem Blutdruckmessgerät, mit einem …
- Ich brauche nur einen Computer. Ich muss …
- …

## 14 Die Schrauben sind alle!

1 🔘 _34   a | Hören Sie. Worum geht es in den Bestellungen? Wählen Sie aus und verbinden Sie.

| Was? | Warum? |
|---|---|

Situation 1 ○

Situation 2 ○

○ Zangen ○

○ Hammer ○

○ Pinsel ○

○ Schrauben ○

○ Muttern ○

○ Die Packung ist schon halb leer.

○ Es ist die letzte Packung.

○ Es gibt gar keine mehr.

○ Es gibt nur noch eine.

○ Die Lieferung ist noch nicht da.

b | Ordnen Sie den Dialog. Lesen Sie ihn dann mit Ihrer Lernpartnerin / Ihrem Lernpartner vor.

☐ Ich habe doch erst gestern eine Packung mitgebracht.

☐ Brauchen Sie etwas aus dem Lager?

☐ Gut, dann bringe ich Ihnen noch eine Packung.

☐ Ja, ich brauche dringend Nägel.

☐ Ja, aber sie sind schon wieder fast alle.

➥ AB 14 – 15

> **Temporaladverbien** *schon, noch, erst*
>
> Die Schrauben sind **schon** wieder alle.
> Ich habe nur **noch** eine Packung.
> Ich habe sie **erst** letzte Woche bestellt.

c | Spielen Sie ähnliche Dialoge.

## 15 Können Sie das bitte prüfen?

1 🔘 _35   a | Was ist das Problem? Hören Sie und kreuzen Sie bitte an.

☐ Die Firma hat die Bestellung nicht bekommen.

☐ Die Firma konnte die Ware erst vor einer Stunde verschicken.

☐ Die Firma hat die falsche Ware geliefert.

b | Welche Redemittel kann man in der Situation verwenden? Wählen Sie bitte aus.

▪ Die Lieferung ist noch nicht da. Was ist

denn bei Ihnen los?

▪ Ich habe … bestellt, aber sie sind noch nicht da.

Können Sie das bitte prüfen?

▪ Ich rufe wegen der Bestellung an. Die Ware ist

noch nicht gekommen.

▪ Wo bleibt meine Bestellung?

▫ Ich kann nichts dafür.

▫ Wir haben leider ein Problem: …

▫ Es tut uns leid, aber Ihre Bestellung

ist bei uns nicht angekommen.

▫ Das ist doch nicht mein Problem.

c | Warum passen die anderen Sätze nicht?

➥ AB 16

## 16 Rollenspiel: etwas bestellen

a | Wählen Sie eine Situation. Verteilen Sie die Rollen.
Machen Sie Notizen, sammeln Sie passende Redemittel.

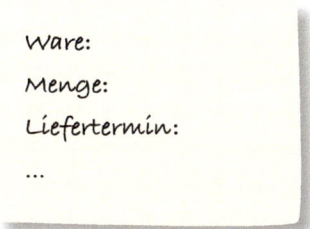

Ware:

Menge:

Liefertermin:

...

**1.**

A Sie sind Sekretärin. Sie sehen, dass das Druckerpapier fast alle ist. Sie rufen einen Papiergroßhändler an. Sie möchten noch heute 20 Packungen Papier bekommen.

B Sie sind Papiergroßhändler. Ihr Fahrer ist krank. Sie finden eine Lösung.

**2.**

A Sie sind Maler. Sie brauchen 10 Eimer (à 10 l) Latexfarbe. Ihr Auto ist in der Werkstatt.
Sie rufen im Baumarkt an und fragen, ob der Baumarkt die Farbe liefern kann.

B Sie arbeiten im Baumarkt. Sie erklären, dass Sie nur ab 200 l Lieferservice anbieten.

**3.**

A Sie haben ein Restaurant. Der Lieblingsrotwein Ihrer Gäste ist fast alle. Sie rufen Ihren
Weinhändler an und bitten ihn, mindestens 5 Kisten noch vor dem Wochenende zu liefern.

B Sie sind Weinhändler. Der Wein ist ausverkauft. Sie bieten einen anderen Wein an.

b | Spielen Sie das Telefongespräch.

→ AB 17

## 17 Wählen Sie eine Aufgabe.

- Sie haben etwas bestellt, aber die Ware ist nicht da. Fragen Sie in einer E-Mail nach.

- Sie reparieren etwas und brauchen dringend ein Werkzeug. Leihen Sie es bei Ihrem Nachbarn aus.
Spielen Sie die Situation.

- Welches Werkzeug hören Sie? Machen Sie ein Geräusch, die anderen raten.

Was ist ehrenamtlich?

## 18  Umsonst

**1** 🔄 _36   **a** |   Was ist die Antwort auf Max' Frage?
Hören Sie und kreuzen Sie die passende Definition an.

☐   Man arbeitet umsonst, weil man keine andere Möglichkeit hat.

☐   Man arbeitet freiwillig und umsonst, weil man es wichtig findet.

☐   Man arbeitet in der Freizeit für ein Amt.

**b** |   Was sagt Ahmed über das Karatetraining? Hören Sie noch einmal und wählen Sie aus.

Es macht Spaß. | Es macht keinen Spaß.

Es bringt kein Geld. | Man bekommt etwas Geld.

Er macht es beruflich. | Er macht es ehrenamtlich.

**c** |   Lisa räumt Max' Zimmer umsonst auf. Was meint sie damit?

## 19  Ehrenamt: Was sagt die Statistik?

**a** |   Lesen Sie die Statistik und beantworten Sie die Fragen:

▪ Wie viel Prozent der Bewohner in Deutschland haben ein Ehrenamt?

▪ Wo engagieren sich die Leute besonders stark?

▪ Wo engagieren sie sich nicht so stark?

**b** |   Wie ist es in Ihrem Land? Wer engagiert sich wofür?

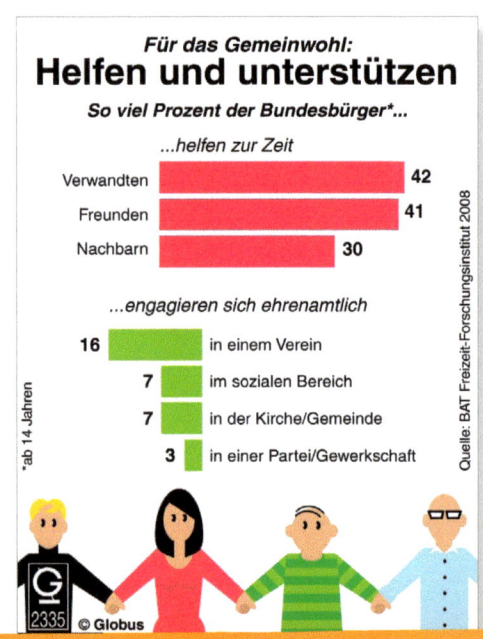

*Für das Gemeinwohl:*
**Helfen und unterstützen**
*So viel Prozent der Bundesbürger*...*

...helfen zur Zeit

Verwandten — 42
Freunden — 41
Nachbarn — 30

...engagieren sich ehrenamtlich

16   in einem Verein
7   im sozialen Bereich
7   in der Kirche/Gemeinde
3   in einer Partei/Gewerkschaft

*ab 14 Jahren

Quelle: BAT Freizeit-Forschungsinstitut 2008

© Globus

## 20 Umfrage: Warum arbeiten Sie ehrenamtlich?

a | Lesen Sie die Berichte. Markieren Sie: Was machen die Personen? Wie oft?

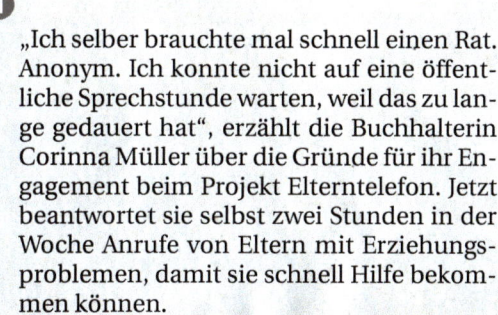

**1** „Ich selber brauchte mal schnell einen Rat. Anonym. Ich konnte nicht auf eine öffentliche Sprechstunde warten, weil das zu lange gedauert hat", erzählt die Buchhalterin Corinna Müller über die Gründe für ihr Engagement beim Projekt Elterntelefon. Jetzt beantwortet sie selbst zwei Stunden in der Woche Anrufe von Eltern mit Erziehungsproblemen, damit sie schnell Hilfe bekommen können.

**2** Lothar Stügelmaier hilft einmal wöchentlich in der Stadtmission für Obdachlose in Berlin aus. Den unbezahlten Job macht der 65-jährige Ex-Außendienstler seit vier Jahren, immer mittwochs. „Ich mache das, damit ich etwas für Leute tun kann, denen es nicht so gut geht. Mir geht es ja gut." Er hat ein eigenes Häuschen, ein neues Auto und macht zweimal im Jahr Urlaub. Seine beiden Kinder sind schon groß.

**3** Vor vier Jahren gründeten in Schwalmtal-Waldniel 20 erfahrene Führerscheinbesitzer den Verein „Bürger fahren Bürger", weil es keinen öffentlichen Nahverkehr gab. Damit auch Bürger ohne eigenes Auto zum Arzt, zum Supermarkt oder zum Bahnhof kommen können, bieten sie werktags von 8 bis 20 Uhr einen Fahrservice an. Hans-Josef van der Meulen, 62, stellt den Schichtplan auf und fährt auch selbst, weil „man 'ne Menge nette Leute kennen lernt".

b | Welches Projekt gefällt Ihnen am besten? Warum?

c | Welches Motiv haben die Leute? Ordnen Sie die Gründe und Ziele den Personen zu.

☐ Ich mache es, weil es keinen öffentlichen Nahverkehr gibt.
☐ Ich mache es, weil ich selbst zu lange auf einen Rat warten musste.
☐ Ich mache es, weil man viele nette Leute kennen lernt.
☐ Ich mache es, damit Eltern schnell Hilfe bekommen.
☐ Ich mache es, damit die Leute zum Arzt oder zum Bahnhof kommen.
☐ Ich mache es, damit ich etwas für die Leute tun kann.

> **Ziel angeben:** *damit*
>
> Ich engagiere mich, **damit** es anderen Menschen besser **geht**.

d | Was könnte man an Ihrem Wohnort machen? Sammeln Sie Ideen.

▪ Ich möchte etwas machen,
  damit kranke Kinder lachen und Spaß haben.
  damit alte Menschen …
  damit … schön aussieht | sauber ist | …

▫ Sie könnten / Du könntest
  als Clown im Krankenhaus arbeiten |
  im Seniorenheim etwas vorlesen.
  …

➥ AB 18–19
➥ IS 13/1

## Sport und Spiel

Über 25 Millionen Deutsche sind in Sportvereinen aktiv.
Die beliebtesten Vereinssportarten

| | Mitgliederzahl | Frauen-anteil |
|---|---|---|
| Fußball | 6 272 800 | 14 % |
| Turnen | 5 084 610 | 70 |
| Tennis | 1 767 230 | 41 |
| Schützen | 1 529 540 | 23 |
| Leichtathletik | 885 340 | 49 |
| Handball | 826 620 | 38 |
| Reiten | 761 290 | 71 |
| Alpenverein | 686 470 | 38 |
| Sportfischer | 669 160 | 4 |
| Tischtennis | 665 140 | 23 |
| Ski | 660 380 | 44 |
| Schwimmen | 610 110 | 52 |
| DLRG | 562 910 | 45 |
| Volleyball | 501 680 | 52 |
| Golf | 456 800 | 39 |
| Behindertensport | 341 920 | 49 |
| Badminton | 214 670 | 41 |
| Tanzsport | 206 600 | 65 |
| Judo | 200 300 | 30 |
| Basketball | 199 030 | 26 |
| Segeln | 189 530 | 25 % |

© Globus    Quelle: Deutscher Sportbund    Stand 2004

## Sportarten in Deutschland

Welche Sportarten sind in Deutschland beliebt?
Vergleichen Sie mit Ihrem Land.

## Vereine

- Welche Sportvereine gibt es an Ihrem Wohnort?
- Wer kann Mitglied werden?
- Was kostet eine Mitgliedschaft?
- …

Recherchieren Sie im Internet und berichten Sie.

## Post von Lukas

a | Lesen Sie die Postkarte. Wo ist Lukas gerade? Was macht er dort?

Hallo, meine Lieben,
hier kommt die versprochene Karte vom Baseballstadion. Baseball ist in den USA so beliebt wie Fußball bei uns. Aber es ist ganz anders. Schon vor dem Spiel, auf dem Parkplatz, gibt's Partys mit Essen und Getränken. Beim Spiel dann hab ich mich ein bisschen gelangweilt. Wahrscheinlich habe ich die Regeln nicht richtig verstanden... Ich muss mich unbedingt vor dem nächsten Spiel informieren! Bis bald.
Gruss und Kuss    Lukas

Familie Vogel
Elisabethplatz 9
D-87654 Neustadt

b | Welche Sportart ist für welches Land typisch? Sammeln Sie weitere Beispiele.

## Ein Gedicht: Alltag

a | Lesen Sie. Schlagen Sie unbekannte Wörter im Wörterbuch nach.

b | Zu welcher Zeile fallen Ihnen Emotionen ein?
Überlegen Sie und lesen Sie das Gedicht emotional vor.

Ich erhebe mich.
Ich kratze mich.
Ich wasche mich.
Ich ziehe mich an.
Ich stärke mich.
Ich begebe mich zur Arbeit.
Ich informiere mich.
Ich wundere mich.
Ich ärgere mich.
Ich beschwere mich.
Ich rechtfertige mich.
Ich reiße mich am Riemen.
Ich entschuldige mich.
Ich beeile mich.
Ich verabschiede mich.
Ich setze mich in ein Lokal.
Ich sättige mich.
Ich betrinke mich.
Ich amüsiere mich etwas.
Ich mache mich auf den Heimweg.
Ich wasche mich.
Ich ziehe mich aus.
Ich fühle mich sehr müde.
Ich lege mich schnell hin:

Was soll aus mir mal werden,
wenn ich mal nicht mehr bin?

Robert Gernhardt

Aus: Robert Gernhardt, Gedichte 1954–1997,
Haffmans Verlag AG Zürich 1999

c | Wie sieht Ihr Alltag aus?
Schreiben Sie ein Gedicht.

## Gründe für ein Ehrenamt

Sie gründen einen Verein und möchten Leute für ehrenamtliche Arbeit gewinnen.
Gestalten Sie einen Prospekt.
Stellen Sie Ihren Verein vor.
Wer hat die besten Argumente?

FOKUS LANDESKUNDE

In Deutschland gibt es fast 600.000 eingetragene Vereine. Statistisch gesehen ist somit jeder Deutsche in mindestens einem Verein Mitglied. Es gibt für alles Vereine – vom Kaninchenzüchterverein bis zum Dritte Welt e.V. Man braucht mindestens sieben Personen, um einen Verein zu gründen. Wichtig ist das gemeinsame Ziel. Darüber hinaus kann man hervorragend soziale und berufliche Kontakte knüpfen.

⮕ IS 13 / 2

# 14 Wie geht es weiter?

## 1 Was machen Sie gerade?

a | Welche Person macht gerade was? Lesen Sie die Aussagen und tragen Sie bitte die Nummer ein.

Person ☐ hat gerade Abitur gemacht.
Person ☐ sucht gerade eine Arbeitsstelle.
Person ☐ macht gerade einen Sprachkurs.
Person ☐ studiert.
Person ☐ macht gerade ein Praktikum.
Person ☐ macht gerade eine Umschulung.
Person ☐ macht eine Ausbildung.

> Zurzeit bin ich arbeitslos. Aber morgen habe ich ein Vorstellungsgespräch.

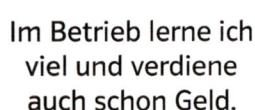

> Mein letzter Schultag, endlich!

> Im Betrieb lerne ich viel und verdiene auch schon Geld.

> Ich möchte erste praktische Erfahrungen in diesem Beruf sammeln und arbeite hier sechs Wochen mit.

**b |** Welche Situation kennen Sie, haben Sie schon erlebt? Erzählen Sie.

- Mein letzter Schultag war total schön | spannend | traurig | …

- Ich bin zurzeit arbeitslos. Aber ich hoffe, dass …

- Ich habe eine Ausbildung als … gemacht. Das war …

- Ich habe ein Praktikum bei … gemacht.

- Eigentlich bin ich …, aber jetzt lerne ich …

**c |** Was machen Sie gerade? Gestalten Sie das leere Feld. ➥ AB 1

> Ich bin zweisprachig aufgewachsen und lerne jetzt noch eine Fremdsprache.

> Noch vier Semester, dann habe ich mein Diplom in der Tasche.

> Ich muss mich beruflich neu orientieren, weil ich in meinem alten Beruf nicht mehr arbeiten kann.

**Kommunikative Lernziele:**

- Mitteilungen aus der Schule verstehen
- in einem Gespräch zustimmen, widersprechen, nachfragen
- Sprecherwechsel organisieren
- über die eigene Sprachenbiografie sprechen
- über berufliche Pläne sprechen
- sich in einem kurzen Schreiben bewerben
- einen tabellarischen Lebenslauf schreiben
- auf eine Stellenanzeige anrufen
- Berufswünsche angeben

**Zusatzmaterial:** Stellenanzeigen (Aufgabe 15 c)

**Wortschatz und Strukturen:**

- Schultypen und Schulabschlüsse
- Demonstrativartikel *dieser, dieses, diese*
- *wenn*-Satz
- Verben mit Präposition: *sich interessieren für, sich bewerben bei,* …
- *werden* + Nomen
- phonetische Mittel für überzeugende Sprechweise: Akzentuierung, Melodisierung, Stimmklang

### 2    Eine Mitteilung aus der Schule

a |    Lesen Sie die Notizen im Hausaufgabenheft.
Wem gehört das Heft?

b |    Warum wollen sich Frau Kramer und Frau Frey treffen?

➡ AB 2

AUFGABEN

Fächer    Dienstag, den    12. Januar

Mathe: S. 24, 3, 4 und 5
Deutsch: Diktat bar korrigieren
Kunst: Winterbild fertig malen

Liebe Frau Frey,
wir können uns gerne über den bevorstehenden Schulwechsel von Paul unterhalten. Haben Sie am 19.02. oder
am 21.02. um 14 Uhr Zeit? Geben Sie mir bitte Bescheid,
wann es Ihnen am besten passt. Viele Grüße, Susanne Kramer

Fächer    Mittwoch, den

### 3    Schulen in Deutschland

a |    Sehen Sie das Schaubild an. Wie viele Schultypen gibt es in Deutschland?

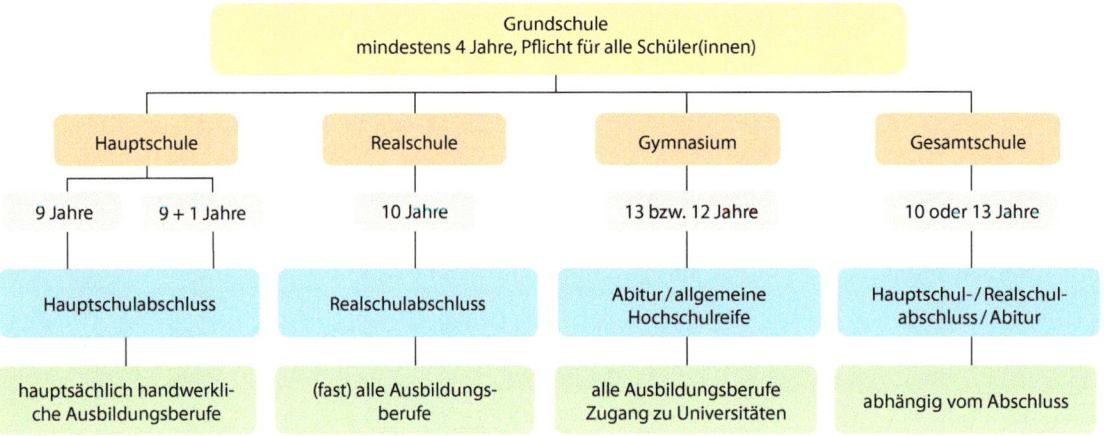

b |    Welcher Schultyp ist das? Ergänzen Sie bitte.

1. Diese Schule dauert 5–6 Jahre und ermöglicht praktische Ausbildungen. _____

2. An dieser Schule lernen alle Schüler die ersten vier Jahre zusammen. _____

3. Dieser Schultyp führt zum Abitur. Danach kann man studieren. _____

4. Bei diesem Schultyp erreicht man nach 6 Jahren den mittleren Schulabschluss.
_____

5. Diese Schulform bietet nach der Grundschule gemeinsamen Unterricht und gleichzeitig
individuelle Förderung in Kursen. _____

c |    Wie ist das Schulsystem in Ihrem Land? Vergleichen Sie.

▪ In … lernen alle Schüler … Jahre zusammen. Danach kann man …

▪ … gibt es … Schultypen. Nach der … geht man …

▪ In … macht man nach der …ten Klasse die Abschlussprüfung,
sie entspricht dem Hauptschulabschluss / Realschulabschluss / Abitur.

▪ In … kann man erst nach einer Prüfung an der Universität studieren.

> **Demonstrativartikel**
>
> **Diese** Schule führt zum Abitur.
> An **dieser** Schule lernen alle
> Kinder zusammen.
> Bei **diesem** Schultyp erreicht man
> den mittleren Schulabschluss.

➡ AB 3–5
➡ IS 14/1

## 4  Die richtige Schule

1 ⊙_37  **a |** Hören Sie das Elterngespräch. Welches Bild passt? Warum?

**b |** Hören Sie noch einmal. Was erfahren Sie über Paul? Fassen Sie zusammen.

▪ Paul ist ... und ... Er hat ... Aber er ist ... Er geht nach der vierten Klasse auf ...

Seine Klassenlehrerin ... / Seine Mutter ...

## 5  Wie meinen Sie das?

1 ⊙_37  **a |** Hören Sie das Elterngespräch noch einmal. Welche Sätze hören Sie? Kreuzen Sie an.

| | |
|---|---|
| ☐ Das finde ich auch. | ☐ Habe ich Sie richtig verstanden? |
| ☐ Entschuldigen Sie bitte, aber ... | ☐ Wirklich? |
| ☐ Wie meinen Sie das? | ☐ Na ja, ich sehe das ein bisschen anders. |
| ☐ Nein, das stimmt nicht. | ☐ Da haben Sie Recht. |
| ☐ So ein Unsinn! | ☐ Genau. |
| ☐ Das müssen Sie mir genauer erklären. | ☐ Das stimmt. |

**b |** Sortieren Sie bitte die Redemittel aus a.

| zustimmen | widersprechen | nachfragen |
|---|---|---|
| | *Nein, das stimmt nicht.* | |
| | | |

**c |** Ein Redemittel ist unhöflich. Welches? ⟶ IS 14 / 2

## 6 Wer darf sprechen?

1 _38  **a |** Hören Sie und lesen Sie den Dialog. Achten Sie auf den Sprecherwechsel. Was fällt Ihnen auf?

A  Sag mal, was hast du eigentlich in der Ukraine studiert?

B  Wirtschaft. Und ich war schon mit 22 fertig mit dem Studium, stell dir vor!

A  Wie das? War dein Studium so kurz?

B  Nein, nein, aber die Schule war kurz. Ich war 10 Jahre auf der Mittelschule und dann bin ich mit 16 auf die Universität gegangen.

A  Ist die Mittelschule dann wie bei uns die Realschule?

B  Bei uns waren früher alle 10 Jahre auf der Mittelschule. Und für ein Studium musste man eine Prüfung direkt an der Universität machen.

A  Also die Prüfung war dann wie das Abitur?

B  Ja, genau, meine Uniprüfung entspricht dem deutschen Abitur.

A  Das ist ja interessant!

1 _39  **b |** Sie hören jetzt den Dialog noch einmal etwas verändert. Vergleichen Sie die Dialoge.

| Die Personen ... | Dialog 1 | Dialog 2 |
|---|---|---|
| sprechen interessiert und engagiert. | | |
| unterbrechen sich und sind unhöflich. | | |
| sprechen ganz normal. | | |
| sprechen zu schnell. | | |
| sprechen ... | | |

## 7 Eine Diskussion

**a |** Wählen Sie ein Thema.

- Das Gymnasium ist die beste Schule.
- Mit Abitur muss man auch studieren.
- Für die Arbeit ist lebenslanges Lernen sehr wichtig.

**b |** Diskutieren Sie:

- Schreiben Sie fünf Redemittel aus Aufgabe 5 auf je ein Kärtchen.
- Reagieren Sie auf die verschiedenen Meinungen mit den Redemitteln auf Ihrem Kärtchen. Wenn Sie ein Redemittel benutzt haben, drehen Sie das Kärtchen um.
- Die Diskussion ist beendet, wenn alle Kärtchen umgedreht sind.

 AB 6

**8**  **Cappuccino & Co.**

a |  Sehen Sie das Bild an. Was glauben Sie:
     Welche italienischen Wörter hören Sie gleich?

1 🔊_40  b |  Hören Sie und überprüfen Sie Ihre Vermutungen.

c |  Hören Sie noch einmal und verbinden Sie bitte.

                           ○ war nicht ganz pünktlich.
     Claudia ○            ○ möchte in dem Café arbeiten.
                           ○ flirtet ein bisschen.
     Markus ○             ○ findet das Café schön.
                           ○ findet die Leute sympathisch.
                           ○ mag deutschen Kaffee.

d |  Warum lachen Claudia und Markus am Ende?

**9**  **Mehrsprachigkeit weltweit**

a |  Ist Mehrsprachigkeit die Ausnahme oder die Regel? Lesen Sie bitte.

> Die Zwei- und Mehrsprachigkeit ist so alt wie die Menschheit, denn zu allen Zeiten kamen immer Menschen aus verschiedenen Kulturen und Sprachen zusammen. 70 % der Menschen sprechen täglich mehr als eine Sprache und über 50 % der Kinder auf dieser Welt sprechen in der Schule eine andere Sprache als zu Hause. Etwa 20 % der Grundschulkinder wachsen in der Bundesrepublik Deutschland mehrsprachig auf, weil sie eine andere Herkunftssprache als die deutsche Sprache haben; in einigen Regionen sind es 40 %, 50 % oder gar 60 %!

b |  Lesen Sie noch einmal. Markieren Sie die Prozentangaben im Text und ergänzen Sie die Sätze.

     └─────┘ Prozent der Menschen weltweit sind mehrsprachig.

     └─────┘ Prozent der Schulkinder weltweit sind mehrsprachig.

     └─────┘ Prozent der Kinder in Deutschland sind mehrsprachig,

     in manchen Regionen sogar └─────┘ bis └─────┘ Prozent.

## 10 Sprache – eine Schaukel in eine andere Welt

**a** | Sie sehen hier Fotos und Texte von Deutschlehrerinnen und Deutschlehrern am Fortbildungszentrum bfz in München. Über welche Person möchten Sie mehr erfahren? Bilden Sie fünf Gruppen. Jede Gruppe bearbeitet einen Text.

**b** | Welche Sprachenbiografie hat die Person?
Lesen Sie Ihren Text und machen Sie Notizen zu den W-Fragen.

- Wo ist er / sie geboren?
- Wann ist er / sie nach Deutschland gekommen?
- Wo hat er / sie Deutsch gelernt?
- Was ist seine / ihre Muttersprache?
- Welche Sprache(n) spricht er / sie noch?
- Mit wem / in welchen Situationen spricht er / sie Deutsch / die Muttersprache?
- Was macht die Person auf Deutsch und was in der Muttersprache?

**c** | Stellen Sie den anderen die Person vor.

**Andrea Marton:** Ich bin in Siebenbürgen (Rumänien) geboren und lebe seit 23 Jahren in München. Siebenbürgen war bis 1920 ein Teil von Ungarn, und auch heute noch ist dort eine Minderheit ungarisch, auch meine Familie. Zu Hause haben wir immer Ungarisch gesprochen. Im Kindergarten habe ich dann auch Rumänisch gelernt und in der Grundschule hatte ich Rumänisch als Fremdsprache. Weil mein Opa deutschstämmig war, wollte meine Mutter, dass ich auch Deutsch lerne. Ich hatte zweimal in der Woche privaten Deutschunterricht. Als ich 15 Jahre alt war, sind wir nach Deutschland ausgewandert.

Heute benutze ich meine Muttersprache, wenn ich mich mit meinen Freunden oder meinen Eltern unterhalte. Was ich heute noch in meiner Muttersprache leichter denken oder sagen kann, sind die Zahlen, Gebete und Schimpfwörter.

Manchmal passe ich nicht auf, wenn mein Gesprächspartner auch beide Sprachen – Ungarisch und Deutsch – versteht. Dann kommt es vor, dass ich Wörter aus der anderen Sprache benutze.

**Genia Rauscher:** Meine Muttersprache ist Russisch, Englisch habe ich in Russland studiert. Vor 18 Jahren bin ich nach Deutschland gekommen und habe hier Deutsch gelernt. Am Anfang war es nicht leicht, die Sprache zu lernen. Heute kann ich mir mein Leben ohne die deutsche Sprache nicht mehr vorstellen. Ich glaube, ich lebe gleichzeitig in zwei Welten: Deutsch sind mein Mann, den ich hier kennen gelernt habe, meine Arbeit, meine Kollegen, Russisch sind meine Mutter und meine beste Freundin.

Wenn mir manchmal die russischen Wörter fehlen, dann greife ich aufs Deutsche zurück und umgekehrt. Es ist wie eine Schaukel, die mich in Sekundenschnelle in eine andere Welt bringt. Ich spreche dann nicht nur eine andere Sprache, ich fühle und denke teilweise auch anders. Russisch ist emotionaler und Deutsch ist alltagstauglicher.

Mittlerweile bin ich auch in der deutschen Sprache zu Hause. Ich glaube, dass ich Deutsch denke und Deutsch träume. Mir fällt es leichter, mich im täglichen Leben auf Deutsch auszudrücken. Aber meine Gefühle ausdrücken, schimpfen und rechnen kann ich besser auf Russisch.

Geheim

**Mehtap Demir-Cabut:** Türkisch ist meine Muttersprache, Deutsch habe ich als fünftes Kind von sieben von meinen Geschwistern und im Kindergarten gelernt.

Früher haben wir Geschwister die deutsche Sprache als Geheimsprache genutzt: Wenn wir schnell genug geredet haben, konnte unsere Mutter uns nicht verstehen.

In meinem Umfeld sprechen viele Leute beide Sprachen gut, deshalb hat sich eine Mischsprache entwickelt. Wenn einem ein Wort nicht sofort einfällt, sagt man das Wort in der anderen Sprache. So vergisst man aber leicht Wörter.

Es ist mir wichtig, dass meine Kinder von Anfang an beide Sprachen sprechen. Deshalb spreche ich Deutsch mit den Kindern. Mein Mann spricht Türkisch mit ihnen, obwohl er auch in Deutschland geboren ist und sogar Bayerisch spricht.

**Roberta Basilico:** Ich bin in Italien geboren und mit 18 nach Deutschland gekommen: Ich wollte unbedingt diese logische, perfekte, faszinierende Sprache lernen, die ich schon in der Kindheit an den italienischen Stränden von deutschen Touristen gehört habe. Schon damals habe ich allein in meiner Freizeit die deutsche Grammatik mit einem alten Deutschbuch gelernt. Ich habe sehr schnell Deutsch gelernt, weil ich es wollte und weil ich die Sprache liebe.

Heute habe ich zwei Kinder, sie sind hier geboren. Mein Mann kommt auch aus Italien, zu Hause sprechen wir Italienisch. Aber draußen und in der Arbeit gibt's natürlich nur Deutsch.

Wenn ich sehr müde bin, dann spreche ich lieber Italienisch. Und wenn ich singe! Ansonsten ist Deutsch inzwischen für mich meine Zweitsprache. Besonders wenn ich an meine Münchner Studienzeit denke, oder wenn ich über Erziehung und Schule spreche, fallen mir nur deutsche Wörter ein. Denn diese Themen gehören für mich zur ,deutschen Welt'.

**Abbas Akbari:** Ich komme aus dem Iran und meine Muttersprache ist Farsi. In meiner Heimat waren die Sprachen Arabisch und Englisch in der Schule Pflicht. Mit 24 bin ich nach Deutschland gekommen, ohne ein Wort Deutsch zu können. Das war schwer, aber ich habe die Sprache schnell gelernt, weil ich in Deutschland bleiben wollte.

Mit Deutschen spreche ich Deutsch und mit Landsleuten Farsi. Manchmal verwechsle ich in Stresssituationen eine Sprache mit der anderen, zum Beispiel, wenn ich bei der Arbeit etwas übersetzen muss. Die beiden Sprachen machen meine Identität aus, eine strenge Trennung ist schwierig. Mit meiner Frau spreche ich oft Farsi. An anderen Tagen sprechen wir dann nur Deutsch. Wir denken, Sprache ist wie eine Axt. Wenn man sie nicht mehr benutzt, rostet sie ein.

## 11 Wenn ..., dann ...

a | Wann benutzen die Personen welche Sprache? Suchen Sie die Sätze in den Texten und verbinden Sie bitte.

1. Wenn wir schnell genug geredet haben, ○   ○ wenn ich bei der Arbeit etwas übersetzen muss.

2. Wenn mir manchmal die russischen Wörter fehlen, ○   ○ fallen mir nur deutsche Wörter ein.

3. Manchmal verwechsle ich in Stress-situationen eine Sprache mit der anderen, ○   ○ wenn ich mich mit meinen Freunden oder meinen Eltern unterhalte.

4. Wenn ich über Erziehung und Schule spreche, ○   ○ dann greife ich aufs Deutsche zurück und umgekehrt.

5. Heute benutze ich meine Muttersprache, ○   ○ dann spreche ich lieber Italienisch.

6. Wenn ich sehr müde bin, ○   ○ konnte unsere Mutter uns nicht verstehen.

b | Wo steht im *wenn*-Satz das konjugierte Verb? Markieren Sie bitte.

c | In welchen Situationen benutzen Sie welche Sprache? Formulieren Sie Sätze.

- Wenn ich mich mit Freunden treffe, ...
- Wenn ich mit Kollegen spreche, ...
- Wenn ich müde bin, ...

➞ AB 7–8

> **wenn-Satz**
>
> **Wenn** ich schimpfe, spreche ich nie Deutsch.
> Ich benutze meine Muttersprache,
> **wenn** ich mit meinen Kindern spreche.
> **Wenn** ich über die Arbeit spreche,
> dann fallen mir viele deutsche Wörter ein.

## 12 Ihre Sprachenbiografie

a | Wie viele Sprachen sprechen Sie täglich oder oft? Wann und wo haben Sie sie gelernt? Wann und wo benutzen Sie sie heute? Machen Sie Notizen.

| Farsi | Muttersprache | zu Hause | täglich | mit meiner Familie |
|-------|---------------|----------|---------|---------------------|
| Englisch | als Kind | in der Schule | oft | bei der Arbeit |
|  |  |  |  |  |

b | Schreiben Sie einen Text über Ihre Sprachenbiografie. Nutzen Sie Ihre Notizen. Vergleichen Sie.

 ➞ AB 9

## 13 Wählen Sie eine Aufgabe.

- Mehrsprachigkeit hat viele Vorteile. Welche Erfahrungen haben Sie? Diskutieren Sie.

- Welche deutschen Wörter benutzen Sie, auch wenn Sie in Ihrer Muttersprache sprechen? Wie heißen sie in anderen Sprachen, die Sie kennen? Sammeln Sie. Vergleichen Sie.

- Machen Sie eine Kursstatistik. Fragen Sie: Wer hat eine, zwei, ... Muttersprachen? Wer kann eins, zwei, ... Fremdsprachen? Wer hat in der Schule eine andere Sprache als zu Hause gesprochen?

## 14 Berufliche Pläne

a | Sehen Sie die Fotos an. Was glauben Sie: Wer hat welche Pläne? Überprüfen Sie dann Ihre Vermutungen.

Svenja Minten                    Philipp Hofmeister                    Paula Schütz

Physik war schon in der Schule mein Lieblingsfach und jetzt möchte ich mich an der Freien Universität Berlin für Physik einschreiben. Ich interessiere mich besonders für Umwelttechnik. Am liebsten würde ich später mal im Max-Planck-Institut arbeiten.

Letztes Jahr habe ich meinen Hauptschulabschluss gemacht und mache zurzeit ein Praktikum in einem Frisörsalon. Danach möchte ich eine Ausbildung als Visagist / Maskenbildner machen. Ich träume von einem Job beim Theater und habe mich schon bei einigen Häusern beworben.

Ich bin eigentlich Verkäuferin, aber ich kann in diesem Beruf nicht mehr arbeiten, weil ich jetzt Familie habe und die flexiblen Arbeitszeiten nicht passen. Ich habe mich jetzt für eine Umschulung als Kinderpflegerin angemeldet und möchte später gerne im Kindergarten arbeiten. Ich freue mich schon auf das Lernen!

b | Lesen Sie. Suchen Sie in den Texten Antworten auf die Fragen.

1. Wofür interessiert sich Svenja? Wo möchte sie sich einschreiben?
2. Wovon träumt Philipp? Wo hat er sich beworben?
3. Wofür hat sich Paula angemeldet? Worauf freut sie sich?

c | Was sind Ihre beruflichen Pläne? Fragen Sie Ihre Lernpartnerin / Ihren Lernpartner.

- Ich möchte mich bei … bewerben.
- Ich interessiere mich für … und möchte …
- Ich möchte … studieren und habe mich gerade an … eingeschrieben.
- Ich habe mich gerade für … angemeldet.
- Ich träume von … Ich würde gern …
- Ich freue mich auf …

> **Verben mit Präposition**
>
> sich interessieren für + A
> **Wofür** interessieren Sie sich?
> Ich interessiere mich **für** Technik.
>
> träumen von + D
> **Wovon** träumt ihr?
> Wir träumen **von** einem Job beim Film.
>
> sich bewerben bei + D (um + A)
> **Bei wem** hast du dich beworben?
> Ich habe mich **beim** Personalleiter beworben.

➥ AB 10 – 12

## 15 Ich möchte mich bewerben.

a | Lesen Sie die Stellenanzeige und das Anschreiben.
Ergänzen Sie dann die E-Mail-Adresse und den Betreff.

### Konditorei Die Torte
Charlottenstraße 18, 14467 Potsdam

Wir suchen: eine/n Konditor/in ab sofort
Ihre Backkünste sind: traditionell und international.

Kontakt: 0331/ 37091 oder mail@dietorte.de

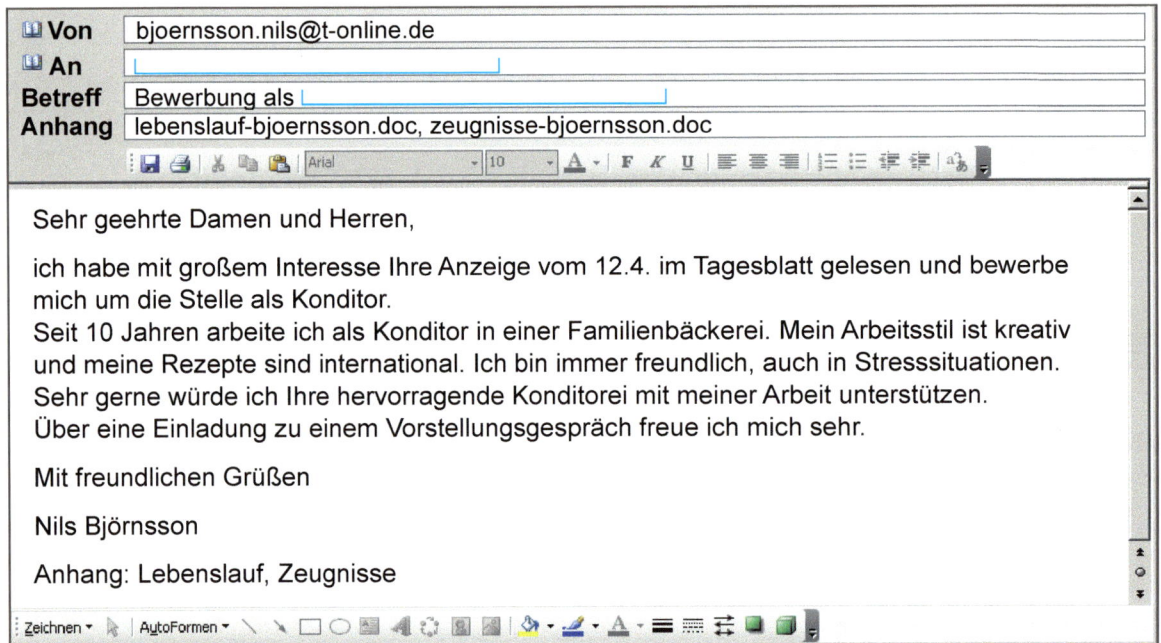

| Von | bjoernsson.nils@t-online.de |
| --- | --- |
| An | |
| Betreff | Bewerbung als |
| Anhang | lebenslauf-bjoernsson.doc, zeugnisse-bjoernsson.doc |

Sehr geehrte Damen und Herren,

ich habe mit großem Interesse Ihre Anzeige vom 12.4. im Tagesblatt gelesen und bewerbe mich um die Stelle als Konditor.
Seit 10 Jahren arbeite ich als Konditor in einer Familienbäckerei. Mein Arbeitsstil ist kreativ und meine Rezepte sind international. Ich bin immer freundlich, auch in Stresssituationen.
Sehr gerne würde ich Ihre hervorragende Konditorei mit meiner Arbeit unterstützen.
Über eine Einladung zu einem Vorstellungsgespräch freue ich mich sehr.

Mit freundlichen Grüßen

Nils Björnsson

Anhang: Lebenslauf, Zeugnisse

b | Machen Sie ein Raster für Ihre Bewerbung: Lesen Sie das Anschreiben noch einmal und streichen Sie alle Informationen, die nur zu Nils Björnsson passen. Welche Redemittel bleiben übrig?

c | Bringen Sie Stellenanzeigen mit. Schreiben Sie mithilfe des Rasters Ihr eigenes Bewerbungsschreiben zu einer Anzeige Ihrer Wahl.

→ AB 13
→ IS 14/3

## 16 Ein tabellarischer Lebenslauf

a | Lesen Sie den Lebenslauf und ordnen Sie die Überschriften zu.

> Hobbys und Interessen | Berufserfahrung | Weitere Kenntnisse |
> Persönliche Daten | Schul- und Ausbildung | Fortbildung

### Lebenslauf

| | |
|---|---|
| Name | Nils Björnsson |
| Wohnort | Reiterweg 2, 14469 Potsdam |
| Telefon | 0331 98769, 0178 652309 |
| E-Mail | bjoernsson.nils@t-online.de |
| Geburtsdatum und -ort | geboren am 22.11.1978 in Landskrona, Schweden |
| Familienstand | verheiratet, 2 Kinder |
| | |
| seit 04/2001 | Konditor beim Café zum Dom, Köln |
| 10/1997 – 03/2001 | Konditor bei Isler, Stockholm |
| | |
| 01/2006 – 04/2006 | Fortbildung: internationale Torten, Hotel Adlon, Berlin |
| 05/1996 | Fortbildung: kreative Hochzeitstorten, Hotel Hilton, Stockholm |
| | |
| 09/1994 – 07/1997 | Ausbildung mit Abschluss als Konditor in Stockholm, Schweden |
| 09/1984 – 07/1994 | allgemein bildende Schule mit mittlerem Schulabschluss in Landskrona, Schweden |
| | |
| | Führerschein Klasse B |
| | Sprachkenntnisse: Schwedisch (Muttersprache) Deutsch und Englisch (sehr gut) |
| | |
| | Singen in einem schwedischen Chor |
| | Wandern |

b | Schreiben Sie Ihren eigenen Lebenslauf. Achten Sie darauf, dass Sie für Ihre Qualifikationen aus dem Ausland möglichst deutsche Äquivalente angeben.

➡ AB 14

## 17 Ist die Stelle noch frei?

1 🔘_41  a | Was denken Sie: Welche Fragen stellt der Arbeitgeber am Telefon? Hören Sie dann und vergleichen Sie.

☐ Was haben Sie bisher beruflich gemacht?        ☐ Haben Sie chronische Krankheiten?

☐ Haben Sie Kinder?                              ☐ Wie viel möchten Sie bei uns verdienen?

☐ Warum möchten Sie bei uns arbeiten?           ☐ Wann können Sie anfangen?

☐ Warum suchen Sie eine neue Stelle?            ☐ Sind Sie zeitlich flexibel?

b | Eine Frage darf der Arbeitgeber nicht stellen. Was glauben Sie: Welche?

c | Schreiben Sie zu den Fragen in a eine persönliche Antwort. Tauschen Sie mit Ihrer Lernpartnerin / Ihrem Lernpartner Ihre Texte. Finden Sie die Antworten überzeugend? Korrigieren Sie gemeinsam.

Ich arbeite schon seit … als … | In den letzten Jahren war ich …

Ich würde gern halbtags | … arbeiten.

Mir gefällt Ihr Laden | Ihr Konzept | …

Ich kann sofort | nächsten Monat | … anfangen.

➥ AB 15

## 18 Wie klinge ich?

1 🔘_42  a | Hören Sie zwei Gespräche. Wie klingt der Bewerber und warum? Diskutieren Sie.

|  | Gespräch 1 | Gespräch 2 |
|---|---|---|
| Der Bewerber: | ☐ klingt kompetent <br> ☐ klingt nicht kompetent | ☐ klingt kompetent <br> ☐ klingt nicht kompetent |
| Stimme: | leise / laut / deutlich / … |  |
| Melodie: |  | monoton / geht nach oben oder unten |
| Betonte Wörter / Satzakzente: | stark / schwach <br> viele / wenige Pausen |  |

b | Bereiten Sie sich auf einen Anruf vor: Machen Sie Notizen.

> Guten Tag, mein Name ist … Ich rufe wegen der Anzeige an. Ich interessiere
> mich für die Stelle als …
> Ich arbeite zurzeit als … in … und möchte mich beruflich neu orientieren.
> Ich habe eine Ausbildung als … gemacht und vier Jahre bei … in … gearbeitet.

c | Sprechen Sie kompetent. Achten Sie auf die Betonung. Diskutieren Sie in der Gruppe über die Wirkung.

### 19 Alles klar!

**a |** Sehen Sie das Bild an und spekulieren Sie:
Für wen ist „alles klar" und warum?

- Für Max und Paul, weil sie Freunde bleiben | weiterhin zusammen …
- Für Annette und Lisa, weil ihre Söhne kein Problem …
- Für Claudia, weil sie den Job …
- Für Lisa, weil sie jetzt weiß, …

**1 💿_43** **b |** Hören Sie und vergleichen Sie mit Ihren Vermutungen.

**c |** Welche Berufswünsche haben Max und Paul? Hören Sie noch einmal und ergänzen Sie.

> Tierarzt | Automechaniker | Schiffbauer | Pilot | Informatiker | Bauingenieur

Max will ⌐_____⌐ werden.

Paul möchte ⌐_____⌐ werden.

**d |** Was wollten Sie als Kind werden? Was sind Sie dann geworden? Warum? Sprechen Sie.

- Als Kind wollte ich immer … werden.
- Und was bist du / sind Sie dann geworden?
- Ich bin … | Ich mache eine Ausbildung. Ich werde … | Ich studiere …
  und möchte dann … werden.
- Und was wollten Sie als Kind werden?

➡ AB 16 – 17

---

> **Das Verb *werden*: den Berufswunsch angeben**
>
> Ich **werde** Bäcker.
> **Wirst** du Köchin?
> Max **wird** Pilot.
> Wir **werden** Automechaniker.
> Ihr **werdet** Arzt.
> **Werden** sie auch Arzt?
>
> Was **werden** Sie?

## Das Schulsystem in meinem Bundesland

Für die Schulen sind in Deutschland die Bundesländer zuständig. Es gibt einige Unterschiede. Recherchieren Sie im Internet oder an einer Schulberatungsstelle das Schulsystem in Ihrem Bundesland und zeichnen Sie ein Diagramm.

## Sprecherwechsel international

 Wie ist der Sprecherwechsel in Ihrer Sprache? Sprechen Sie – wenn möglich – mit anderen in Ihrer Muttersprache und die anderen beobachten. Wenn niemand Ihre Muttersprache in der Gruppe spricht: Berichten Sie.

| Sprache | Hörer | Sprecher |
|---|---|---|
| Italienisch | Unterbrechung, gleichzeitiges Sprechen | |
| | | |

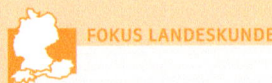

**FOKUS LANDESKUNDE**

Im Deutschen achten die Gesprächspartner mehr auf kurze Pausen. Besonders in offiziellen Situationen kann paralleles Sprechen unhöflich sein.

## Ein Gedicht: meine heimat ist meine sprache

a | Welche Bilder assoziieren Sie mit verschiedenen Sprachen?
Wählen Sie Bilder aus und ergänzen Sie eigene.
Schreiben Sie dann ein Gedicht.

wenn ich ... spreche

wenn ich ... spreche

Schule und Arbeit
Regen und Wolken
...
wenn ich deutsch spreche

b | Lesen Sie Ihre Gedichte vor. Markieren Sie darin die Wörter, die Sie betonen wollen.
Üben Sie leise und tragen Sie es dann laut vor.

1 _44   c | Hören Sie das Gedicht von Gabriela Hofmann La Torre. Lesen Sie mit.

schmetterlinge und märchen
neckereien und küchenrezepte
mütterliche ratschläge
und das kleine einmaleins

wenn ich spanisch spreche


gummistiefel und fernsehen
seminare und logisches denken
das väterliche vorbild
und schleichende anpassung

wenn ich deutsch spreche

hängematten und tagträume
gesellschaftskritik und lange romane
begonnene freundschaften
und pläne für die zukunft

wenn ich portugiesisch spreche


anklagebänke und fragen
zynismus und offene wunden
das große niemandsland
und letzte erschöpfung

wenn ich dann sprachlos bin

aus: Karl Esselborn (Hg.): Über Grenzen. Berichte,
Erzählungen, Gedichte von Ausländern.

# 15 Das wird schön!

## 1 Es gibt immer einen Grund zum Feiern.

das Dienstjubiläum

**a** | Wer kennt welches Fest? Erklären Sie es den anderen im Kurs.

- Wenn zwei Personen heiraten, feiern sie eine …
- Ein Einweihungsfest feiert man, wenn …
- Bei einem Dienstjubiläum feiert man …
- Im Dezember …

der Faschingsumzug     das Einweihungsfest     der Kindergeburtstag     die Konfirmation

**b** | Welche Feste sind privat / beruflich / öffentlich?
Sortieren Sie bitte.

**c |** Welche Dinge passen zu den Festen? Wählen Sie aus und ergänzen Sie bitte.

> Kuchen | Musik | Kerzen | Verkleidung | Geschenke | Sekt |
> eine Krawatte | eine Rede | ein weißes Kleid | Blumen | …

- Zu einer Hochzeit passt …
- Ich finde, zu … gehört auf jeden Fall …
- Ein / Eine … ohne … – das geht nicht.

**die Hochzeit**

**die Weihnachtsfeier im Betrieb**

**das Straßenfest**

**d |** Welche Feste sind für Sie wichtig? Was brauchen Sie dazu? Gestalten Sie das leere Feld.

 AB 1
IS 15 / 1

**Kommunikative Lernziele:**

- nach einem Auftrag fragen
- ein Fest organisieren
- Missverständnisse klären
- Vermutungen anstellen
- telefonisch Informationen bei einem ärztlichen Notdienst erfragen
- Wunsch / Aufforderung einer anderen Person wiedergeben
- um Rat fragen / Ratschläge zur Gesundheit geben
- einem Sachtext über Elternzeit Informationen entnehmen
- aktiv zuhören

**Wortschatz und Strukturen:**

- Feste
- Krankheiten und Notdienste
- Mutterschutz und Elternzeit
- Modalverb *sollen*: Aufträge, Aufforderungen
- *werden* + Adjektiv
- Modaladverbien: *vielleicht, wahrscheinlich, bestimmt* …
- Temporalangaben: Präpositionen mit Dativ
- stimmlose Konsonanten an Silben- und Wortgrenzen

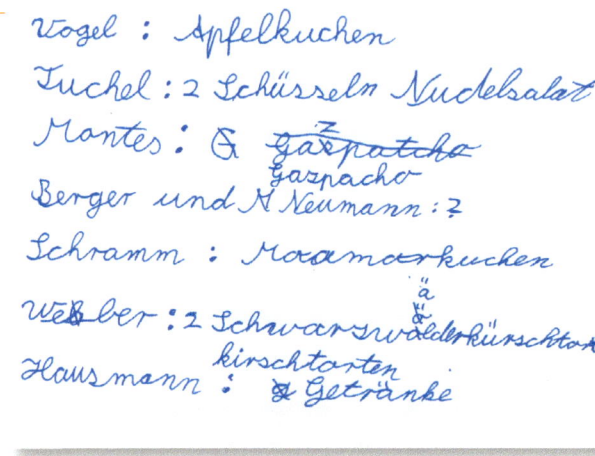

## 2 Was fehlt denn?

a | Lesen Sie die Liste und spekulieren Sie:
Zu welchem Fest passt die Liste?
Wer feiert was? Wo?

1 🔘_45    b | Hören Sie. Waren Ihre Vermutungen richtig?

c | Hören Sie noch einmal und vergleichen Sie mit der Liste. Finden Sie den Fehler?

d | Was bringen Jan und Markus mit? Ergänzen Sie die Liste.

e | Zu welchem Fest bringt man in Ihrem Land etwas mit? Erzählen Sie.

➡ AB 2

## 3 Ich weiß nicht, wie das heißt.

a | Max weiß ein Wort nicht. Was sagt er dafür? Markieren Sie.

> Gazpa…Dingsbums. Ich weiß nicht, wie das heißt.

> Ach so, du meinst Gazpacho.

 b | Was hat die gleiche Funktion wie Dingsbums? Kreuzen Sie bitte an.

☐ äääh   ☐ also   ☐ natürlich   ☐ du weißt schon   ☐ wie heißt das gleich?

☐ bestimmt   ☐ so 'ne Suppe   ☐ Dings   ☐ Moment!   ☐ gleich fällt's mir ein …

☐ alles klar   ☐ Dingsda

c | In welchen Situationen fehlen Ihnen oft Wörter? Beim Einkaufen, auf dem Amt, …?
Wählen Sie eine Situation und spielen Sie einen kleinen Dialog.

➡ AB 3

### 4 Was sollen wir mitbringen?

1  _46 **a** | Lesen Sie und hören Sie bitte.

> Gute Idee! Ich kann Baklava machen.

> Soll ich meine Gitarre mitbringen?

> Und ich backe einen Marmorkuchen.

> Wo wollen wir denn feiern?

> Darf ich meinen Freund mitbringen?

> Soll ich dir helfen?

> Ich habe ein Auto. Soll ich die Getränke besorgen?

> Ich kann leider nicht kommen, ich muss arbeiten.

> Und was soll ich machen?

> Bring doch Brot mit.

 **b** | Ergänzen Sie eigene Ideen. Spielen Sie die Szene.

➥ AB 4

---

**Nach einem Auftrag fragen**

**Soll** ich einkaufen?
**Sollen** wir Kuchen mitbringen?
Was **soll** ich machen?

---

### 5 Projekt: Ein Kursfest planen

**a** | Planen Sie Ihr Fest: Wann und wo möchten Sie feiern? Wie möchten Sie feiern? Was ist zu tun? Machen Sie ein Plakat.

> Wann?  am Wochenende / am Abend / nach dem Deutschkurs / ...
>
> Wo?  im Park / im Kursraum / im Garten von ...
>
> Wie?  mit der Familie / mit Freunden / mit Musik / mit Spezialitäten / ...
>
> Was?  Raum organisieren / Getränke kaufen / Kuchen backen / Raum schmücken / Brot besorgen / ...

**b** | Wer macht was? Verteilen Sie die Aufgaben.

- Wer kann ... besorgen?
- Das kann ich machen.
- Ich habe einen Grill zu Hause. Soll ich ihn mitbringen?
- Ja, dann bringe ich Würstchen mit.

 **c** | Feiern Sie schön! Machen Sie Fotos und schreiben Sie kleine Texte für ein Erinnerungsplakat / Ihr Portfolio.

## 6 Das ist ein Missverständnis!

a | Lesen Sie die Einladungen.
Um welche Feste geht es?

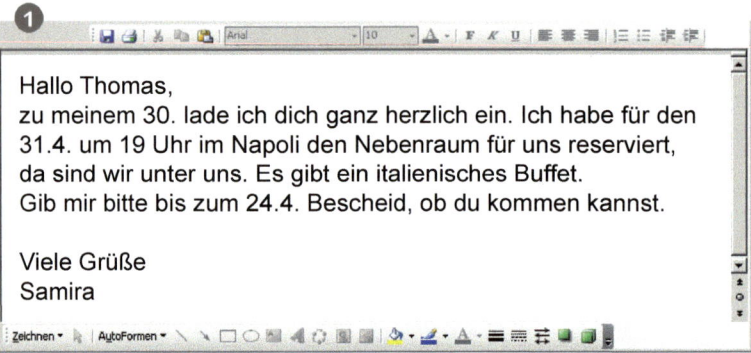

Hallo Thomas,
zu meinem 30. lade ich dich ganz herzlich ein. Ich habe für den 31.4. um 19 Uhr im Napoli den Nebenraum für uns reserviert, da sind wir unter uns. Es gibt ein italienisches Buffet.
Gib mir bitte bis zum 24.4. Bescheid, ob du kommen kannst.

Viele Grüße
Samira

Liebe Tanja,

dieses Jahr will ich endlich mal wieder so richtig Fasching feiern! Machst du mit?
Am 16.2. ab 20 Uhr bei mir zu Hause.
Gib mir bitte Bescheid!

Liebe Grüße
Marta

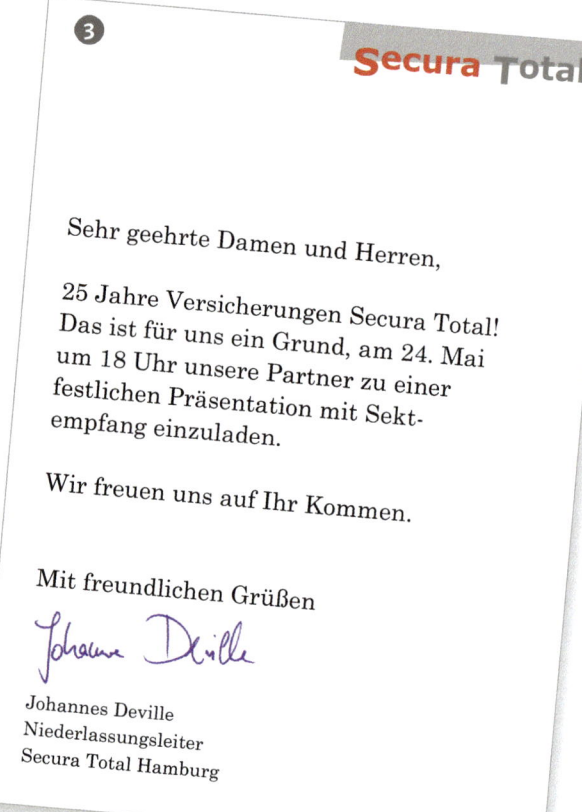

Secura Total

Sehr geehrte Damen und Herren,

25 Jahre Versicherungen Secura Total! Das ist für uns ein Grund, am 24. Mai um 18 Uhr unsere Partner zu einer festlichen Präsentation mit Sektempfang einzuladen.

Wir freuen uns auf Ihr Kommen.

Mit freundlichen Grüßen

Johannes Deville
Niederlassungsleiter
Secura Total Hamburg

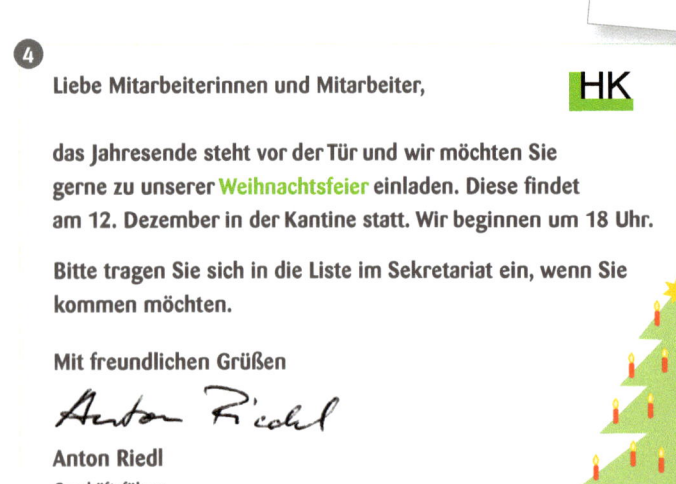

HK

Liebe Mitarbeiterinnen und Mitarbeiter,

das Jahresende steht vor der Tür und wir möchten Sie gerne zu unserer Weihnachtsfeier einladen. Diese findet am 12. Dezember in der Kantine statt. Wir beginnen um 18 Uhr.

Bitte tragen Sie sich in die Liste im Sekretariat ein, wenn Sie kommen möchten.

Mit freundlichen Grüßen

Anton Riedl
Geschäftsführer

**b |** Sehen Sie die Bilder genau an. Um welches Missverständnis geht es in den Situationen?

▪ Die Frau / Der Mann auf Bild … bringt … mit.

hat (kein/e/n) … an.

…

**c |** Lesen Sie die Einladungen noch einmal genau. Welche Detailinformationen sind wichtig? Markieren Sie bitte.

**d |** Haben Sie schon ähnliche Situationen bei Einladungen erlebt? Erzählen Sie.

➥ AB 5

**7 Verzeihung, ich habe nicht gewusst …**

**a |** Was kann man bei einem Missverständnis sagen? Und wie kann man reagieren?
Wählen Sie eine Situation in Aufgabe 6 und suchen Sie passende Sätze.

**A**

Verzeihung, ich habe nicht gewusst, ○    ○ dass man offizielle Kleidung tragen soll. Soll ich …?

Das ist ein Missverständnis.
Mir war nicht klar, ○    ○ dass Familienmitglieder nicht eingeladen sind. Ich kann meine Kinder …

Es tut mir leid, aber ich habe gedacht, ○    ○ dass man sich verkleiden muss. Ich gehe schnell …

Oh, wie peinlich! Ich habe nicht
gedacht, … ○    ○ dass man etwas für das Buffet mitbringen soll.

○ dass …

**B**

Das macht doch nichts. ○    ○ Ich kann Ihnen gern eine Krawatte leihen.

Das ist mir auch schon passiert. ○    ○ Komm einfach rein und feiere mit.

Kein Problem. ○    ○ Stellen Sie die Schüssel solange hier ab.

Das ist doch nicht schlimm. ○    ○ …

**b |** Spielen Sie den Dialog. Wer macht es am nettesten?

**1 ⊙_47   c |** Hören Sie mehrmals die drei Dialoge. Welcher klingt nett – welcher klingt nicht nett?
Warum? Diskutieren Sie.

➥ AB 6
➥ IS 15 / 2

## 8    Kirschtorte mit Würstchen

**a |**   Sehen Sie das Bild an. Was glauben Sie: Was ist passiert?

**1 🔘_48    b |**   Hören Sie. Was ist richtig? Kreuzen Sie bitte an.

☐ Lisa wird es schlecht.          ☐ Max wird sauer.

☐ Lisa wird ganz blass.          ☐ Max wird nervös.

☐ Lisa wird ganz müde.          ☐ Frau Montes macht sich Sorgen.

> **werden + Adjektiv**
>
> ich **werde** krank
> du **wirst** gesund
> er / sie **wird** müde
> wir **werden** alt
> ihr **werdet** rot
> sie **werden** blass
>
> Sie **werden** nervös
>
> mir / dir **wird es** schlecht / kalt / ..

**c |**   Wer sagt das? Hören Sie noch einmal und ergänzen Sie die Namen.

_____ : „Was sind das für schwarze Dinger?"

_____ : „Soll ich Ihnen ein Glas Wasser bringen?"

_____ : „Komm, ich fahr dich schnell zum Notdienst."

_____ : „Was hast du denn gegessen?"

_____ : „Torte mit Würstchen und Ketschup!"

**d |**   Was glauben Sie: Woher kommen die Symptome? Sammeln Sie Ideen.

➡ AB 7

> Ich glaube, dass Lisa einen Virus hat.

## 9    Schmeckt denn das?

**1 🔘_49**   Schreiben Sie Kärtchen und machen Sie drei Stapel – jeder zieht von jedem Stapel ein Kärtchen. Lesen Sie mit richtiger Betonung vor und zeigen Sie mit der Stimme, ob Ihnen das schmeckt. Hören Sie ein Muster.

| | | | | | |
|---|---|---|---|---|---|
| **Erd**beertorte | **Mar**mor-kuchen | mit **Sah**ne | mit Schoko**la**de | und **Kaf**fee | und **Tee** |
| **Brat**wurst | **Kirsch**torte | mit **Senf** | mit Va**nil**leeis | und **Bier** | und Ka**kao** |
| **Schnit**zel | **Fisch**filet | mit **Pom**mes | mit **Erb**sen | und **So**ße | und Kar**tof**feln |
| Sa**la**mi-brötchen | **Nu**delsalat | mit To**ma**te | mit **Würst**chen | und **Pa**prika | und **Co**la |

## 10 Ein Notdienst für alle Fälle

a | Sehen Sie die Bilder an. Was vermuten Sie: Welches Problem haben die Personen?

die Zahnschmerzen | die Bauchschmerzen | die Grippe |
der Bluthochdruck | die Depressionen | die Allergie |
die Verletzung am Knie | die Rückenschmerzen

**Vermutungen ausdrücken**

sicher(lich)
bestimmt
wahrscheinlich          Wahrschein-
vermutlich              lichkeit
vielleicht

- Person A hat wahrscheinlich Bauchschmerzen.
- Ja, das denke ich auch.

b | Was kann man bei den Problemen in a tun? Lesen Sie die Anzeigen und machen Sie Lösungsvorschläge.

| **Ärztlicher Notdienst**<br>Hausbesuche<br>Tel.: 5 30 17 | **Ambulanzen des Klinikums am Breitensee**<br>Seeweg 10<br>rund um die Uhr besetzt | **Psychosozialer Krisendienst**<br>nicht-ärztliche Beratung<br>von 13 bis 20 Uhr<br>Tel.: 643 76 62 |
| --- | --- | --- |
| **Zahnärztlicher Notdienst**<br>Dr. F. Strauss<br>Petersstr. 334<br>Tel.: 69 14 57 | **Apotheken-Notdienst**<br>9 Uhr bis 9 Uhr:<br>Rosenthal-Apotheke<br>Frankfurter Weg 4 | **Notdienstpraxis**<br>Tulpenstr. 23<br>Tel.: 1 53 69<br>täglich von 9 bis 23 Uhr |

- Wenn man am Wochenende eine Grippe hat, kann man beim … ein Medikament gegen Fieber besorgen.
- Wenn man starke …schmerzen hat, …

c | Was machen Sie, wenn Sie am Wochenende ein gesundheitliches Problem haben? Sprechen Sie mit Ihrer Lernpartnerin / Ihrem Lernpartner.

- Wenn ich … habe, warte ich bis Montag | gehe ich ins Krankenhaus | rufe ich … an | …  ↪ AB 8

## 11 Was sagt die Notfallpraxis?

1 🔊_50  a | Wer ruft in der Notfallpraxis an? Hören Sie die Gespräche und nummerieren Sie die Fotos.

b | Was sagt die Praxis? Hören Sie noch einmal und ergänzen Sie die Sätze.

> sofort kommen | Medikamente nehmen | einen Arzt rufen | einen Krankenwagen rufen

Das Kind hat hohes Fieber. Die Mutter soll …

Der Mann hat starke Schmerzen in der Brust. Die Frau soll …

Die Frau ist schwanger und hat Wehen. Sie …

Die Frau hat starke Rückenschmerzen. …

➥ AB 9 – 10

> **Modalverb *sollen*: Wunsch /
> Aufforderung einer anderen Person**
>
> „Nehmen Sie Vitamine!"
> „Arbeite nicht so viel."
> „Mach mal Urlaub."
>
> Ich **soll** Vitamine nehmen,
> ich **soll** nicht so viel arbeiten
> und ich **soll** Urlaub machen.

## 12 Was soll ich tun?

Notieren Sie drei Probleme, nicht nur gesundheitliche. Geben Sie Ihrer Lernpartnerin / Ihrem Lernpartner Ihren
Zettel. Sie / Er geht im Kurs umher und fragt nach Lösungen. Besprechen Sie dann die Lösungsvorschläge.

▪ Was soll ich gegen meine Allergie tun?
▫ Henry sagt, du sollst eine Creme kaufen. Martina meint, …

➥ AB 11

## 13 Du sollst doch …! – gut gemeinte Ratschläge

> **Konsonanten an Silben- / Wortgrenzen**
>
> Wenn Konsonanten an Silben- oder Wort-
> grenzen zusammentreffen, spricht man
> meist alle (außer *m, n, ng, l*) stimmlos.
> Du soll**st d**och mal wieder Freunde
> mi**tb**ringen.

1 🔊_51  a | Hören Sie und achten Sie auf die Markierungen – hier spricht man alles
stimmlos. Hören Sie dann noch einmal und sprechen Sie nach.

Warum arbeitest du denn so viel? Du sollst doch nicht so viel arbeiten. Warum ruhst du
dich denn nicht mal aus? Du sollst dich doch wieder mal ausruhen. Du sollst doch mal
wieder Freunde mitbringen. Warum machst du nicht mal Urlaub? Du sollst doch …

b | Geben Sie Ihrer Lernpartnerin / Ihrem Lernpartner einen Rat.
Beginnen Sie mit *Du sollst doch … / Du sollst dich doch … / Du sollst dir doch …*

➥ AB 12

**14 Freust du dich?**

**a |** Sehen Sie das Bild an. Was meinen Sie: Worüber sprechen Lisa und Lukas?
Schreiben Sie einen Dialog und spielen Sie ihn im Kurs vor.
Welche Versionen sind wahrscheinlich?

1 🔴_52 **b |** Hören Sie. Hat jemand richtig spekuliert?

**c |** Welche Aussagen passen zu Lisa, welche zu Lukas? Hören Sie noch einmal und verbinden Sie bitte.

o freut sich.

o ist dauernd schlecht.

o geht im Februar in Mutterschutz.

o will Elternzeit nehmen.

o hat Zweifel.

**d |** Was ist Mutterschutz und was ist Elternzeit? Wählen Sie die passende Definition aus.

**Ⓐ**
Berufstätige Mütter oder Väter können
nach der Geburt eines Kindes in einem
bestimmten Zeitraum beim Kind bleiben.

**Ⓑ**
Berufstätige Frauen dürfen sechs
Wochen vor und acht Wochen
nach der Geburt nicht arbeiten.

## 15 Elternzeit

**a |** Welche Fragen haben Sie zu diesem Thema? Sammeln Sie an der Tafel.

**b |** Überfliegen Sie den Text. Auf welche Fragen finden Sie eine Antwort? In welchem Abschnitt?

### Elternzeit – ein Recht für alle Arbeitnehmer
In der Elternzeit sind berufstätige Väter oder Mütter von der Arbeit freigestellt, damit sie sich um ihre Kinder kümmern können, so lange diese noch klein sind.

### Dauer und Aufteilung der Elternzeit
Eltern haben drei Jahre lang Anspruch auf Elternzeit. Sie müssen die Elternzeit jedoch nicht auf einmal nehmen. Wie Sie die Betreuung Ihres Kindes untereinander regeln, ist allein Ihre Sache: Sie können drei Jahre lang zu Hause bleiben oder Sie wechseln sich mit Ihrem Partner ab. Elternzeit kann sogar für einzelne Wochen oder Monate genommen werden.

### Elterngeld
Seit dem 1. Januar 2007 bekommen Eltern zusammen maximal 14 Monate lang Elterngeld – 67 % des Nettoeinkommens, maximal aber 1800 €. Sie können gleichzeitig Elterngeld beziehen, wenn Sie beide in den ersten sieben Lebensmonaten Ihres Kindes zu Hause bleiben oder in Teilzeit arbeiten. Sie können Ihr Elterngeld auch nacheinander beziehen und die Bezugsmonate aufteilen. Einzige Bedingung: Das Elterngeld wird erst ab zwei Monaten Elternzeit bezahlt.

### Den Arbeitgeber rechtzeitig informieren
Wenn die Elternzeit direkt auf den Mutterschutz folgt, müssen Sie sie spätestens sieben Wochen vor ihrem Beginn beim Arbeitgeber schriftlich anmelden. In diesem Schreiben müssen Sie festlegen, wie Sie die ersten 24 Monate Elternzeit nehmen wollen. Das dritte Jahr können Sie später planen und bis zum achten Geburtstag Ihres Kindes nehmen. Zwischen den Phasen können also Jahre liegen.

### Die Rechte der Väter
Väter dürfen ebenfalls ab dem Tag der Geburt des Kindes in Elternzeit gehen. Der Kündigungsschutz beginnt für sie acht Wochen vor dem Beginn der Elternzeit. Der letzte Termin zur Anmeldung ist sieben Wochen vor dem Start der Elternzeit.

### Arbeiten in der Elternzeit
Sie können in der Elternzeit bis zu 30 Wochenstunden arbeiten, wenn Sie schon mindestens ein halbes Jahr bei Ihrer Firma sind und die Firma mehr als 15 Personen beschäftigt. Wenn Sie arbeiten möchten, müssen Sie in Ihrem Antrag auf Elternzeit gleich die gewünschte Stundenzahl und die Arbeitszeiten angeben. Nach der Elternzeit haben Sie auf jeden Fall Anspruch auf eine Arbeitsstelle.

**c |** Wählen Sie zwei Fragen aus, die Sie interessieren, und suchen Sie die Antwort in den Abschnitten. Berichten Sie im Kurs.

➥ AB 13–14

## 16 Vor, bis zur, nach, seit der Geburt?

a | Lesen Sie die Zusammenfassung und
ergänzen Sie die Temporalangaben.

| nach | vor | in | ab | seit | zwischen | bis zu | bis zum |

_____ der Elternzeit können Eltern _____ drei Jahren beim Kind bleiben. Die letzten zwölf

Monate kann man _____ dem zweiten und dem achten Geburtstag des Kindes nehmen.

Mütter müssen sieben Wochen _____ der Elternzeit einen Antrag stellen, wenn sie diese

direkt nach dem Mutterschutz nehmen wollen. Auch Väter dürfen _____ der Geburt in

Elternzeit gehen. _____ Ende der Elternzeit kann man in Teilzeit arbeiten. _____ der

Elternzeit hat man ein Recht auf einen Arbeitsplatz. _____ 2007 gibt es 14 Monate lang

Elterngeld.

b | Welche Regelung finden Sie gut, welche nicht? Warum?
Gibt es Unterschiede zu Ihrem Land? Diskutieren Sie.

- Ich finde es gut / nicht so gut, dass …
- In … gibt es etwas Ähnliches / keine Elternzeit.
  Da bekommen Mütter / Väter …

➥ AB 15

> **Temporalangaben: Präpositionen mit Dativ**
>
> **Vor** der Arbeit frühstücke ich.
> **Nach** der Arbeit schlafe ich.
> **Zwischen** 12 und 14 Uhr esse ich zu Mittag.
> **Seit** einem Jahr arbeite ich in der Firma.
> **Bis zum** Wochenende arbeite ich viel.
> **Ab** Freitagnachmittag ist Wochenende.
> **Im** Urlaub arbeite ich nicht.

## 17 Väter in Elternzeit – da tut sich was!

a | Lesen Sie. Wie viel Prozent der deutschen Männer haben vor und nach 2007 Elternzeit genommen?

**Väter in Elternzeit** sind auch nach der Einführung des Elterngeldes 2007 immer noch eine Seltenheit, aber es tut sich was! Immerhin ist von 2006 bis 2008 die Zahl der Männer, die Elternzeit nehmen, von 3,5 Prozent auf jetzt 16 Prozent gestiegen.

Ängste vor beruflichen oder finanziellen Nachteilen und in vielen Fällen auch veraltete Rollenbilder scheinen für Deutschlands Männer aber immer noch Gründe zu sein, nicht länger als zwei Monate zu Hause zu bleiben. Gerade einmal zwei Prozent gehen ein ganzes Jahr oder länger in Elternzeit.

b | Was halten Sie davon, wenn Väter Elternzeit nehmen? Schreiben Sie einen Leserbrief.

- Sammeln Sie Argumente dafür oder dagegen.
- Sortieren Sie Ihre Ideen und legen Sie eine Reihenfolge fest.
- Schreiben Sie zuerst einen Entwurf. Überarbeiten Sie dann Ihren Text.
- Achten Sie auf Grammatik und Rechtschreibung.

c | Tauschen Sie die Texte mit Ihrer Lernpartnerin / Ihrem Lernpartner und besprechen Sie sie.

➥ AB 16

**18 Im Gespräch mit der Vorgesetzten**

1 _53 **a |** Über welche Themen spricht die Arbeitnehmerin
mit ihrer Vorgesetzten? Hören Sie und kreuzen Sie an.

- [ ] Mutterschutz
- [ ] Arbeitszeiten
- [ ] Aufgaben
- [ ] Elternzeit
- [ ] Elterngeld

**b |** Hören Sie noch einmal. Achten Sie auf die Höreraktivitäten: Wie reagiert die Vorgesetzte beim Zuhören?
Wählen Sie aus.

ja | hmhm | sicher | ja ja | klar | genau | ach so | na ja | verstehe | so so | ah ja

**c |** Wie hört man in Ihrem Land zu? Gibt es auch Höreraktivitäten oder schweigt man? Erzählen Sie.

➥ AB 17 – 18

**19 Sprechen und zuhören**

**a |** Schreiben Sie Kärtchen für die Sprecherrolle (grün) und die Zuhörerrolle (gelb). Ziehen Sie ein Kärtchen und
spielen Sie einen Dialog.

| | | | |
|---|---|---|---|
| Was essen Sie gern? Was essen Sie nicht gern? Erzählen Sie. | Welche Stadt gefällt Ihnen und warum? Erzählen Sie. | Was machen Sie im Urlaub? Erzählen Sie. | Welcher Beruf gefällt Ihnen? Warum? Erzählen Sie. |
| Bitte nur zuhören, nichts sagen! Lächeln Sie die Sprecherin / den Sprecher nur freundlich an. | Bitte nur zuhören, nichts sagen! Gucken Sie nach unten, schließen Sie die Augen. | Bitte sehr interessiert zuhören! Nicken Sie mit dem Kopf und reagieren Sie oft mit *Hm! Ach so! Ah ja!* … | Bitte sehr ungeduldig zuhören! Unterbrechen Sie z.B. mit *Moment mal! Entschuldigung!* und erzählen Sie selbst. |

**b |** Haben die anderen erkannt, welches Zuhörerkärtchen Sie hatten? Wie haben Sie sich gefühlt?
Diskutieren Sie. Probieren Sie andere Zuhörerkärtchen aus. Welches passt am besten zu Ihnen?

**c |** Zuhören in Deutschland – was trifft Ihrer Meinung nach zu?

nicken | lächeln | unterbrechen | nach unten gucken | in die Augen sehen | hmhm sagen | …

Beobachten Sie Gespräche im Alltag (auf der DVD, in Filmen, auf der Straße …). Finden Sie Ihre Meinung
bestätigt?

**20** **Wählen Sie eine Aufgabe.**

- Üben Sie zu dritt aktives Zuhören: Jemand spricht über eines der folgenden Themen, der / die andere hört aktiv zu. Der dritte Partner beobachtet und notiert die Höreraktivitäten.

  - Sie möchten Kinder haben. Wie möchten Sie die Elternzeit gestalten?
  - Sie haben Kinder und möchten arbeiten. Wie können Sie das organisieren?
  - Sie möchten arbeiten und viel reisen. Wie können Sie das kombinieren?

- Schreiben Sie je einen Satz mit temporalen Präpositionen auf Zettel. Schneiden Sie aus den Sätzen die Präpositionen heraus. Ihre Lernpartnerin / Ihr Lernpartner setzt die Sätze wieder zusammen.

Ich bin | seit | zwei Monaten in Deutschland.

- Was hat sich an Ihrer Arbeitssituation geändert, seit Sie in Deutschland sind? Schreiben Sie einen kurzen Text. Verwenden Sie die Temporalangaben (nach, vor, bis, seit, …).

**21** **Aussichten mit Baby**

Sehen Sie die Bilder an. Welche Pläne haben Lisa, Lukas und Max? Sammeln Sie weitere Ideen.

- Lisa möchte mit dem Baby kuscheln | …
- Und Lukas möchte mit dem Baby …
- Max möchte …

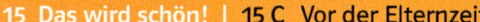

## Kuchen und Torten

a | In D-A-CH isst man am Nachmittag oft Kuchen, Torten und Gebäck und trinkt dazu Kaffee. Welche Sorten finden Sie beim Bäcker oder in der Konditorei in Ihrer Nähe? Sammeln Sie in der Gruppe. Wie viele Sorten haben Sie gefunden?

b | Welche Kuchen, Torten und welches Gebäck gibt es in Ihrem Land? Wann isst man sie? Machen Sie eine Kursliste und tauschen Sie Rezepte aus.

| Land | Kuchen, Torten, Gebäck | Wann isst man sie? |
|------|------------------------|--------------------|
| Türkei | Baklava | als Nachspeise mit Mokka |
|  |  |  |
|  |  |  |

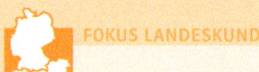
FOKUS LANDESKUNDE

Kaffee und Kuchen ist in Deutschland eine eigene Mahlzeit am Nachmittag gegen 15 oder 16 Uhr, vor allem am Sonntag und bei Festen. Wenn man eine Einladung zum Kaffee bekommt, sitzt man circa zwe[i] Stunden gemütlich zusammen, man bleibt aber nor[-] malerweise nicht zum Abendessen.

**Notdienst der Apotheken**
24 Stundendienst von 8.30 bis 8.30 Uhr

Hier
Notdienstbereit!

🔴 Notdienstglocke

## ■ Notdienste für Kranke in meiner Stadt

**a** | Wo finden Sie Informationen über Notdienste in Ihrer Stadt?
Sammeln Sie.

*In der Tageszeitung, an der Apotheke,*

**b** | Welche Notdienste gibt es in Ihrer Stadt? Notieren Sie.

| Notdienst | Adresse |
|-----------|---------|
|  |  |
|  |  |
|  |  |
|  |  |
|  |  |

➡ IS 15 / 3

## ■ Elternzeit: Wissensquiz und Vätertest

**a** | Wissen Sie alles über die Elternzeit?
Machen Sie das Quiz unter www.eltern.de/
beruf-und-geld/finanzen/quiz-elterngeld.html

**b** | Würden Sie Vätermonate nehmen?
Machen Sie den Test unter www.eltern.de/
beruf-und-geld/job/argumente-check-vaetermonate.html

## 1  Was hilft beim Lesen?

Sie möchten auf einen Text schriftlich reagieren. Was machen Sie wann? Lesen Sie. Schlagen Sie die Beispiele im Buch nach.

**Schritt 1**   Orientierung im Text (Wie ist der Text aufgebaut?)  KB 12/17
Überblick über die Textstruktur und die Textsorte bekommen  KB 11/12
Hauptthemen erkennen  KB 13/6, AB 13/7
Fragen an den Text formulieren  KB 15/15

**Schritt 2**   gezieltes Lesen (Welche Informationen sind für mein Schreiben wichtig?)  KB 14/2, AB12/16
Text auf bestimmte Fragen hin lesen  KB 14/10
Notizen / Markierungen machen  KB 11/12

**Schritt 3**   Ergebnisse zusammenfassen (Was ist für meinen eigenen Text wichtig?)  KB 11/8
Fragen beantworten  KB 14/14
erste Ideen für eigenen Text entwickeln  KB 14/15

## 2  Probieren Sie es aus.

a |   Sehen Sie den Text auf der nächsten Seite an. Überfliegen Sie den Inhalt.
Versuchen Sie schon jetzt – vor dem Lesen – möglichst viele W-Fragen zu beantworten.

|  |  | Warum wissen Sie das? |
|---|---|---|
| Was für ein Text ist das? |  |  |
| Was ist das Thema? Worum geht es? |  |  |
| Wer hat den Text geschrieben? (Verfasser) |  |  |
| Für wen? / Wer soll den Text lesen? (Adressat) |  |  |
| Was wissen Sie noch (über den Text)? |  |  |

**b** | Lesen Sie den Text nun genau und in Ihrem eigenen Lesetempo. Stellen Sie selbst Fragen an den Text: Was wollen Sie wissen? Arbeiten Sie mit Notizen oder Markierungen am Text.

## Kandidaten für TV-Show gesucht

Sie backen den besten Pfannkuchen der Welt?
Sie sprechen fünf Sprachen fließend? Sie können Hunde am Bellen unterscheiden? Sie erkennen sofort jeden Top-Ten-Hit der letzten drei Jahre? Sie können jedes Autoradio reparieren? Sie können …? Dann sind Sie der Richtige/die Richtige für uns!

Im kommenden Jahr startet

„Das kann nur ich"

– die neue Talentshow für Leute wie du und ich.

Dafür suchen wir ab sofort interessierte, lockere Kandidaten, die nicht auf den Mund gefallen sind und keine Angst vor der Kamera haben. Nutzen Sie die Chance und zeigen Sie Ihr Können im Fernsehen.

„Das kann nur ich☐ läuft ab Januar jeweils sonntags um 16:00 Uhr im deutschen Privatfernsehen. Pro Sendung treten fünf Kandidaten auf und zeigen, was sie können. Prominente kommentieren und wählen die Gewinner aus. Auf alle Kandidaten warten tolle Preise.

Unsere Spielregeln:
○ Kandidaten müssen mindestens 6 Jahre alt sein.
○ Tiere mit besonderen Begabungen können leider nicht an der Show teilnehmen.
○ Wir sind eine Familiensendung, Ihr Showbeitrag muss also jugendfrei sein.

Wenn Sie mitmachen wollen oder jemanden kennen – egal ob Mutter, Bruder, Kollege, beste Freundin etc. – melden Sie sich bitte bei uns! Wir freuen uns auf Ihre Vorschläge.

**Schriftliche Bewerbung an:** Deutsches Privatfernsehen, Redaktion „Das kann nur ich",
z.Hd. Frau Anna Gerber, Rundfunkstr. 30, 10000 Berlin
Oder per Mail: anna.gerber@privatfernsehen.de

**c** | Versuchen Sie nach dem Lesen, Ihre eigenen Fragen zu beantworten und den Text mit eigenen Worten zusammenzufassen.

## 3  Haben Sie genau gelesen? Überprüfen Sie es.

**a |** Welches Familienmitglied kann sich auf die Anzeige bewerben, welches nicht? Markieren Sie die Schlüsselwörter in den Texten. Vergleichen Sie diese dann mit den Informationen in der Anzeige.

- Frau Becker backt die besten Kuchen der Welt – sagt jedenfalls ihre Familie und findet sie auch. Sie möchte gern anderen Menschen ihre Backkünste zeigen.
- Herr Becker kann über 50 Biersorten am Geschmack unterscheiden. Seine Familie und seine Freunde finden, dass er damit im Fernsehen auftreten soll. Aber Herr Becker mag keine Kameras.
- Moritz Becker, der achtjährige Sohn der Beckers, kann super Vogelstimmen nachmachen und würde am liebsten als Vogelstimmenimitator im Fernsehen auftreten.
- Jolanda, die kleine Katze der Beckers, ist erst sechs Monate alt und hat natürlich auch eine besondere Begabung: Sie macht Handstand und kann so sogar durch das ganze Wohnzimmer laufen.

**b |** Lesen Sie den Anzeigentext noch einmal genau. Wenn Sie etwas nicht verstehen oder unsicher sind: Lesen Sie den Absatz noch einmal, gehen Sie im Text vor und wieder zurück. Nutzen Sie Ihr Weltwissen.

**c |** Überlegen Sie auch, ob Sie oder jemand aus Ihrer Familie / Ihrem Bekanntenkreis sich bewerben kann.

|  | ja | nein | Warum? |
|---|---|---|---|
| **Frau Becker** |  |  |  |
| **Herr Becker** |  | × | *hat Angst vor Kameras, sein Hobby (Bier) ist nichts für Kinder / Jugendliche* |
| **Moritz Becker** |  |  |  |
| **Jolanda** |  |  |  |
| **Ich** |  |  |  |
| **Mein/e …** |  |  |  |

**d |** Was trifft auf Sie zu? Kreuzen Sie an.

- ☐ Ich kann nach dem ersten Überfliegen des Textes globale (W-)Fragen beantworten.
- ☐ Ich kann nach genauem, individuellem Lesen Detailfragen beantworten.
- ☐ Ich kann den Text zum Schluss mit eigenen Worten zusammenfassen.

Warum? Kreuzen Sie an und ergänzen Sie.

- ☐ Ich nutze Textsortenwissen.
- ☐ Schwierige Absätze lese ich mehrmals.
- ☐ Ich mache mir Notizen.
- ☐ Ich nutze Weltwissen.
- ☐ Manchmal gehe ich im Text vor und wieder zurück.
- ☐ Ich markiere Wichtiges im Text.
- ☐

## 4 Was hilft beim Schreiben?

Lesen Sie. Schlagen Sie die Beispiele im Buch nach und suchen Sie weitere.

**Schritt 1**    Schreibanlass klären und Ideen sammeln: überlegen, warum / wozu man schreibt, spontane Ideen notieren   KB 12/17

**Schritt 2**    Ideen sortieren und Schreibplan machen: Adressat und Ziel benennen, Ideen / Gedanken ordnen, Redemittel zur Textsorte sammeln   KB 15/17

**Schritt 3**    erste Fassung schreiben: Ideen „herunter" schreiben, Gedanken verbinden   KB 14/12, AB 13/6

**Schritt 4**    inhaltliche Überarbeitung: Überflüssiges streichen, Fehlendes ergänzen, evtl. Reihenfolge der Gedanken ändern   KB 14/16

**Schritt 5**    sprachlich-stilistische Überarbeitung: Sprache überprüfen und verbessern   KB 15/17

## 5 Probieren Sie es aus.

Frau Becker bewirbt sich auf die Anzeige. Wie geht sie vor? Begleiten Sie Frau Becker beim Schreibprozess.

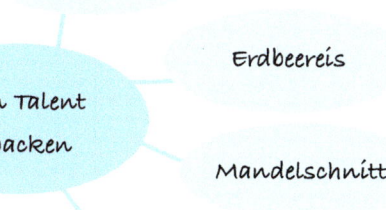

Ich will unbedingt bei der Show mitmachen. Ich muss die Redaktion überzeugen.

**Schritt 1: Frau Becker sammelt Ideen.**

> bin nicht auf den Mund gefallen
> Freundinnen sagen, ich muss in eine Kochshow gehen
> Familie und Freunde lieben meine Torten

**Schritt 2: Frau Becker sortiert, streicht und ergänzt die Ideen.**

- Bewerbung für Fernsehshow
- 38 Jahre
- persönliche Angaben
- kommunikativ
- verheiratet, ein Kind
- wichtig für das Fernsehen!
- habe keine Angst vor Kameras
- mein Talent = backen
- Schwarzwälder Kirschtorte
- Erdbeereis
- Mandelschnitte
- Apfelkuchen
- erzähle gern

Schritt 3: Frau Becker schreibt ihren Text, sie konzentriert sich auf den Inhalt.
Schritt 4: Frau Becker überarbeitet ihren Text zuerst inhaltlich.
Schritt 5: Frau Becker überarbeitet ihren Text sprachlich und stilistisch.

---

Jutta Becker
Nymphenburger Str. 122
80639 München


Deutsches Privatfernsehen, Redaktion „Das kann nur ich"
z.Hd. Frau Anna Gerber
Rundfunkstr. 30
10000 Berlin

München, 30.09.2010

**Bewerbung als Kandidatin**

Sehr geehrte Mitarbeiter ~~Liebes Team~~ von „Das kann nur ich",

~~ich bin~~ mein Name ist Jutta Becker, ich bin 38 Jahre alt und verheiratet. Ich habe einen Sohn ~~und einen Mann. Mein Moritz,~~ er ist 8 Jahre alt~~. Er liebt nicht nur meine Torten, er liebt auch unsere kleine Katze Jolanda und kann sehr, sehr gut Vogelstimmen imitieren. Vielleicht ist Moritz auch ein Kandidat für die Show?~~ Ich komme aus Niedersachsen und seit 10 Jahren lebe ich mit meiner Familie in München. Die Stadt gefällt mir sehr und ich kann auch schon Bayerisch sprechen. Ich habe Schneiderin gelernt, aber arbeite zurzeit als Aushilfe an der Kuchentheke in einem Bio-Laden. Das macht mir viel Spaß. Schon seit meiner Kindheit ist Backen mein Hobby ~~ist~~. Meine Familie und Freunde lieben meine Torten. Besonders mögen sie ~~gut kann ich~~ meine ~~fantastische~~ Schwarzwälder Kirschtorte, ~~herrlichen~~ den Apfelkuchen, ~~leckere~~ die Mandelschnitten und mein ~~einmaliges~~ Erdbeereis. Meine Freundinnen sagen immer, sieht aus und schmeckt wie vom Konditor, ~~du musst in eine Kochshow~~ und dass ich mit meinem Kuchen ins Fernsehen muss.
Weil ich anderen Menschen meine Backkünste präsentieren möchte, ~~will~~ würde ich gern bei „Das kann ich" mitmachen. Ich bin bestimmt eine gute Kandidatin: Ich bin offen und kommunikativ, erzähle gern, ~~ich bin offen,~~ und habe keine Angst vor Kameras.
Damit Sie einen Eindruck von meinen Backkünsten bekommen, ~~ich~~ schicke ich Ihnen ein Foto von meiner Banananen-Cocos-Torte ~~von mir~~ mit, das Rezept ist von mir!
Über eine Einladung zu Ihrer Show würde ich mich sehr freuen.


Mit freundlichen Grüßen


Jutta Becker


Anlage: Foto

## 6 Jetzt sind Sie dran.

a | Machen Sie es wie Frau Becker: Bewerben Sie sich auch auf die Anzeige. Nehmen Sie sich dafür Zeit und gehen Sie Schritt für Schritt vor.

b | Sind Sie mit Ihrem Text zufrieden? Dann tauschen Sie mit Ihrer Lernpartnerin / Ihrem Lernpartner die Texte. Überprüfen Sie sie gemeinsam mithilfe der Checkliste unten.

c | Was trifft auf Sie zu? Kreuzen Sie an.

- [ ] Ich habe viele Ideen, was in meinem Text stehen kann.
- [ ] Ich kann meine Ideen gut sortieren, ergänzen und kürzen.
- [ ] Es fällt mir leicht, den Text zu strukturieren.
- [ ] Es fällt mir leicht, meine Ideen „herunter zu schreiben".
- [ ] Es fällt mir leicht, meine erste Textfassung inhaltlich zu überarbeiten.
- [ ] Es fällt mir leicht, meinen Text sprachlich zu überarbeiten.

Warum? Kreuzen Sie an und ergänzen Sie.

- [ ] Das Thema interessiert mich, ich kann dazu viel sagen.
- [ ] Ich weiß, wie die Textsorte aussehen muss.
- [ ] Ich trenne die Überarbeitung von Inhalt und Sprache.

- [ ] Das Ordnen der Ideen hilft mir bei der Textstruktur.
- [ ] Die Stichpunkte helfen mir beim Schreiben.
- [ ] _____

## Checkliste: Tipps für geschriebene Texte

| 1. Schreibziel | Was möchte ich erreichen? Wird das Schreibziel deutlich? |
|---|---|
| 2. Gesamteindruck | Was gefällt mir am Text? Was sehe ich kritisch? Wie finden andere meinen Text? Ist der Text leserfreundlich? |
| 3. Inhalt | Ist das Thema klar? Kommen alle wichtigen inhaltlichen Punkte vor? Fehlt etwas? Ist etwas zu viel? |
| 4. Aufbau | Hat der Text eine klare Struktur? Ist die Reihenfolge der einzelnen Teile logisch? Sind die Textteile zu lang, zu kurz, genau richtig? Sind sie gut miteinander verbunden? Kann man die Textsorte erkennen? |
| 5. Formulierungen | Sind die Sätze verständlich? Ist die Sprache abwechslungsreich (z.B. Variationen der Satzmuster, Wortwahl)? Passt der Sprachstil? |
| 6. sprachliche Richtigkeit | Sind Grammatikfehler im Text (z.B. Satzstellung, Singular / Plural, Kasus)? Stimmt die Zeichensetzung? Stimmt die Rechtschreibung? (Groß- und Kleinschreibung, das / dass, Fremdwörter, …) |
| 7. Darstellung | Ist die Schrift lesbar? Ist das Layout ansprechend? |

# 16 Wir bleiben in Kontakt!

## **1** Kommunikation ohne Grenzen

 a | Sehen Sie bitte die Fotos an. Welche Kommunikationsmittel sind verbal, welche sind non-verbal? Welche sind international? Kennen Sie noch andere Kommunikationsmittel? Ergänzen Sie.

die Körpersprache

die Graffiti

die Blindenschrift

die Trommel

**b** | Wählen Sie ein Kommunikationsmittel und finden Sie passende Aktivitäten.
Vergleichen Sie dann in der Gruppe.

> E-Mails senden und empfangen | Fotos / Videos verschicken | Gefühle zeigen |
> sich verabreden | Freunde virtuell treffen | chatten | eine Liebeserklärung machen |
> eine Nachricht übermitteln | …

**c** | Welche Kommunikationsmittel benutzen Sie und wozu? Welche haben Sie früher benutzt?
Was möchten Sie benutzen? Gestalten Sie das leere Feld und erzählen Sie.

- … benutze ich jeden Tag | habe ich noch nie benutzt | …
- … benutze ich nur privat | bei der Arbeit | auf Reisen | …
- Früher | Als Kind habe ich oft … Heute …
- Wenn ich …

**5** 　**6** 　**7** 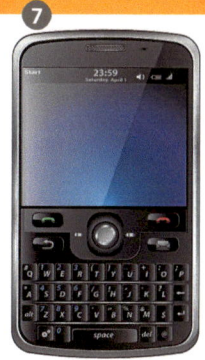　**8**

das Telefon　　der Computer　　　　　　　　das Handy　　　　　der Blumenstrauß

**Kommunikative Lernziele:**

- Kommunikationsmittel und -gewohnheiten beschreiben
- Angebote vergleichen
- etwas näher definieren
- etwas reklamieren / sich beschweren
- Stellung nehmen, argumentieren
- Missbilligung ausdrücken
- sich rechtfertigen
- eine Konfliktsituation lösen
- Regelungen verstehen
- Werbesprüche verstehen

**Zusatzmaterial:** Werbeprospekte (Aufgabe 15)

**Wortschatz und Strukturen:**

- Kommunikationsmittel und Aktivitäten
- Computersymbole
- Relativsätze (Nominativ, Akkusativ)
- *sich*-Verben: *sich treffen, sich sehen,* …
- Komparativ, Superlativ
- Vergleich mit *als / wie*
- Verben mit Präpositionen: *sich ärgern über, sich beschweren bei,* …
- Aussprache Endung *-ig*

**2**    **Warum skypst du nicht?**

a | Kennen Sie Skype? Was ist das? Beschreiben Sie.

b | Lesen Sie die Überschrift und sehen Sie das Bild an.
Was glauben Sie: Was für einen Brief hat Lisa
bekommen? Von wem? Spekulieren Sie.

**2** ⊙ _1    c | Hören Sie und überprüfen Sie Ihre Vermutungen.

d | In welcher Reihenfolge hören Sie die
Aktivitäten? Hören Sie noch einmal und
nummerieren Sie bitte.

☐ über den Computer umsonst telefonieren
☐ die Telefonrechnung bekommen
☐ den Telefonanbieter wechseln
☐ Skype aus dem Internet herunterladen
☐ die alte Telefonnummer mitnehmen

**3**    **Skype-Symbole verstehen**

a | Sehen Sie die Symbole an. Was bedeuten sie? Ordnen Sie bitte zu.

①     ②     ③     ④     ⑤     ⑥

| offline | Chatbeitrag senden | anrufen | online | Videogespräch | beschäftigt |

b | In welchem Status befinden sich die Skype-Kontakte von MuellerX90? Suchen Sie bitte.

- valigranger ist …
- mustang ist …
- kupova ist …

➡ AB 1

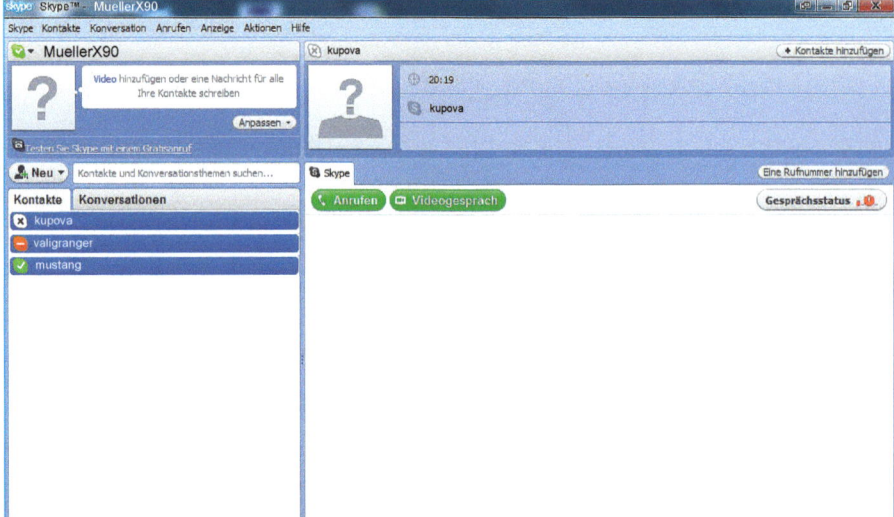

## 4 Vernetzt

**a |** Kennen Sie jemanden, der ein soziales Netz im Internet nutzt? Welches?

Facebook | MySpace | Xing | Wer kennt wen? | VZ-Netzwerke | Lokalisten | LinkedIn | …

**b |** Was kann man in diesen sozialen Netzwerken machen? Sammeln Sie und vergleichen Sie.

> ein persönliches Profil erstellen | sich über Hobbys und gemeinsame Interessen austauschen | alte Freunde suchen | neue Freunde finden | spielen | sich mit Menschen aus aller Welt treffen | Gruppen und Netzwerke bilden | sich Fotos und Videos zeigen | Geschäftskontakte knüpfen | eigene Dienste anbieten | …

- In Facebook kann man sein persönliches Profil erstellen und …

**c |** Sind Sie auch Mitglied in einem sozialen Netz?
Was machen Sie und Ihre Freunde im Netz?
Tauschen Sie sich darüber aus.

- Ich chatte mit meinen Freunden, wir tauschen uns über alles aus.

➡ AB 2–3

> **Gegenseitigkeit ausdrücken: *sich*-Verben**
>
> sich sehen
> Ich sehe dich, du siehst mich. = Wir sehen uns.
>
> sich treffen
> Triffst du ihn? Trifft er dich? = Trefft ihr euch?
>
> sich schreiben
> Er schreibt ihr und sie schreibt ihm. =
> Sie schreiben sich.

## 5 Wir treffen uns im Netz.

**a |** Sehen Sie das Foto an. Welche Fragen würden Sie Mario gern stellen? Sammeln Sie an der Tafel.

**b |** Hören Sie das Interview. Welche von Ihren Fragen hat Mario beantwortet?

**c |** Hören Sie noch einmal. Welche Aussage ist richtig? Kreuzen Sie bitte an.

- ☐ Mario benutzt den Computer hauptsächlich zu privaten Zwecken.
- ☐ Er kennt fast alle seine Online-Freunde persönlich.
- ☐ Er verbringt täglich etwa zwei Stunden im Netz.
- ☐ Durch das Internet sind Marios soziale Kontakte ziemlich eingeschränkt.
- ☐ Er hat bis jetzt nur gute Erfahrungen mit Facebook gemacht.
- ☐ Er tauscht sich mit anderen gern in Foren aus.

Mario K., 25, Informatikstudent, ist ein aktives Facebook-Mitglied und hat über 200 Online-Freunde.

**d |** Formulieren Sie fünf Fragen und machen Sie ein Interview mit Ihrer Lernpartnerin / Ihrem Lernpartner. Notieren Sie die Antworten. Stellen Sie dann das Netzverhalten Ihrer Partnerin / Ihres Partners im Kurs vor.

➡ IS 16 / 1

## 6 Kommunikationstypen

**a** | Sehen Sie die Fotos an. Wie kommunizieren diese Personen wohl am liebsten?
Sammeln Sie Ihre Vermutungen. Begründen Sie sie.

Veronika, Künstlerin

Detlef, Handwerker

Jessica, Bürokauffrau

Andreas, Manager

- Ich denke, … schreibt viele …, weil …
- … chattet bestimmt oft. Er / Sie …

**b** | Lesen Sie und überprüfen Sie Ihre Vermutungen.

**Veronika, 41:** Ich persönlich kommuniziere gern schriftlich. E-Mail ist für mich da ideal – das ist schnell und direkt. Manchmal schreibe ich aber auch einen Brief oder eine Postkarte. Die Karten oder die Briefumschläge gestalte ich dann auch. Außerdem verwende ich nur besondere Briefmarken. Mein Handy benutze ich eher selten, SMS schreibe ich aus Prinzip nicht. Das ist mir zu unpersönlich. Ab und zu telefoniere ich per Skype, vor allem mit Freunden, die im Ausland leben.

**Detlef, 60:** Was sich die jungen Leute heute per SMS mitteilen, haben wir früher auf Zettel geschrieben. In der Schule, auf dem Pausenhof – auf Zetteln haben wir besprochen, wer wen gut oder schlecht findet, wann und wo wir uns treffen, … Ich habe noch ein paar von den Briefchen, die der Lehrer damals nicht einkassiert hat. Heute schreibe ich immer noch gern Briefe, zum Beispiel an meinen Freund Klaus, der in Australien lebt und den ich nur sehr selten sehe. Ich freue mich immer, wenn in meinem Briefkasten auch ein Brief liegt.

**Jessica, 32:** Ich bin Bürokauffrau und sitze fast den ganzen Tag am PC. Deswegen bin ich abends froh, wenn das Ding mal aus ist! Wenn ich reden will, schicke ich meinen Freunden eine SMS und wir treffen uns. Spontan und schnell. Mit meiner Cousine Annika, die zurzeit in Frankreich studiert, chatte ich oft, weil es fast nichts kostet. Nur die Kosten fürs Internet eben.

**Andreas, 44:** Ich bin ziemlich kommunikativ und finde Skype genial, besonders für Menschen, die weit voneinander entfernt leben. Man kann so viel chatten und telefonieren, wie man will. Mein Freund arbeitet zurzeit in New York, und da bin ich froh, dass wir nicht nur miteinander sprechen, sondern uns auch sehen können, wenn die Webcam eingeschaltet ist.

c | Von wem ist die Rede? Ergänzen Sie bitte die Namen.

_____ ist eine Person, die keine SMS schreibt.

_____ hat einen Beruf, den sie hauptsächlich am PC ausübt.

_____ ist ein kommunikativer Typ, der Skype genial findet.

_____ hat einen Freund, den er nicht oft sieht.

_____ hat eine Cousine, die im Ausland studiert.

_____ gehört zu den Menschen, die ab und zu mal einen Brief schreiben.

d | Lesen Sie die Fragen und suchen Sie nach Antworten in den Texten.

- Mit welchen Freunden skypt Veronika?
- Für wen ist Skype ideal?
- Welche Zettel hat Detlef noch?

 ➥ AB 4 – 5

> **Etwas / Jemanden näher definieren: Relativsatz**
>
> Ich schreibe an meinen **Freund**,
> **der** in Australien lebt und
> **den** ich sehr selten sehe.
> Per Skype kommuniziere ich mit **Freunden**,
> **die** weit weg leben.

## 7  Ich chatte mit meinen Freunden, die . . .

a | Wie kommunizieren Sie mit Ihrer Familie, Ihren Freunden, Kollegen, …? Wo leben diese Personen? Sehen Sie sich oft? Hat die Person ein Handy, einen PC? Sammeln und gruppieren Sie.

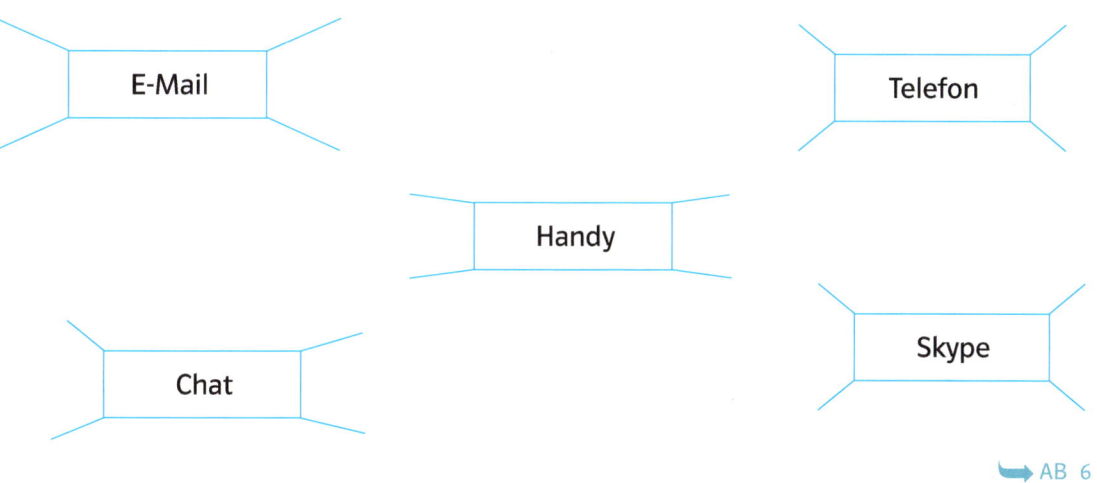

E-Mail

Telefon

Handy

Chat

Skype

➥ AB 6

b | Erzählen Sie und vergleichen Sie. Welche Gemeinsamkeiten stellen Sie fest?

- Ich skype oft mit …, der / die in … lebt und den / die ich nur selten sehe.
- Ich habe …, der / die … lebt. Mit ihm / ihr chatte ich ab und zu.
- … hat keinen Computer. Ich rufe ihn / sie einmal im Monat an.

**8**   **Umfrage: Ihr Telefonverhalten**

**Komparativ**

wichtig – wicht**er**
schlecht – schlecht**er**
günstig – günstig**er**
oft – **öf**t**er**
gut – **besser**
viel – **mehr**
gern – **lieber**

a |   Was trifft auf Sie zu? Lesen Sie und kreuzen Sie bitte an.

1. Wie telefonieren Sie lieber? ☐ mit dem Handy ☐ mit dem Festnetz
2. Was nutzen Sie privat öfter? ☐ das Handy ☐ das Festnetz
3. Was ist günstiger? ☐ das Handy ☐ das Festnetz
4. Wo ist der Empfang schlechter? ☐ auf dem Handy ☐ auf dem Festnetz
5. Womit telefonieren Sie insgesamt mehr? ☐ mit dem Handy ☐ mit dem Festnetz
6. Wie sind Sie besser erreichbar? ☐ auf dem Handy ☐ auf dem Festnetz
7. Was ist Ihnen wichtiger? ☐ überall erreichbar zu sein ☐ in Ruhe zu Hause zu telefonieren

b |   Vergleichen Sie mit Ihrer Lernpartnerin / Ihrem Lernpartner.

➥ AB 7

**9**   **Festnetz oder Handy?**

a |   Sehen Sie die Grafik an und lesen Sie die Auswertung.
Zwei Sätze sind falsch. Welche?

Mehr junge als ältere Menschen haben keinen Festnetzanschluss.

Für viele Menschen ist das Handy heute wichtiger als das Festnetz.

Selbstständige benutzen das Handy öfter als Arbeitnehmer und Arbeitnehmerinnen.

2008 telefonieren 5 % mehr als 2003 nur mit dem Mobiltelefon.

Für Arbeitslose ist das Handy genauso wichtig wie für Arbeitnehmer und Arbeitnehmerinnen.

25-Jährige sind viel aktiver als 45-Jährige.

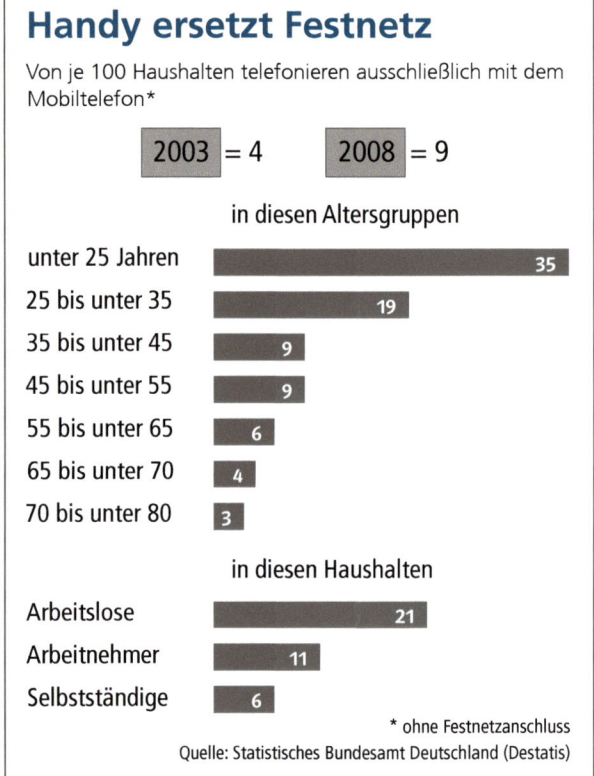

**Handy ersetzt Festnetz**

Von je 100 Haushalten telefonieren ausschließlich mit dem Mobiltelefon*

2003 = 4    2008 = 9

in diesen Altersgruppen

| | |
|---|---|
| unter 25 Jahren | 35 |
| 25 bis unter 35 | 19 |
| 35 bis unter 45 | 9 |
| 45 bis unter 55 | 9 |
| 55 bis unter 65 | 6 |
| 65 bis unter 70 | 4 |
| 70 bis unter 80 | 3 |

in diesen Haushalten

| | |
|---|---|
| Arbeitslose | 21 |
| Arbeitnehmer | 11 |
| Selbstständige | 6 |

* ohne Festnetzanschluss
Quelle: Statistisches Bundesamt Deutschland (Destatis)

b |   Wie ist das Telefonverhalten in Ihrem Land?
Was haben Sie beobachtet? Berichten Sie bitte.

- In … ist das Festnetz billiger | teurer als in …
- In … haben mehr | weniger Leute … als in …
- In … genauso … wie in …    ➥ AB 8–9

**Etwas vergleichen**

Das Internet ist für viele **wichtiger als** das Handy.
Männer surfen fast **(genau)so lange wie** Frauen.

## 10 Tarifdschungel

a | Überfliegen Sie den Text. Um was für Tarife geht es?

Immer mehr Anbieter, immer mehr Tarife – blicken Sie im Tarifdschungel auch nicht mehr durch? Mit **XY-Mobile** sind Sie auf der sicheren Seite. Ob Vielsurfer oder Wochenendtelefonierer – wir bieten für jeden das Richtige. Wählen Sie jetzt den optimalen Tarif und wechseln Sie ganz unkompliziert.

### 30 MB-Tarif für Gelegenheitssurfer

**XY-Mobile** mit 30 MB/Monat inklusive ist für gelegentliches Surfen und E-Mail-Lesen geeignet. Sie verpassen keine wichtigen Nachrichten unterwegs und können das Internet bei bestimmten Gelegenheiten nutzen, ohne tief in die Tasche greifen zu müssen. Jedes weitere MB wird mit jeweils 25 Cent berechnet. Die Vertragslaufzeit beträgt 12 Monate. Sie zahlen 3,90 €/Monat.

### Regelmäßiges Surfen zum günstigen Preis mit 300 MB inklusive

Die **XY-Mobile spezial** bietet mit 300 MB/Monat inklusive schon deutlich mehr Spielraum für regelmäßiges Surfen im Internet, von wo und wann Sie wollen. Bei 18 Monaten Vertragslaufzeit nur 6,90 €/Monat, ohne Vertrag nur 9,90 €/Monat.

### Die volle Flatrate für mobiles Internet

Mit der **XY-Mobile Flatrate** brauchen Sie nicht auf die Uhr zu blicken. Sie können online sein, so oft und so lange Sie wollen. Die Internet Flat zum Festpreis für nur 14,90 €/Monat. Die Vertragslaufzeit beträgt 24 Monate. Optional ohne Mindestlaufzeit, für 19,90 €/Monat.

b | Lesen Sie und notieren Sie die Informationen.

|  | Volumen pro Monat | Vertragsdauer | Preis pro Monat |
|---|---|---|---|
| XY-Mobile |  |  |  |
| XY-Mobile spezial |  |  |  |
| XY-Mobile Flatrate |  |  |  |

c | Vergleichen Sie bitte die Angebote.

- Welcher Tarif ist am günstigsten?
- Bei welchem Tarif surfen Sie am längsten im Internet?
- Bei welchem Tarif ist die Vertragszeit am kürzesten?
- Welcher Tarif ist für regelmäßige Internetnutzer am günstigsten?
- Welcher Tarif ist für Vielsurfer am besten?

**Superlativ**

Das Internet finde ich am wichtigsten.
Dieser Tarif bietet am wenigsten.
Am Wochenende surfe ich am längsten.

gut – besser – am besten
viel – mehr – am meisten
gern – lieber – am liebsten

d | Welcher Tarif passt am besten zu Ihnen / Ihren Kindern / Ihren Eltern / …? Warum?

➡ AB 10 – 12

## 11  Ich möchte wechseln.

**2** ⊙_3   **a** |  Wo ruft Lisa an? Hören Sie.

**2** ⊙_4   **b** |  Hören Sie jetzt das Telefongespräch.
Warum ruft Lisa an? Wie erreicht sie ihr Ziel?

**c** |  Fassen Sie bitte die Situation zusammen.

| | | | |
|---|---|---|---|
| | ärgert sich | über | das lange Warten in der Hotline. |
| Lisa | will sich … beschweren | um | der Kundin. |
| Der X-Kom-Mitarbeiter | will sich … kümmern | bei | die hohe Telefonrechnung. |
| | entschuldigt sich | für | das Problem mit der Telefonnummer. |
| | | | den schlechten Service. |

**d** |  Worüber ärgern Sie sich besonders oft in Deutschland / in Ihrem Land?
Tauschen Sie sich darüber aus.

▪ Viele Menschen in meinem Land ärgern sich über die Post.
Viele Briefe kommen nicht an.

▫ Darüber ärgere ich mich auch, aber die Post kümmert
sich nicht darum.

➥ AB  13 – 14

---

> **Verben mit Präpositionen**
>
> sich ärgern über + A
> sich beschweren über + A
> sich freuen über + A
> sich kümmern um + A
> sich entschuldigen bei + D für + A
> sich bedanken bei + D für + A
>
> Ärgern Sie sich manchmal über den
> schlechten Service?
> Ja, ich ärgere mich oft darüber.
> Haben Sie sich über den Chef geärgert?
> Nein, ich ärgere mich nie über ihn.

---

## 12  Nicht ärgern!

**2** ⊙_5   **a** |  Hören Sie das Gedicht mehrmals und arbeiten Sie in Gruppen:
Gruppe A trägt Pausen ein (/) und unterstreicht die <u>betonten Wörter</u>.
Gruppe B markiert konsonantische R-Laute und vokalische R-Laute.

**Am Donne<mark>r</mark>stag:** /
Ich <u>ärge</u>re mich. /
Ich <u>ärge</u>re mich / über das <u>Regenwetter</u>. /
Ich ärgere mich über den Brief vom Finanzamt.
Ich ärgere mich über den unfreundlichen Ver-
käufer.
Ich ärgere mich über das langweilige Fernseh-
programm.
Ich ärgere mich darüber, dass ich mich ärgere.

**Am Freitag:**
Ich freue mich.
Ich freue mich über den sonnigen Morgen.
Ich freue mich über den Brief von dir.
Ich freue mich über das Lächeln der freundlichen
Nachbarin.
Ich freue mich über die interessante Fernseh-
reportage.
Ich freue mich darüber, dass ich mich nicht mehr
ärgere.

**b** |  Tragen Sie das Gedicht emotional vor. Achten Sie dabei auf Pausen, Satzakzente und R-Laute.

**c** |  Schreiben Sie das Gedicht weiter: *Am Samstag: Ich ärgere mich. …* Lesen Sie es vor.

**13 Reklamieren am Telefon**

 **a |** Hören Sie das Gespräch. Wie klingt der Anrufer?

> aggressiv | unsicher | souverän | fröhlich | müde | genervt | böse | freundlich | …

 **b |** Lesen Sie und sortieren Sie die Tipps: Was machen Sie wann?

> ### So reklamieren Sie richtig:
>
> 1. Suchen Sie schon vor der Reklamation alle nötigen Informationen zusammen: Kaufbeleg, Kundennummer, die genaue Produktbezeichnung und möglicherweise die Seriennummer.
> 2. Schreiben Sie in Stichpunkten auf, welchen Schaden Sie reklamieren wollen.
> 3. Melden Sie sich mit Ihrem Namen und fassen Sie Ihr Problem kurz zusammen, z.B. „Mein Bürostuhl ist zerbrochen, ich möchte das reklamieren.“
> 4. Bleiben Sie höflich und sachlich. Mit Freundlichkeit kommen Sie wesentlich weiter.
> 5. Notieren Sie, mit wem Sie gesprochen haben.
> 6. Fassen Sie zum Schluss gemeinsam mit Ihrem Telefonpartner das Wichtigste zusammen: Welche weiteren Aktionen haben Sie vereinbart?

vor dem Telefonieren: ⌞_____⌟

beim Telefonieren: ⌞_____⌟

**c |** Hören Sie das Gespräch noch einmal. Welche Fehler macht Herr Schulz?

**d |** Wählen Sie bitte eine Situation. Verteilen Sie die Rollen und bereiten Sie sich auf ein Reklamationsgespräch vor. Spielen Sie den Dialog vor. Die anderen geben Feedback: Waren Sie überzeugend?

- Sie haben einen Elektroherd gekauft. Doch der Backofen funktioniert nicht. Sie rufen im Geschäft an und reklamieren.

- Sie haben einen iPod gekauft. Sie haben ihn ganz normal benutzt, aber nach drei Tagen ist er schon kaputt. Sie möchten das Gerät umtauschen.

- Sie haben eine Uhr gekauft. Die Uhr bleibt immer stehen. Sie möchten Ihr Geld zurück.

➥ AB 15
➥ IS 16/2

**14 Wählen Sie eine Aufgabe.**

- Sie möchten sich über eine Serviceleistung beschweren. Schreiben Sie eine kurze E-Mail.
- Welchen Telefonanbieter haben Sie? Bringen Sie Informationen zu Tarifen mit und vergleichen Sie.
- Wie nutzen Sie das Handy? Was machen Sie öfter / lieber / mehr als die anderen oder genauso selten wie die anderen? Machen Sie eine Gruppenstatistik und vergleichen Sie.

## 15 Werbung, Werbung

**a |** Um welches Produkt geht es in den Werbesprüchen? Raten Sie, recherchieren Sie.

Jeden Tag ein bisschen besser.

Nicht immer, aber immer öfter.

Am liebsten das Beste.

Nur Fliegen ist schöner.

Alle reden vom Wetter. Wir nicht. Fahr lieber mit der Bundesbahn.

Mit dem Zweiten sieht man besser.

Die wahrscheinlich längste Praline der Welt.

**b |** Bringen Sie Werbeprospekte mit. Suchen Sie darin nach Komparativen und Superlativen. Lesen Sie die besten Werbesprüche vor.

**c |** Schreiben Sie selbst einen Werbespruch. Lesen Sie vor, die anderen im Kurs raten, für welches Produkt Sie werben.

## 16 Alles billig, oder was?

**2 🔊_7**

**a |** Hören Sie und achten Sie auf *-ig* in *billig*. Wer spricht es wie *-ik* und wer wie *-ich* (Ich-Laut)?

Reporter: Liebe Hörerinnen und Hörer, noch nie war unser Leben so billig wie heute. Alles ist billig, billiger, am billigsten: Billigstrom, Billigflieger, Billigtelefon, … Nur nackt ist billiger! – so wirbt ein bekanntes Textilgeschäft. Aber stimmt das wirklich? Sind billige Waren auch gut? Ich frage hier zwei Kundinnen vor dem Kaufhaus. Was meinen Sie? Ist billig richtig gut?

A Also ich kaufe wenig billige Sachen … Mir ist gute Qualität wichtiger. Mal ein farbiges T-Shirt für meine kleine Tochter – das kaufe ich billig. Aber sonst … Nein.

B Na, ich überlege dann schon mal – wie können die die Sachen überhaupt so billig herstellen? Aber … Ja, ich mag es schon günstig oder billig. Na ja, … billig und gut!

Reporter: Vielen Dank, meine Damen!

**b |** Sagen Sie Ihre Meinung: Was kaufen Sie am liebsten billig? Achten Sie auf *-ig*.

> **Aussprache Endung *-ig***
>
> Zwei Varianten sind erlaubt: 1. *-ik* [ɪk] oder 2. wie ein *Ich*-Laut [ɪç] gesprochen (bill**ig**).
>
> Wenn auf *-ig* noch *-e*, *-en* oder *-er* folgt, muss man es immer mit *g* [ɪɡə…] sprechen (bill**ig**e, bill**ig**er).

## 17  Eine freudige Nachricht

**a |**  Was meinen Sie: Wer bekommt eine freudige Nachricht?
Was ist die Nachricht? Sammeln Sie Ideen.

2 🔘_8   **b |**  Hören Sie und vergleichen Sie mit Ihren Ideen.

**c |**  Hören Sie noch einmal und beantworten Sie bitte die Fragen.

1. Wo war Lisa und was hat sie erfahren?
2. Warum ruft sie Lukas nicht an?
3. Was schlägt Markus vor?
4. Wie reagiert Lisa auf diesen Vorschlag?
5. Was bietet Dr. Körting Lisa an?

**d |**  Wie finden Sie den Vorschlag von Markus? Darf man im Ausnahmefall den dienstlichen PC privat benutzen?

## 18  Forum: Private Internetnutzung am Arbeitsplatz

**a |**  Lesen Sie die Meinungen und unterstreichen Sie die Argumente dafür und dagegen.

> Rudi: Ich bin dafür, das Internet auch privat zu nutzen, wenn der Arbeitgeber sein Okay dazu gegeben hat. Ab und zu private E-Mails schreiben oder kurz im Internet surfen ist doch kein Problem. Die meisten tun es. Es darf nur nicht zu lange dauern. Außerdem fördert das die Arbeitsmotivation. Man kann sich kurz ablenken und ist danach wieder konzentrierter bei der Arbeit. Gegen ein generelles Verbot privater Internetnutzung spricht auch, dass es für das Betriebsklima nicht gut ist.

> Silvi: In unserer Firma ist das private Surfen nicht erlaubt. Meiner Meinung nach ist das Verbot der privaten Internetnutzung und die entsprechende Kontrolle die einzig richtige Lösung. Wenn die Mitarbeiter nach Lust und Laune im Web herumsurfen und private E-Mails verschicken, dann arbeiten sie erstens nicht und zweitens steigt das Risiko einer Virus- oder Hackerattacke. Ein weiteres Argument ist, dass der Computer durch zu häufige Downloads stärker belastet wird.

**b |**  Welche Argumente finden Sie überzeugend? Nehmen Sie
Stellung zu der Frage und schreiben Sie einen Forumsbeitrag.

 AB 16

| **Stellung nehmen** |
| --- |
| Ich bin dafür / dagegen, dass … |
| Meiner Meinung nach … |
| Erstens … / Zweitens … |
| Außerdem … |
| Dafür / Dagegen spricht auch, dass … |
| Ein weiteres Argument ist, dass … |

## 19 Die Experten raten

a | Lesen Sie bitte die Aussagen. Was glauben Sie, welche sind richtig?

☐ Der Arbeitgeber kann die private Internetnutzung erlauben oder verbieten.

☐ Wenn es keine Regelung gibt, darf man das Internet privat benutzen.

☐ Wer die Regelungen nicht kennt, kann sich bei der Personalabteilung informieren.

☐ Der Arbeitgeber kann die Internetnutzung jederzeit kontrollieren.

☐ Im schlimmsten Fall kann der Arbeitgeber dem Arbeitnehmer kündigen, wenn sich dieser nicht an die Regeln hält.

b | Lesen Sie jetzt die Regelungen und überprüfen Sie Ihre Vermutungen. Markieren Sie Schlüsselwörter und lesen Sie die Stellen genau.

NACHRICHTEN    BÖRSE    WISSEN    **TIPPS & SERVICE**    BILDERSERIEN    TV

Job & Karriere    Verbraucher    Gesundheit    Reise    Partnersuche    Shop    Newsletter

**Surfen am Arbeitsplatz**

## Was ist erlaubt, wann droht Strafe?

**Private Internetnutzung am Arbeitsplatz kann unterschiedliche Folgen haben. Wir haben für Sie die wichtigsten Regelungen zusammengestellt.**

**1. Wer entscheidet über die private Nutzung des Internets?**
Allein der Arbeitgeber. Er kann das Surfen verbieten oder zulassen. Und er kann die private Nutzung generell erlauben oder diese auf bestimmte Zeiten oder Seiten begrenzen.

**2. Was passiert, wenn es keine Regelung gibt?**
Wenn eine konkrete Vereinbarung fehlt, kann der Arbeitnehmer bei einem Konflikt nicht bestraft werden.

**3. Wie können sich Arbeitnehmer absichern?**
Am besten fragt der Arbeitnehmer in der Personalabteilung nach den bestehenden Regelungen.

**4. Welche Kontrollmöglichkeiten hat der Arbeitgeber?**
Wenn die private Internetnutzung erlaubt ist, darf der Arbeitgeber ohne Einwilligung des Arbeitnehmers nur in Ausnahmefällen das Surfverhalten kontrollieren. Selbst bei einem Verbot der privaten Nutzung darf der Arbeitgeber nur stichprobenartig prüfen.

**5. Droht im Zweifelsfall die Kündigung?**
Die intensive private Nutzung des Internets während der Arbeitszeit ohne Erlaubnis kann eine Verletzung der arbeitsvertraglichen Pflichten sein. Doch vor einer Kündigung muss der Arbeitgeber seinen Mitarbeiter zunächst einmal abmahnen.

c | Was finden Sie überraschend? Wie sind die Regelungen in Ihrem Land? Vergleichen Sie.

➥ AB 17

## 20  Das ist nicht in Ordnung!

**2**  9  **a** |  Hören Sie. Wer ist im Recht:
die Vorgesetzte oder Herr Wentstein?

**b** |  Hören Sie noch einmal. Wer sagt was? Kreuzen Sie bitte an. Sie hören nicht alle Sätze.

|  | Frau Illner | Herr Wentstein |
|---|:---:|:---:|
| Wie meinen Sie das? Ich verstehe nicht ganz. | ☐ | ☐ |
| Das geht doch nicht! | ☐ | ☐ |
| Wie wäre es, wenn Sie …? | ☐ | ☐ |
| Das ist nicht in Ordnung! | ☐ | ☐ |
| Wo liegt das Problem? | ☐ | ☐ |
| Haben Sie das nicht gewusst? | ☐ | ☐ |
| Verzeihung. Ich wollte nur … | ☐ | ☐ |
| Das habe ich leider nicht gewusst. | ☐ | ☐ |
| Das kommt nicht wieder vor. | ☐ | ☐ |
| Ich schlage vor, Sie … | ☐ | ☐ |
| Es tut mir leid, aber das war ein Notfall. | ☐ | ☐ |

**c** |  Sortieren Sie bitte die Redemittel aus b.

| Missbilligung ausdrücken | sich rechtfertigen | nachfragen | Kompromiss vorschlagen |
|---|---|---|---|
| Das geht doch nicht! | Es tut mir leid, aber … |  |  |

**d** |  Ihr Chef erwischt Sie beim Verstoß gegen eine Regelung an Ihrem Arbeitsplatz. Wie reagieren Sie? Was können Sie sagen? Wählen Sie eine Situation und bereiten Sie sich vor. Vergleichen Sie dann im Kurs.

- Sie arbeiten auf der Baustelle und tragen keinen Helm. Ihr Chef weist Sie auf die Regelungen zur Arbeitskleidung hin.

- Sie müssen jeden Morgen Ihr Kind in die Kita bringen und kommen deswegen regelmäßig eine Viertelstunde zu spät zur Arbeit. Ihr Chef spricht Sie auf diese Unpünktlichkeit an.

- Sie sind starker Raucher. Seit diesem Jahr gibt es in Ihrer Firma Rauchverbot. Ihr Chef erwischt Sie mit einer Zigarette im Büro.

↪ IS 16 / 3

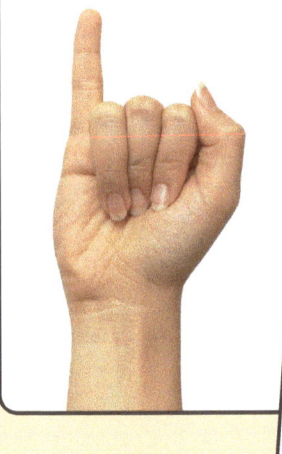
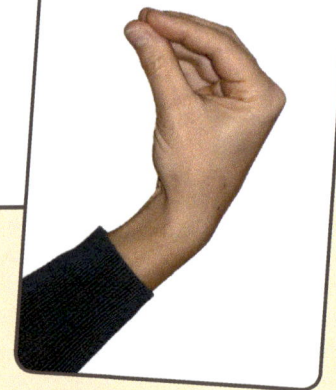

## Körpersprache

a | Sehen Sie die Fotos an. Kennen Sie die Gesten?
Was bedeuten sie? Welche haben Sie in D-A-CH schon gesehen?

b | Welche Gesten kennen Sie noch? Welche sind davon auch in D-A-CH üblich?
Gibt es Unterschiede in der Bedeutung? Tauschen Sie sich darüber im Kurs aus.

## Projekt: Facebook hilft beim Deutschlernen

▪ Stellen Sie Ihr Profil auf Deutsch um und bewegen Sie sich ein paar Tage auf Deutsch in Facebook.
Sammeln Sie dabei Ausdrücke, die für Sie neu sind.

▪ Suchen Sie deutschsprachige Gruppen, die ähnliche Hobbys und Freizeitinteressen haben.
Lesen Sie die Kommentare der Mitglieder, stellen Sie Fragen.

▪ Suchen Sie unter dem Stichwort „Deutschlernen" eine Gruppe, die Sie interessiert. Aus welchen Ländern
kommen die Mitglieder? Welche Tipps zum Sprachenlernen geben sie? Notieren Sie die besten Tipps.

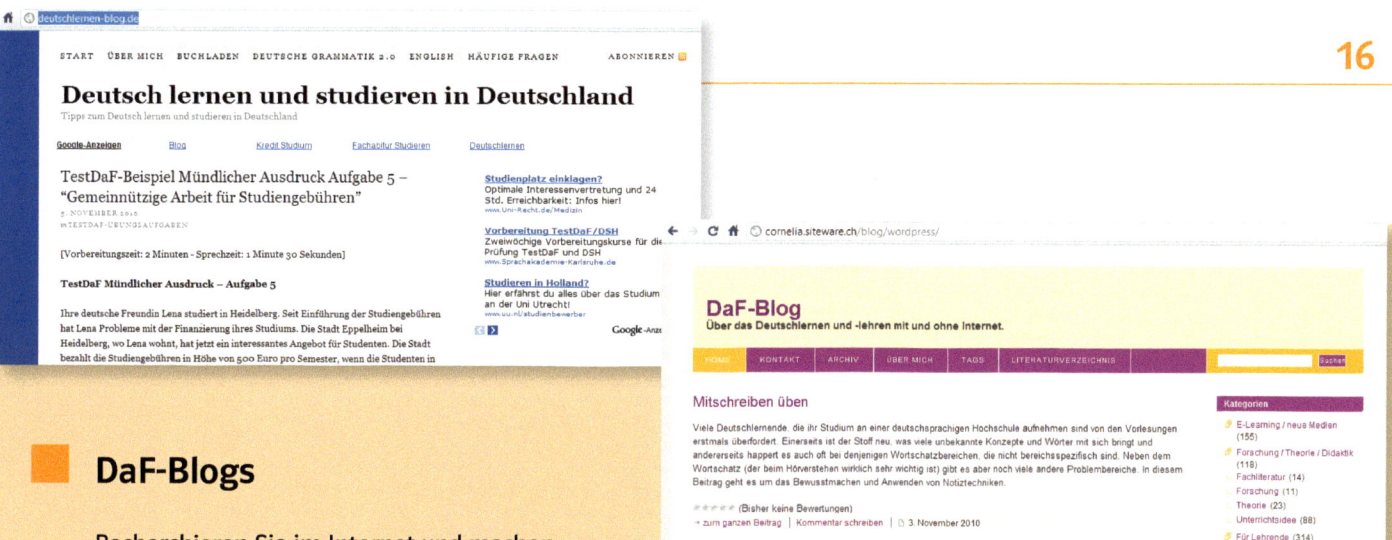

## DaF-Blogs

Recherchieren Sie im Internet und machen
Sie eine Liste von DaF-Blogs. Wie heißen sie?
Was bieten sie? Erzählen Sie im Kurs.

| Name | Beschreibung | Angebote | Bewertung |
|------|-------------|----------|-----------|
| Deutsch-lerner.blog.de | Blog für Deutschlerner in aller Welt | Übungen zum Lese-, Hör- und Hör-Seh-Verstehen, zur Grammatik, zum Wortschatz, Texte von anderen Deutschlernern aus aller Welt und viele interessante Links | |
| | | | |

## Nachricht an Lukas

Wie kann Lisa die freudige Nachricht Lukas mitteilen?
Wählen Sie ein Kommunikationsmittel und schreiben
Sie eine SMS, eine E-Mail oder spielen Sie ein Telefon-
gespräch, eine Szene, … Seien Sie kreativ.

# 17 Eine gute Entscheidung

## 1 Am Schwarzen Brett

a | Überfliegen Sie die Mitteilungen. Was meinen Sie: Wo hängt dieses Schwarze Brett?

b | Lesen Sie die Mitteilungen genauer: Worum geht es? Ordnen Sie bitte zu.

☐ Glückwünsche zur Geburt     ☐ Betriebsratswahl     ☐ Theaterkarten

☐ Einladung     ☐ Weiterbildungsangebot     ☐ Mitfahrgelegenheit

☐ Autoangebot     ☐ Kantineneröffnung     ☐ Todesanzeige

**1**

Verkaufe:
Audi A3 1,9 l TDI,
Bj. 08/2003, HU/AU 08/12,
blau-metallic, 66 kW,
Schaltgetr., Klima-
automatik, 168.000 km,
sehr gepflegt, VB 5800,- €.
Nähere Auskünfte unter
-258 (Rupp).

**2**

**Die Geschäftsleitung informiert**

Betriebliche Fortbildung:
· Wirtschaftsenglisch (mit LCCI-Prüfung)
· Rhetorik, Grundkurs
· IT-Sicherheit in Rechnersystemen und -netzwerken

Beginn 2.9., 9:30. Information und Anmeldung bei
Rüdiger Bernhardt, -339 oder r.bernhardt@koll.de

**3**

Herzlich willkommen bei **leib & seele** –
Ihrem neuen Betriebsrestaurant!

Ab dem 07.06. sorgen wir mit einem frischen und
attraktiven Angebot für Ihr leibliches Wohl.
Frühstück von 07:30 bis 09:30
Mittagessen von 11:45 bis 14:00
Kaffeebar von 07:30 bis 21:30

Wir freuen uns auf Sie!

**4**

Wir gratulieren unserer Kollegin Ulrike
Steinacker sowie ihrem Mann Axel ganz
herzlich zur Geburt von Arne, der am
21. Mai auf die Welt gekommen ist.
Wir wünschen den Dreien alles Gute!
Die Marketing-Abteilung

c | Schreiben Sie ein Angebot oder eine
Mitteilung für das Schwarze Brett.
Gestalten Sie das leere Feld.

⮡ AB 1

**⑤**

**Erinnerung * Erinnerung * Erinnerun**

Nicht vergessen! Am 15.06. findet die Betriebsratswahl im Raum 109 statt. Das Wahllokal hat von 10:00 bis 14:00 Uhr geöffnet. Wer an diesem Termin verhindert ist, kann seine Stimme auch per Briefwahl bis zum 14.06. abgeben.

Der Wahlvorstand

**⑥**

Biete regelmäßige MFG
Dresden-Leipzig-Dresden
hin: Freitagnachmittag
zurück: Sonntag später
Nachmittag
01577- 836 44 03

**⑧**

2. THEATERKARTEN ABZUGEBEN:

Theaterhaus, Don Carlos, Samstag 19.6., 20⁰⁰
Gute Plätze (Reihe 9) zum Kollegenpreis
von 17 € / Karte.

Anja (Sekretariat - 122)

**⑨**

Wir trauern um unseren
Mitarbeiter

**Jurek Lubomirski**

der am 1. 6. 2010 nach schwerer
Erkrankung im Alter von 49 Jahren
verstorben ist.
Mit ihm verlieren wir einen engagierten
und äußerst geschätzten Kollegen, der
stets zum Erfolg unseres Unternehmens
beigetragen hat.
Unser tiefstes Mitgefühl gilt den
Familienangehörigen.
Geschäftsleitung, Betriebsrat,
Mitarbeiterinnen und Mitarbeiter
Die Trauerfeier findet am 23. Juni,
um 13 Uhr im Haus der Begegnung,
Franz-Liszt-Str. 13, statt.

**⑦**

Liebe Kolleginnen und Kollegen,

nach 25 Jahren Dienstzugehörigkeit feiere ich
meinen Ausstand mit einem kleinen Umtrunk.
Wann? Freitag, 18.6., 17 Uhr
Wo? Im kleinen Versammlungsraum, 3. Etage
Ich freue mich auf Euer / Ihr Kommen!
Bernd Watzge, Abt. Einkauf

**Kommunikative Lernziele:**

- Anzeigen und Mitteilungen am Schwarzen Brett verstehen
- eine Berufsbiografie beschreiben
- eine kleine Rede halten
- Autoangebote vergleichen
- Beratungsgespräche auf dem Gebrauchtwagenmarkt führen
- Ratschläge geben
- Ärger ausdrücken
- eine Verkehrsdurchsage verstehen

**Zusatzmaterial:** Autoangebote (Aufgabe 12)

**Wortschatz und Strukturen:**

- Berufsbiografie
- Autoteile und Eigenschaften
- Tiernamen
- die Form sollte-
- Adjektive vor Nomen (Nominativ, Akkusativ, Dativ)
- Lokaladverbien: raus, runter, …
- Schimpfwörter und Schmusewörter
- Diminutiv (-chen, -lein)
- Sprechweise der festlichen Rede

## 2 Ein langes Berufsleben

**a |** Sehen Sie bitte das Foto von Kristian Katowski an und spekulieren Sie: Was arbeitet er? Wo arbeitet er?

**b |** Ordnen Sie die Stationen seines Berufslebens chronologisch. Vergleichen Sie dann mit Ihrer Lernpartnerin / Ihrem Lernpartner.

- Bewerbung bei Hamburger Firmen; Kündigung bei der BVG
- Übernahme durch die BVG
- als Meister bei der SRH verantwortlich für den Bereich „Wartung Nutzfahrzeuge"
- Ausbildung zum Kfz-Mechaniker bei den Berliner Verkehrsbetrieben (BVG)
- 30-jährige Betriebszugehörigkeit bei der SRH
- Rentenbeginn
- Weiterbildung zum Meister Kfz-Handwerk bei der SRH
- Umzug nach Hamburg und Wechsel zur Stadtreinigung Hamburg (SRH)

1962–1965 └─────────────────────────────────────────────┘

1965 └─────────────────────────────────────────────┘

1969 └─────────────────────────────────────────────┘

1970 └─────────────────────────────────────────────┘

1975 └─────────────────────────────────────────────┘

1976–2010 └─────────────────────────────────────────────┘

2000 └─────────────────────────────────────────────┘

2010 └─────────────────────────────────────────────┘

**c |** Welche Wörter sind für Ihre Berufsbiografie wichtig? Wählen Sie aus, ergänzen Sie und machen Sie Stichpunkte für Ihre bisherige Berufsbiografie.

Ausbildung | Lehre | Praktikum | Studium | Bewerbung | Einstellung | Umschulung | Weiterbildung | Kündigung | Probezeit | Beförderung | ...

↪ AB 2

## 3 Arbeiten und feiern

**a** | Sehen Sie das Foto an. Was könnte der Anlass zum Feiern sein? Sammeln Sie Ideen.

- Wahrscheinlich feiert Herr Katowski …
- Es kann sein, dass er …
- Es ist auch möglich, dass er …

2 _10 **b** | Einstand oder Ausstand? Hören Sie zwei Reden und kreuzen Sie bitte an.

1. ☐ Einstand ☐ Ausstand
2. ☐ Einstand ☐ Ausstand

**c** | Warum hat Kristian Katowski zur SRH gewechselt? Hören Sie noch einmal.

**d** | Was sagt man zum Einstand, was sagt man zum Ausstand? Kreuzen Sie bitte an.

| | Einstand | Ausstand |
|---|---|---|
| Ich habe Sie eingeladen, weil ich mich kurz vorstellen möchte. | ☐ | ☐ |
| Ich bedanke mich für die gute Zusammenarbeit. | ☐ | ☐ |
| Ich freue mich auf neue Aufgaben. | ☐ | ☐ |
| Ich möchte mich von Ihnen verabschieden. | ☐ | ☐ |
| Auf gute Zusammenarbeit! | ☐ | ☐ |
| Liebe Kolleginnen und Kollegen, | ☐ | ☐ |
| Es war eine schöne Zeit. | ☐ | ☐ |
| Ich hoffe, wir bleiben in Kontakt. | ☐ | ☐ |
| Aus diesem Anlass möchte ich mit Ihnen anstoßen. | ☐ | ☐ |

**e** | Wie können die Vorgesetzten und die Kolleginnen und Kollegen reagieren? Formulieren Sie Sätze.

sich für … herzlich bedanken | für die kommenden Jahre … wünschen | bei … begrüßen |
sich auf … freuen | herzlich zu … gratulieren | viel … für die neuen Aufgaben wünschen | …

- Ich möchte mich für Ihre Arbeit hier bei uns herzlich bedanken und …

⇒ AB 3
⇒ IS 17 / 2

## 4 Es wird Zeit …

a | Sehen Sie das Bild an. Wie ist die Stimmung? Wie wirkt der Redner? Wie reagieren die Zuhörer?

> zuhören | flüstern | sich langweilen | aufgeregt sein | gerührt sein | genervt sein | …

 2 _11  b | Hören Sie und überprüfen Sie Ihre Vermutungen.

c | Aus welchem Anlass spricht Dr. Körting? Worüber sprechen Lisa und Markus? Hören Sie noch einmal.

 d | *Es wird Zeit, dass …* – Was könnten Lisa und Dr. Körting sagen? Sammeln Sie Ideen und beenden Sie den Satz.

## 5 So sollte eine Rede sein

a | Was macht eine Rede interessant? Lesen Sie die Kursunterlagen und markieren Sie bitte.

Fortbildung: Rhetorik, Grundkurs

Eine gute Rede sollte …
- individuell sein. ▪ möglichst allgemein sein.
- spontan sein. ▪ vorbereitet sein.
- aus langen Sätzen bestehen. ▪ aus kurzen Sätzen bestehen.

Ein guter Redner/Eine gute Rednerin sollte …
- mit den Zuhörern Blickkontakt halten. ▪ in die Ferne oder auf das Blatt gucken.
- frei sprechen. ▪ vollständig ablesen.

> **Ratschläge geben:** *sollte-*
>
> Du **solltest** dich gut vorbereiten.
> Er **sollte** lauter sprechen.
> Ihr **solltet** besser zuhören.
> Sie **sollten** gut aufpassen!

 b | Vergleichen Sie und diskutieren Sie. Haben Sie weitere Vorschläge? Ergänzen Sie die Tipps.

> Ich finde Ironie wichtig!

> Ein guter Satz ist entscheidend.

> Man sollte seine Zuhörer begeistern.

c | Kennen Sie besonders gute / schlechte Redner oder Reden? Was meinen Sie, warum sind sie gut / schlecht?

→ AB 4

## 6 Rede-Werkstatt

**a** | Lesen Sie die Rede. Was für eine Rede ist das? Ist sie ernst oder lustig? An wen richtet sie sich?

> **Lieber alter Freund! Liebe Gäste!**
>
> Heute müssen wir Abschied nehmen von dir, unserem treuen Freund. Heute verlässt du uns für immer. Mit dieser kleinen Rede möchte ich dir für die vielen gemeinsamen Jahre danken. Und wir wollen uns kurz erinnern an die schönen Zeiten und die gemeinsamen Erlebnisse. Nie hast du uns enttäuscht. Mit dir haben wir halb Europa bereist. Du warst nicht besonders schnell und vielleicht auch nicht besonders schön. Doch immer warst du da, wenn wir dich gebraucht haben. Erinnerst du dich noch an den Sonnabend, als unser kleiner Anton auf die Welt kommen sollte? Du hast uns mitten in der Nacht rechtzeitig ins Krankenhaus gebracht. Heute ist Anton schon ein Schulkind und kriegt bald einen kleinen Bruder. Du hast es wirklich verdient, dass wir dir heute Danke sagen. Jetzt bist du alt und rostig und vor allem viel zu klein. Lebe wohl! Wir werden uns immer gern an dich erinnern.

 **b** | Gliedern Sie den Text in Abschnitte und ordnen Sie die Redeteile zu.

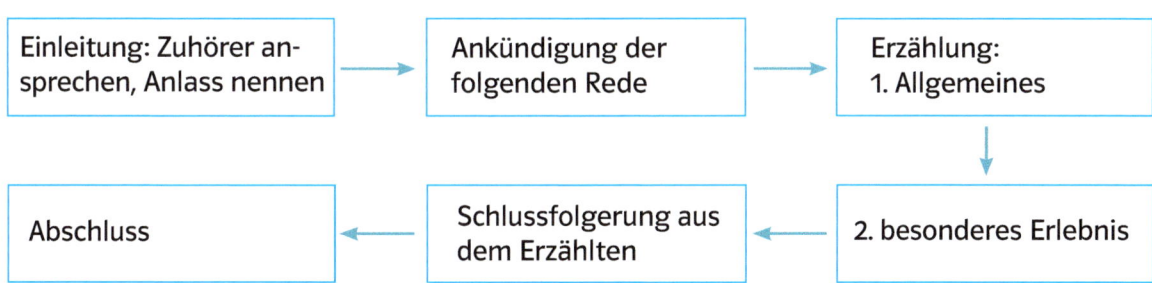

| Einleitung: Zuhörer ansprechen, Anlass nennen | → | Ankündigung der folgenden Rede | → | Erzählung: 1. Allgemeines |
| --- | --- | --- | --- | --- |

↓

| Abschluss | ← | Schlussfolgerung aus dem Erzählten | ← | 2. besonderes Erlebnis |
| --- | --- | --- | --- | --- |

 **c** | Lesen Sie die Rede mehrmals halblaut vor und markieren Sie betonte Wörter und Pausen. Experimentieren Sie mit dem emotionalen Ausdruck. Üben Sie so lange, bis Sie Teile der Rede fast auswendig können.

 **d** | Tragen Sie die Rede vor. Sprechen Sie langsam und deutlich. Lesen Sie nicht vor, sehen Sie Ihre Zuhörer an. Die anderen machen während der Rede Notizen und geben Ihnen Feedback.

Sprechtempo: ☐ zu langsam ☐ zu schnell ☐ optimal
Betonung: ☐ zu viel ☐ zu wenig ☐ falsche Wörter betont ☐ optimal
Pausen: ☐ zu viel ☐ zu wenig ☐ falsche Pausen ☐ optimal
Blickkontakt: ☐ fehlt ☐ zu wenig ☐ optimal
Körperhaltung / Mimik / Gestik: ☐ nicht optimal, weil _____ ☐ optimal

- Die Rede war sehr gut, aber Sie haben / du hast zu … gesprochen.
- Am Anfang waren Sie / warst du …, dann …

**e** | Verfassen Sie nach dem Muster selbst eine lustige oder ernst gemeinte Abschiedsrede und tragen Sie sie vor, z.B. *An mein altes Lehrbuch, An meinen alten Computer, An meinen besten Kollegen, …*

 AB 5–6

### 7   Der könnte der Richtige sein!

**a** |   Sehen Sie das Bild an.
Wofür interessiert sich Lisa?
Und Annette?

**2** _12   **b** |   Hören Sie den Dialog. Was erfahren Sie über
das erste Angebot Ahmeds? Notieren Sie die
Informationen. Vergleichen Sie dann mit Ihrer
Lernpartnerin / Ihrem Lernpartner.

Marke: |_____|     Baujahr: |_____|

Kilometerstand: |_____|     TÜV: |_____|

**c** |   Hören Sie noch einmal und achten Sie auf das zweite Angebot. Was sind die Unterschiede zum ersten?

Das erste Auto ○                     ○ silber | grün.
                            ○ ist / hat ○   ○ ein gutes Radio | eine bessere Musikanlage.
Das zweite Auto ○                     ○ heizbare Sitze | neue Reifen.

### 8   Was ist Ihnen beim Autokauf wichtig?

**a** |   Lesen Sie den Chat. Die Personen nennen sechs Kriterien für den Kauf eines Autos. Welche sind das?
Markieren Sie im Text und  notieren Sie unten.

> Witti26: Also mir sind mehrere Sachen wichtig. An erster Stelle steht das ==Aussehen==: eine schicke
> Form und eine attraktive Farbe. Dann kommt gleich die Leistung – ein Auto ohne einen starken
> Motor kommt für mich nicht in Frage. Und schließlich die Sicherheit. Ich fahre gern schnell, da sind
> gute Reifen, eine stabile Karosserie usw. extrem wichtig.

> Brodi-W: Okay, ein schönes Auto macht mich auch an. Aber am wichtigsten ist doch die
> Umweltfreundlichkeit. Ein sparsamer Motor ist ein absolutes Muss für mich.

> Emma07: Ganz genau. Heutzutage sollte man ein Auto mit einem geringen Spritverbrauch und
> niedrigen Abgaswerten kaufen.

> Tom2011: Ich finde auch, Brodi-W hat Recht. Aber für mich entscheidet letztlich der Preis. Wenn
> ich ein günstiges Angebot sehe, greife ich zu.

> Witti26: Ich brauche keinen dicken Luxuswagen, aber meine persönlichen Wünsche dürfen auch
> nicht zu kurz kommen. Und auf schöne Details möchte ich nicht verzichten. Ein Auto mit bequemen
> Sitzen, einem sportlichen Lenkrad oder einer guten Musikanlage macht einfach mehr Spaß.

|das Aussehen, _____

b | Welche Eigenschaften sind für die Kriterien wichtig? Suchen Sie in den Texten und ergänzen Sie die Zeichnung.

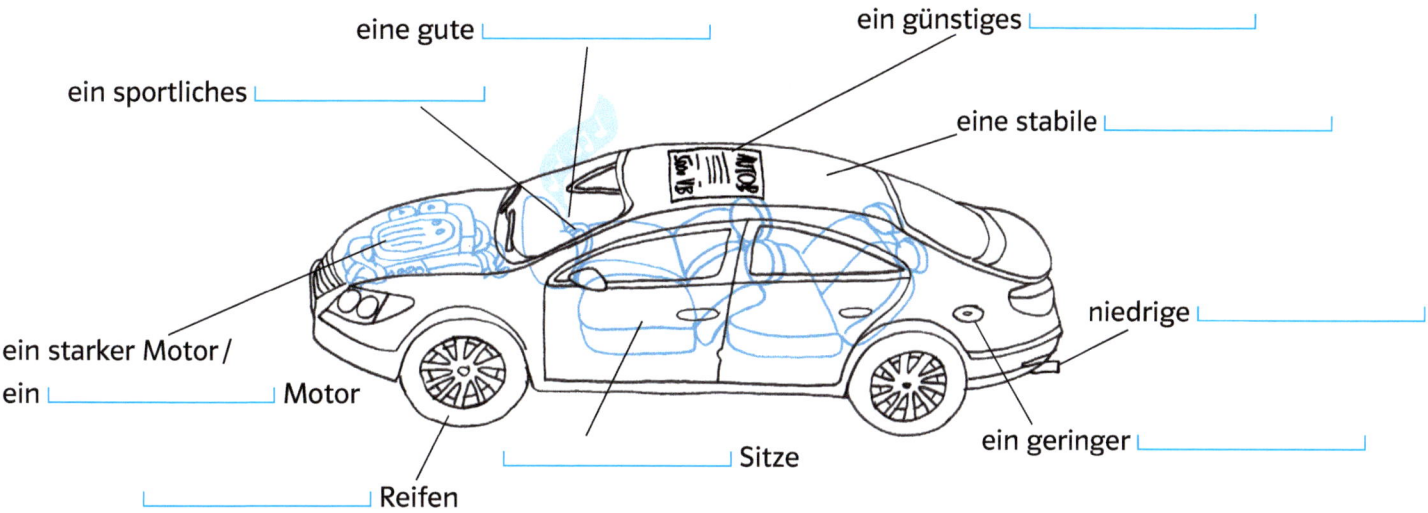

eine gute |_____|

ein sportliches |_____|

ein günstiges |_____|

eine stabile |_____|

ein starker Motor /
ein |_____| Motor

niedrige |_____|

ein geringer |_____|

|_____| Reifen

|_____| Sitze

c | Welche Teile fehlen noch? Was finden Sie wichtig? Ergänzen Sie und erzählen Sie.

- Wir sind eine große Familie, da brauchen wir einen großen Kofferraum.
- Ich finde eine leichte Karosserie wichtig, damit das Auto nicht so viel Sprit verbraucht.
- …

 AB 7–9
IS 17/1

## 9  Mein ideales Auto

a | Wie sieht Ihr ideales Auto aus? Wählen Sie aus und ergänzen Sie.

Ich möchte ein Auto ○   ○ mit einem sparsamen Motor ○
Für mich ist ein Wagen ○   ○ mit einem modernen Design ○
Ich finde Autos ○   ○ mit einer guten Ausstattung ○
Ich mag Autos ○   ○ mit sportlichen Details ○
○     …     ○

○ wichtig | ideal | cool | …

b | Tauschen Sie sich aus.

- Zu einem idealen Auto gehört für mich …
- Ich brauche kein…, aber ich möchte gern …
- Ich finde … am wichtigsten.
- Mein ideales Auto muss … haben.

 AB 10

---

**Adjektive vor Nomen**

| Wichtig ist / sind … | Das Auto hat … | Ich möchte ein Auto … | |
|---|---|---|---|
| ein stark**er** Motor. | ein**en** stark**en** Motor. | mit ein**em** stark**en** Motor. | (m) |
| ein schön**es** Design. | ein schön**es** Design. | mit ein**em** schön**en** Design. | (n) |
| ein**e** leichte Lenkung. | ein**e** leichte Lenkung. | mit ein**er** leicht**en** Lenkung. | (f) |
| gut**e** Reifen. | gut**e** Reifen. | mit gut**en** Reifen. | (Pl.) |

## 10 Ein neues Autohaus

a | Lesen Sie die Anzeige. Welche Informationen bekommen Sie zum Tag der offenen Tür?

### Tag der offenen Tür im EuroCar Zentrum Landshut

Am Sonntag, den 17. September, lädt das Autohaus EuroCar Zentrum, Oberndorfer Straße 19a, ganz herzlich zum Tag der offenen Tür ein. Von 11:00–17:00 Uhr kann man neue und gebrauchte Fahrzeuge jeder Klasse besichtigen.

Kommen Sie vorbei und finden Sie Ihr Wunschauto. Mit etwas Glück gewinnen Sie einen nagelneuen Mazda 2.

Kaffee und Kuchen sorgen beim Rundgang über unseren Platz für die nötige Stärkung.

Auf der Homepage www.eurocarzentrum.de können Sie sich vorab über die Angebote informieren.

b | Sehen Sie die Fotos aus dem Online-Katalog unten an. Welche Beschreibung passt zu welchem Fahrzeug? Ordnen Sie bitte zu.

☐ Das schicke Cabrio ist gut gepflegt, zwei Jahre Garantie.

☐ Mit dem grünen Kleinwagen passen Sie in jede Parklücke.

☐ 7-Sitzer. Der großzügige Kleinbus ist für Familien und Firmen sehr geeignet.

☐ Die vielen sportlichen Details geben der neuen 5er-Klasse das gewisse Etwas.

☐ Das zuverlässige Fahrzeug ist als Kombi oder Limousine ideal für alle Langstreckenfahrer.

☐ Für den umweltbewussten Autofahrer / die umweltbewusste Autofahrerin die richtige Entscheidung.

☐ Mit der leichten Karosserie ist der japanische Wagen extrem Sprit sparend.

☐ Das richtige Anfängerauto: klein, wendig, sicher.

c | Welches Auto möchten Sie testen?

▪ Ich würde gern den sportlichen … testen.

▪ Ich möchte das schicke … ausprobieren.

➡ AB 11–14

Fiat Panda

Volvo V 50

Renault Espace

BMW 5er GT

## 11 Ich suche . . .

**a |** Hören Sie die Dialoge auf dem Automarkt. In welchen Dialogen berät der Verkäufer?

**b |** In welchem Dialog hören Sie die Sätze? Hören Sie noch einmal und kreuzen Sie bitte an.

|  | 1 | 2 | 3 |
|---|---|---|---|
| Ich suche ein kleines sparsames Auto, das nicht so viel Sprit verbraucht. | ☐ | ☐ | ☐ |
| Der ist klein, wendig und hat einen guten Preis. | ☐ | ☐ | ☐ |
| Guck mal! Das rote Cabrio mit dem schwarzen Dach. | ☐ | ☐ | ☐ |
| Wie wäre es mit dem neuen Prius? | ☐ | ☐ | ☐ |
| Die großen Fenster sind sicher gut beim Einparken. | ☐ | ☐ | ☐ |

**c |** Spielen Sie Automarkt. Wer ist Kunde, wer ist Verkäufer? Verteilen Sie die Rollen und spielen Sie verschiedene Dialoge zu den Fotos.

- Wie findest du den roten …?
- Der ist für mich zu … Ich hätte lieber ein…
- Ach so! Und der …? Der ist doch wirklich …
- Ja, der gefällt mir ganz gut. Hat er denn ein…?
- …

- Guten Tag. Kann ich Ihnen helfen?
- Ja. Ich suche ein…
- Verstehe. Wie wäre es mit diesem schönen …?
- Ich weiß nicht. Ich brauche ein…
- Ja, dann empfehle ich Ihnen den …
- …

---

### Adjektive vor Nomen

| Mir gefällt / gefallen … | Ich teste … | | |
|---|---|---|---|
| der sparsame Kleinwagen. | den sparsamen Kleinwagen | mit dem starken Motor. | (m) |
| das neue Modell. | das neue Modell | mit dem schönen Design. | (n) |
| die bequeme Limousine. | die bequeme Limousine | mit der leichten Lenkung. | (f) |
| die guten Reifen. | die guten Reifen | mit den silbernen Felgen. | (Pl.) |

---

Opel Corsa

Audi A4

Toyota Prius III Hybrid

Mazda 2

## 12 Gebrauchtwagenkauf

a | Haben Sie schon einmal einen Gebrauchtwagen gekauft? Was kann man dabei falsch machen? Haben Sie Ratschläge? Berichten Sie.

- Ich habe einmal einen gebrauchten …

- Man sollte das neue Auto vorher …

b | Lesen Sie die Tipps für einen Gebrauchtwagenkauf. Was war für Sie neu? Was finden Sie wichtig?

c | Recherchieren Sie und bringen Sie interessante Angebote für Gebrauchtwagen in den Kurs mit.

d | Vergleichen Sie die Angebote. Wählen Sie den Gebrauchtwagen aus, der Ihnen am besten gefällt. Stellen Sie den Wagen vor und begründen Sie Ihre Wahl.

➥ AB 15

> ### GEBRAUCHTWAGEN – SO KAUFEN SIE RICHTIG
>
> 1. Informieren Sie sich zuerst in Internetportals.
> 2. Vergleichen Sie Preise, Kilometerstand, Anzahl der Besitzer, Informationen zu Unfallschäden.
> 3. Wählen Sie maximal 3 Autos aus.
> 4. Sehen Sie sich den Wagen genau an. Gibt es Hinweise auf Unfälle? Ist das Auto neu lackiert?
> 5. Machen Sie eine Probefahrt – am besten bei trockenem Wetter.
> 6. Lassen Sie das Auto überprüfen, z.B. vom TÜV oder ADAC.
> 7. Schließen Sie den Kaufvertrag nur mit dem Besitzer oder einem seriösen Autohändler ab.

## 13 Wir fahren in den Urlaub!

2 ◐_14   a | Hören Sie das Gedicht mehrmals. Sprechen Sie dann die Reime im Rhythmus mit.

Endlich Urlaub! – das ist toll.
Wir packen schnell das Auto voll.

*Das Auto ist zwar ziemlich klein,*
*doch hoffentlich passt alles rein:*
Die große Tasche, die schwarze Katze.
Die braune Tüte, die weiche Matratze.
Das lange Kleid, das kurze Höschen,
Das schwere Paket, das runde Döschen.
Der schwarze Koffer und der süße Hund Pit.
Die kleinen Kinder müssen noch mit.

*Jetzt ist alles drin im Wagen.*
*Lasst es uns noch einmal sagen:*
Eine große Tasche, eine schwarze Katze.
Eine braune Tüte, eine weiche Matratze.
Ein langes Kleid, ein kurzes Höschen.
Ein schweres Paket, ein rundes Döschen.
Ein schwarzer Koffer und mein süßer Hund Pit.
Die kleinen Kinder kommen noch mit.

Alles drin! Wir sind zufrieden.
Fröhlich fahr'n wir in den Süden.
Blauer Himmel, roter Wein,
Warmes Wasser, Sonnenschein!
So muss schöner Urlaub sein.

b | Sprechen Sie die Reime auswendig. Betonen Sie wie im Muster.

### 14 Ich Rindvieh!

**a |** Sehen Sie das Bild an. Was glauben Sie: Was denken Lisa, Max und die Kuh? Vergleichen Sie Ihre Ideen.

**2 🔊 _15** **b |** Hören Sie und beschreiben Sie die Situation: Wohin fahren Lisa und Max? Warum gibt es einen Stau?

**c |** Hören Sie noch einmal und beantworten Sie die Fragen.

1. Worüber freut sich Lisa? Worauf freut sich Max?
2. Worüber ärgern sie sich?
3. Warum lacht Max am Ende?

### 15 Tierische Schimpfwörter und Schmusewörter

**a |** Lesen Sie. Welche Schimpfwörter haben Sie schon einmal gehört?

Ich Rindvieh!       Altes Ferkel!       Falsche Schlange!

Dumme Gans!   Du Esel!       Sturer Bock!     Lahme Schnecke     Blöder Affe!

**2 🔊 _16** **b |** Hören Sie. Welche Tiere kommen in der Umfrage vor? Welches Schmusewort gefällt Ihnen am besten?

 Äffchen    Bärchen    Häschen    Mäuschen    Böcklein

 Eselchen    Kätzchen    Gänslein    Schweinchen

**c |** Wie ist das in Ihrer Sprache? Benutzen Sie auch Tiernamen als Schmuse- oder Schimpfwörter? Wann ist ein Schimpfwort eine Beleidigung? Tauschen Sie sich darüber aus, nennen Sie Beispiele.

↪ AB 16

**Diminutiv**

Durch die Endung *-chen* und *-lein* werden Personen / Dinge klein und / oder niedlich: der Hase – das Häs**chen**
In *-chen* spricht man *ch* als Ich-Laut [ç].

## 16 Aktuelle Verkehrsmeldungen

2 ◉_17  **a** | Was ist das Problem? Hören Sie die Verkehrsmeldungen und ordnen Sie bitte zu.

☐ Es gibt einen Stau.

☐ Eine Einfahrt / Ausfahrt ist wegen Bauarbeiten gesperrt.

☐ Die Autobahn ist gesperrt. Es gibt eine Umleitung.

**b** | Hören Sie die Meldungen noch einmal und ergänzen Sie die Informationen.

1. Autobahn Nummer └──────┘ in Richtung └──────┘ Umleitung 75, in Richtung └──────┘

   Umleitung 60

2. Autobahn Nummer └──────┘ └──────┘ km stockender Verkehr

3. Autobahn Nummer └──────┘ Einfahrt / Ausfahrt └──────┘ Nord

**c** | Wo und wann gibt es oft Staus? Was ist Ihre Erfahrung? Erzählen Sie.

## 17 Fahr langsamer!

Lesen Sie die Meldungen auf dem Navigationsgerät. Welchen Vorschlag machen Sie Ihrem Beifahrer?
Spielen Sie einen kleinen Dialog mit den Redemitteln auf Seite 125 oben.

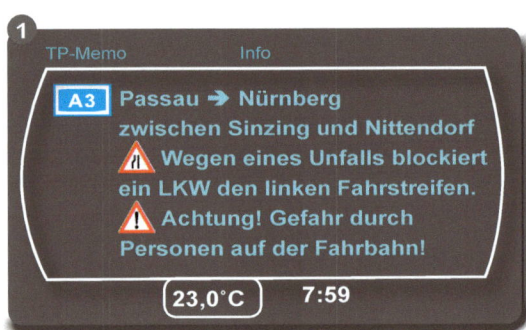

**Lokaladverbien**

Wo müssen wir von der Autobahn **runter**?
Fahr doch auf die Autobahn **rauf**.
An welcher Ausfahrt müssen wir **raus**?
Fahr bitte nicht in den Stau **rein**!
Fahr links **rüber**.

langsamer fahren | vorsichtiger fahren | bei der nächsten Ausfahrt rausfahren |
von der Überholspur runtergehen | nicht auf die Autobahn rauffahren | gut aufpassen |
von der Autobahn runterfahren | vom Gas runtergehen

- Fahr bitte etwas …! In … gibt es einen …
- Wie weit ist das noch? | Wo ist das genau?
- … Du solltest …
- Dann fahren wir am besten …

↪ AB 17

## 18 Stress auf der Autobahn

2 🔆_18    a | Hören Sie und achten Sie auf das deutliche konsonantische R.

A  Da, die Autobahn … Fahr hier **r**auf. **R**auf, **r**auf, **r**auf! Ja!
   Und jetzt **r**über. Mensch! **R**über, **r**über, **r**über! Oh Mann.
   Da in die Lücke **r**ein. **R**ein, **r**ein, **r**ein! Oh!
   Pass doch auf! Hier geht's schon wieder **r**unter! **R**unter! **R**unter, **r**unter, **r**unter! Ach!
B  **R**auf, **r**auf, **r**auf! **R**über, **r**über, **r**über! **R**unter, **r**unter, **r**unter! Jetzt **r**eicht's! Geh doch zu Fuß!
   **R**aus hier!

b | Spielen Sie die Szene mit Gestik und Mimik. Sie müssen den Dialog nicht wörtlich wiedergeben, aber *rauf*,
*rüber*, *rein*, *runter* sollten Sie mit deutlichem *R* sprechen. Variieren Sie die Emotion: ungeduldig oder geduldig.

 ↪ AB 18

## 19 Wählen Sie eine Aufgabe.

- Spiele im Stau: Bilden Sie Gruppen und probieren Sie die Spiele aus.

Einer wählt einen Gegenstand, den alle sehen können, aus und sagt den Satz:
*Ich sehe was, was du nicht siehst, und das ist rot.*
Die anderen raten: *Ist es das rote Motorrad? Ist es der rote Schal? Ist es …?* Wer den Gegenstand erraten hat, kommt als Nächstes dran.

Jemand überlegt sich ein Tier und beschreibt es in zwei, drei Sätzen. Die anderen raten. Wer das Tier zuerst erraten hat, darf sich als Nächstes ein Tier ausdenken. Zum Beispiel: *Mein Tier lebt am Meer. Es ist weiß und isst gern Fisch.*

Jemand nennt eine Automarke, z. B. *Mercedes*. Der Nächste muss mit dem letzten Buchstaben eine neue Automarke nennen, also z. B. *Saab*. Das Spiel geht so lange, bis keinem mehr ein neuer Name einfällt.

- Was kann man noch machen, wenn man im Stau steht? Etwas zählen, Kontakt aufnehmen, …
  Fragen Sie die anderen und machen Sie eine Ideenliste.

# Reden, Reden, Reden

a | Kleine Reden im privaten Kreis: Sehen Sie die Fotos an.
Was findet hier statt?

b | Welche Anlässe für kleine Reden kennen Sie noch? Bei welchen privaten Festen hält
man in Ihrem Land eine Rede? Was sagt man? Berichten Sie.

# Tierische Verkehrsschilder

a | Gibt es diese Verkehrsschilder? Wo haben Sie sie gesehen?

b | Kennen Sie weitere Tierschilder aus anderen Ländern?
Sammeln Sie im Kurs.

➥ IS 17/3

 **FOKUS LANDESKUNDE**

Ein Auto muss alle zwei Jahre zum „TÜV". Der Name ist die
Abkürzung vom Technischen Überwachungsverein,
der Qualitätskontrollen durchführt, z. B. von Fahrzeugen.

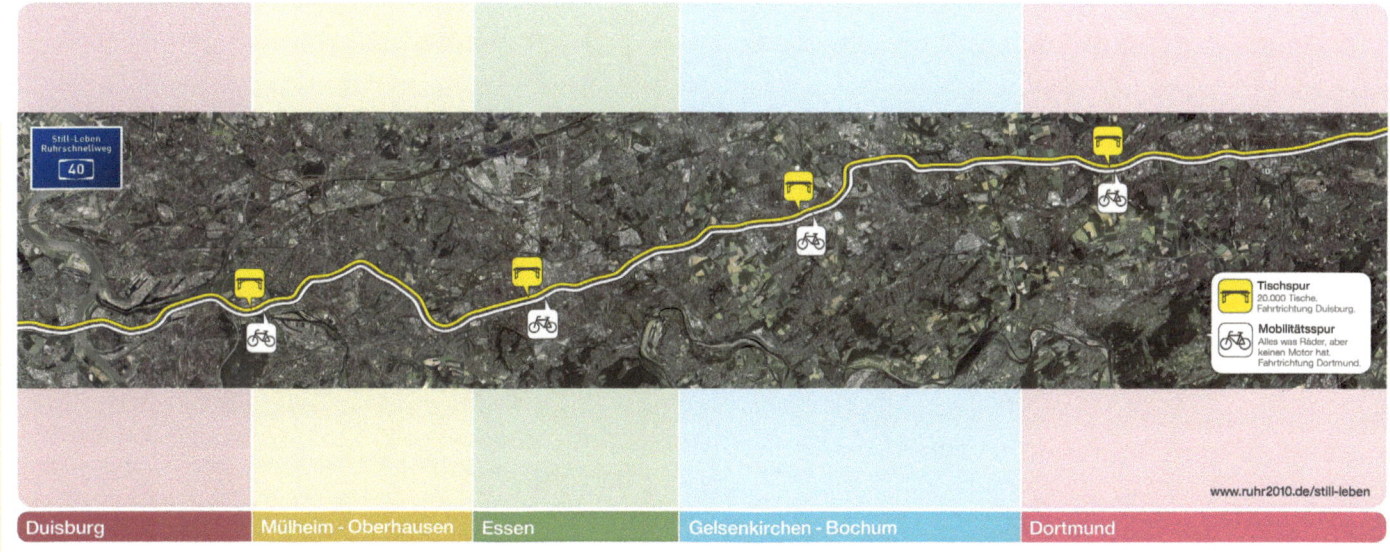

| Duisburg | Mülheim - Oberhausen | Essen | Gelsenkirchen - Bochum | Dortmund |

## Still-Leben Ruhrschnellweg

a | Sehen Sie die Karte an. Was glauben Sie: Was bedeutet das Autobahnschild? Sammeln Sie Ideen.

b | Lesen Sie und recherchieren Sie: Was erfahren Sie noch über dieses Ereignis? Wie war der Tag?

> Am 18. Juli 2010 feiern Bürger und Besucher der Metropole Ruhr ein einmaliges Fest der Alltagskulturen; und das mitten auf der Hauptverkehrsader der Region, der A40/B1. Für die Kulturhauptstadt Europas RUHR.2010 entsteht auf einer Strecke von fast 60 Kilometern aus 20.000 Tischen eine Begegnungsstätte der Kulturen, Generationen und Nationen – die längste Tafel der Welt.

## Kennzeichen in D-A-CH

a | Woher kommen die Autos? Raten Sie oder recherchieren Sie im Internet.

b | Kennen Sie andere Ortskennzeichen aus D-A-CH? Sammeln Sie. Welche kommen mehrfach vor?

# 18 Typisch deutsch!?

## 1 Was ist typisch deutsch?

a | Sehen Sie die Fotos an. Typisch deutsch? Warum? Sammeln Sie Assoziationen im Kurs.

Bier — Bierbauch

viele Sorten — Biergarten

- In Deutschland trinkt man viel Bier.
- Deutsches Bier ist sehr gut! Es gibt ...
- Auf dem Oktoberfest in München ...

**b** | Welche Gegenstände, Symbole, … fallen Ihnen noch zum Thema ein? Diskutieren Sie und ergänzen Sie das leere Feld.

- Ich finde … typisch deutsch.
- Ich auch. | Ich nicht, ich finde, dass es in Deutschland nur selten | nicht viel/e … gibt | ist.
- Ich habe in Deutschland schon oft … gesehen.
- Ich habe in Deutschland bemerkt, dass …

**c** | Schneiden Sie aus Zeitschriften Bilder und Wörter aus und gestalten Sie eine Kurscollage zum Thema „Typisch deutsch".

➥ IS 18/1

**Kommunikative Lernziele:**

- über verschiedene Kulturen sprechen
- über eigene Erfahrungen diskutieren
- Überraschung ausdrücken
- Gebrauchsanleitungen verstehen
- das Verstehen absichern
- einfache Anweisungen am Computer verstehen
- eine Wettervorhersage verstehen
- etwas begründen
- Ratschläge geben

**Zusatzmaterial:** Computer (Aufgabe 13)

**Wortschatz und Strukturen:**

- Wörter rund um technische Geräte
- Wetterphänomene
- Adjektive vor Nomen (Wiederholung)
- Verben mit Dativ
- indirekte Frage: Nebensatz mit Fragewort
- Sätze mit *deshalb*
- Sprechweise der Überraschung

der Krimi    der Föhn    der Reiseführer
Lukas Vogel    Dr. Gayathri Serasinghe

die Stiefel

die Socken    das Hemd
    die Strumpfhose
    der Schal
das Jackett

der Rasierapparat    die Jeans

das Foto    die Mütze    der Anorak
die Bluse    das Handtuch
die Krawatte    die Sportschuhe

## 2  Zwei Koffer

**a** | Sehen Sie die Gegenstände an. Welche sind aus dem Koffer einer Frau, welche aus dem Koffer eines Mannes? Diskutieren Sie.

> ▫ Ich glaube, die helle Jeans gehört der Frau.
>
> ▪ Und die braunen Stiefel gehören sicher auch der Frau.
>
> ▫ Der elektrische Rasierapparat passt in den Koffer von …

**b** | Kettenspiel: Füllen Sie gemeinsam einen Koffer. Der Erste nennt einen Gegenstand, der Nächste wiederholt ihn und fügt einen Gegenstand hinzu. Wer die Gegenstände nicht wiederholen kann, scheidet aus.

Ich packe meinen Koffer. Ich nehme einen langen Schal mit. – Ich packe meinen Koffer. Ich nehme einen langen Schal und rote Socken mit. – Ich packe meinen Koffer. Ich nehme einen langen Schal, rote Socken und … mit. – …

**c** | Womit reisen Sie? Welche fünf Dinge sind Ihnen am wichtigsten? Schreiben Sie eine Liste und vergleichen Sie. Gibt es in Ihrer Gruppe Favoriten?

> ▪ Ich reise immer mit einem großen Koffer und einer
>
> kleinen … Ich nehme mein gelbes Kissen, … mit.

*ein großer Koffer*
*eine kleine Handtasche*
*mein gelbes Kissen*
*die aktuelle Zeitung*
*…*

➜ AB 1

## 3 Irgendetwas stimmt nicht!

**a** | Sehen Sie bitte das Bild an. Wo sind die Personen? Was sagen sie?
Wählen Sie Redemittel aus dem Kasten und spielen Sie verschiedene Szenen:

- Lisa – Max – Dr. Körting
- Dr. Körting – Dr. Serasinghe
- Lukas – Lisa – Max

> Mein Koffer ist weg. | Herzlich willkommen in Deutschland! |
> Frauenklamotten in meinem Koffer | die neue Chefin |
> Was machen Sie denn hier? | Irgendetwas stimmt nicht! |
> Entschuldigen Sie die Verspätung. | im Fundbüro

**b** | Hören Sie und vergleichen Sie mit Ihren Ideen.

**c** | Hören Sie noch einmal und beantworten Sie die Fragen.

1. Wer ist Dr. Serasinghe und woher kommt sie?
2. Warum war Lukas Vogel im Fundbüro?
3. Haben Lukas und Frau Serasinghe jetzt ihre Koffer?

**d** | Dr. Serasinghe sagt: *Und ich dachte, in Deutschland funktioniert alles so gut.*
– Was hat Sie in Deutschland überrascht? Berichten Sie bitte.

- Für mich war neu | interessant | fremd | komisch, dass …
- Ich habe nicht gewusst, | Mir war nicht klar, dass …
- Ich hätte nicht gedacht, dass …
- … war eine totale Überraschung.

AB 2 – 3

### 4 Deutschland mit anderen Augen

a | Worum geht es in den Texten? Lesen Sie die Texte 1, 3, 5, 7, Ihre Lernpartnerin / Ihr Lernpartner liest die Texte 2, 4, 6, 8. Ordnen Sie die Themen zu. Vergleichen Sie: Welche Texte beziehen sich auf das gleiche Thema? Was ist der Unterschied?

> Freundlichkeit | Umgang mit der Zeit | Fröhlichkeit | Einstellung zur Arbeit

b | Kennen Sie die Klischees über die Deutschen, auf die die Personen in ihren Texten reagieren? Formulieren Sie je einen Satz.

**2**

Die Leute haben einfach wenig Geduld. Es muss alles nach ihren Vorstellungen laufen und das, was sie sich vorstellen, muss klappen. Und dann sind sie an einem Punkt, an dem sie nicht mehr weiterkommen, weil das, was in ihrem Kalender steht, einfach nicht geklappt hat. Dann spielen und kämpfen sie gegen die Zeit, und die Zeit, das wissen wir, die rennt.
*Dr. Rui Sixpence Conzane, Mosambik*

**1**

Ich muss in Deutschland eigentlich über alles lachen. Nicht weil ich es hier so albern finde, sondern weil die Deutschen einfach lustig sind. Ich kenne viele deutsche Jugendliche, die immer zu lachen und andauernd Witze erzählen, über Politiker, Polizisten, Perverse und Blondinen. Ich glaube, die Deutschen sind viel fröhlicher, als sie von sich denken. Wenn ich hier durch die Straßen laufe, sehe ich lockere, lustige Gesichter.
*Suzanna Homérová, Slowakei*

**5**

Es wird nur in wenigen Ländern so wenig gearbeitet wie in Deutschland derzeit. Ich glaube, die Deutschen arbeiten gar nicht so hart, wie sie immer sagen. Eine Nachbarin regte sich zum Beispiel sehr darüber auf, als ihre Arbeitszeit als Kindergärtnerin von 38 auf 39 Stunden erhöht wurde, was sie als ganz ungerecht empfand. Diese Haltung, dass man nur 38 Stunden arbeiten muss und alles andere zu viel ist, entspricht keiner harten Leistungsorientierung. Es erscheint mir eher ein bisschen verwöhnt.
*Mohan Dhamotharan, Indien*

**7**

Die Deutschen denken ja immer, sie wären hektisch. In Wirklichkeit aber leben sie sehr langsam, überlegen lange, was sie gerade tun möchten oder müssen. Sie haben viel Zeit für sich und ihre Familie. Die deutsche Zeit rennt nicht, sie bewegt sich in langsamen Kurven. Sie ist nicht durch einen strengen Wettkampf um Arbeit und Platz vorgegeben. Die Deutschen können sich die Zeit einfach nehmen. Vielleicht ist das so, weil hier so wenige Menschen leben und deshalb viel Zeit und Raum für alle da ist. Ich finde das wunderschön. Denn wer sich keine Zeit nimmt, wird krank und schlecht gelaunt.
*Rong Liu, China*

**3**

Wir haben es uns am Anfang ja nicht getraut zu sagen, aber wir haben schon gedacht: Die Deutschen sind kühl, nicht besonders emotional oder freundlich. Aber ganz im Gegenteil! Wir standen zum Beispiel in München in so einer Seitenstraße mit unserem Stadtplan und haben den Weg nicht gefunden und sofort kam jemand, der uns an die Hand genommen hat.

*Patrick Irish und Jasmine Pendergrast, USA*

**4**

Ich komme aus einer Gesellschaft, wo man der Auffassung ist, dass das Leben zuerst kommt und dann alles andere. Bei uns hat man die Haltung, dass man lebt und innerhalb dieses Lebens arbeitet – und nicht umgekehrt. Ich verstehe mittlerweile schon, wie sich Deutschland nach dem Zweiten Weltkrieg so rasant entwickeln konnte. Denn mit der Einstellung „Erst die Arbeit, dann das Vergnügen" kann man sich tatsächlich schnell entwickeln. Aber der Mensch bleibt dabei oftmals ein bisschen auf der Strecke. Und das ist etwas, was ich in Deutschland als problematisch empfinde.

*Dr. Odile Tengdeng-Weidler, Senegal*

**6**

Im Allgemeinen lässt sich sagen, dass viele Menschen in Deutschland sehr unfreundlich sind. Es gibt bestimmte Situationen, wie beispielsweise im Kaufhaus, in denen die Angestellten dem Käufer das Gefühl vermitteln, lästig zu sein und zu stören, nach dem Motto: „Was wollen Sie denn schon wieder?" Es ist eigentlich auch verkehrt, dass sich der Käufer beim Verkäufer bedankt und nicht anders herum. [ … ] Auch in den Behörden sind die Angestellten oft besonders unfreundlich.

*Foued Dya, Algerien*

**8**

Was mir in Deutschland sofort auffiel, war, dass die Leute nur lächeln und lachen, wenn etwas Bestimmtes passiert, worüber man lachen kann beziehungsweise darf. In den USA ist das ganz anders, da es dort als positiv betrachtet wird, wenn man einfach nur „happy" ist. [ … ]. Es war anfangs sehr hart, aber mit den Jahren habe ich gelernt, wie man seine Mimik kontrollieren kann, um keine Aufmerksamkeit in öffentlichen Bereichen auf sich zu ziehen.

*Albasarí Caro, Kolumbien und USA*

**c** | Überprüfen Sie die Klischees: Welche Erfahrungen haben Sie gemacht? Diskutieren Sie:

- Richten Sie vier Thementische ein.
- Wählen Sie zwei Themen, die Sie interessieren. Überfliegen Sie die Meinungen dazu noch einmal. Machen Sie sich Gedanken, notieren Sie Stichwörter.
- Setzen Sie sich zum entsprechenden Tisch und diskutieren Sie fünf Minuten lang. Gehen Sie dann bitte zum nächsten Tisch.

- Ich finde auch, dass …

- Ich habe eine andere | die gleiche Erfahrung gemacht.

- Ich finde, das trifft nicht auf alle zu. Ich habe oft erlebt, dass …

- Das finde ich zu allgemein. Man kann nicht sagen, dass …

- Früher habe ich auch gedacht, dass … Aber jetzt …

➥ AB 4
➥ IS 18 / 2

## 5  Wirklich?

2 🔘_20  **a** | Lesen Sie die wenig bekannten Tatsachen und hören Sie dann die Dialoge. Wie reagieren die Personen?

> Die meisten Spielfilme werden in Indien gedreht – nämlich rund 900 jährlich. In Hollywood sind es etwa 400.

> Spaghetti kommen ursprünglich aus China, nicht aus Italien.

> Die Deutschen trinken heute mehr Wein als Bier.

> Die größte Pyramide der Welt steht nicht in Ägypten, sondern in der Stadt Cholula 100 km von Mexico City entfernt.

**b** | Hören Sie noch einmal und markieren Sie die Redemittel. Kennen Sie weitere?

Komisch! | Das ist ja interessant! | Das ist mir völlig neu. | Na so was! | Ach so!? | Echt? | Wirklich? | Was!? | Aha! | Das gibt's doch nicht! | Ist das wahr? | Das ist ja unglaublich! | Das habe ich nicht gewusst.

2 🔘_21  **c** | *Ein komisches Land* – hören Sie und sprechen Sie mit. Imitieren Sie die Emotionen. Üben Sie dann mit verteilten Rollen: Jeder übernimmt ein Redemittel. Wer macht es am emotionalsten?

> **Sprechweise: Überraschung ausdrücken**
>
> Die Stimme ist meist höher.
> Die Melodie verändert sich stark.
> Man spricht lauter und schneller.

In diesem Land gibt's nur Sonnenschein.
  Was? Wirklich? Das kann gar nicht sein.
Dort ist das Lachen für alle Pflicht.
  Ist das wahr? Nein, das glaub' ich nicht.
Die Menschen haben Geld wie Heu.
  Na so was! Das ist mir völlig neu.
Der Urlaub dauert ein ganzes Jahr.
  Das gibt's doch gar nicht! Ist das wahr?
Jeder Mensch hat immer Recht.
  Das ist ja unglaublich! Wirklich? Echt?
Und wenn man sich wäscht, wird man nicht nass.
  Ach so? Das gibt's doch gar nicht! Was?
Dieses Land gibt es schon, aber keiner weiß, wo!
  Echt? Unglaublich! Wirklich? Ach so!

➥ AB 5

> Wirklich?
>
> Ist das wahr?
>
> Echt?

## 6  Wählen Sie eine Aufgabe.

- Was interessiert Sie an den Ländern, aus denen Ihre Lernpartner kommen? Notieren Sie Fragen und fragen Sie.

- Schreiben Sie drei Redemittel aus Aufgabe 5 und drei wenig bekannte Tatsachen über Ihr Land auf je einen Zettel. Lesen Sie die Aussagen vor, die anderen reagieren überrascht. Drehen Sie benutzte Kärtchen um.

- Bringen Sie zwei Fotos oder Bilder mit von Dingen, die für Ihr Land typisch sind. Mischen Sie die Bilder in der Gruppe. Raten Sie: Was ist typisch für welches Land?

## 7 Willkommen in der Steinzeit!

**2 _22** **a |** Dr. Serasinghe wundert sich über etwas auf der Station. Was glauben Sie: Was meint sie? Kreuzen Sie bitte an. Hören Sie und überprüfen Sie Ihre Vermutung.

☐ die Medikamente
☐ die elektronische Patientenverwaltung
☐ die Möbel

**b |** Was meint Dr. Serasinghe mit *Willkommen in der Steinzeit*? Hören Sie noch einmal.

**c |** Was finden Sie in Deutschland modern, was finden Sie ganz normal, was finden Sie altmodisch? Diskutieren Sie.

- ▪ Ich finde … in Deutschland modern | altmodisch.
- ▫ Ich auch. | Ich nicht, ich finde … ganz normal, … gibt es in … auch.
- ▪ Ich finde es modern | altmodisch, dass die … in Deutschland …

## 8 Können Sie mir bitte helfen?

**2 _23** **a |** Hören Sie die Situation. Um welches Gerät geht es?

**b |** Hören Sie noch einmal und ergänzen Sie die Sätze mit den Verben.

> zeigen | helfen | antworten | erklären | danken | sehen | gratulieren | verstehen | folgen

Können Sie mir bitte _____?                 _____ Sie mir alles!

_____ Sie mir den Kopierer!                 _____ Sie mir!

Ich _____ ihn, aber ich _____        Ich _____ Ihnen!

ihn nicht.                                          Sie haben alles _____? Ich

Können Sie mir _____?                        _____ Ihnen!

**c |** Markieren Sie in den Sätzen die Akkusativ- und die Dativergänzung in zwei Farben.

➥ AB 6

## 9 Wie funktioniert der Kopierer?

**a |** Ergänzen Sie den Wortschatz rund um den Kopierer.

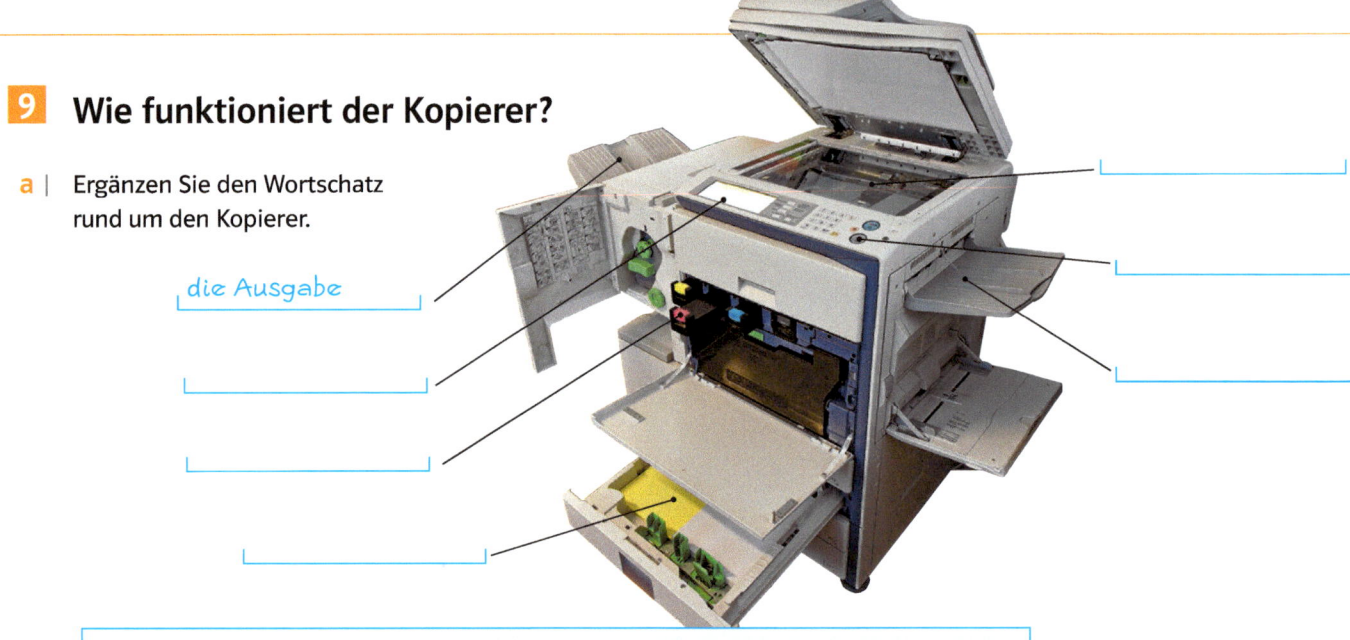

die Ausgabe

das Display | die Glasplatte | das Papierfach | der Einzug | ~~die Ausgabe~~ | die Tonerkartusche | die Taste zum Ein- und Ausschalten

**b |** Lesen Sie die Sätze aus der Gebrauchsanleitung. Was ist die Lösung für das Problem? Verbinden Sie bitte.

### Die häufigsten Probleme auf einen Blick

| | |
|---|---|
| 1. Der Kopierer ist aus. | Füllen Sie Papier in das Papierfach. |
| 2. Der Kopierer kopiert nicht. | Schalten Sie den Kopierer ein und geben Sie die PIN ein. |
| 3. Es gibt einen Papierstau. | Aktivieren Sie auf dem Display die Scanner-Funktion. |
| 4. Die Kopien sind zu blass. | Reinigen Sie die Glasplatte. |
| 5. Die Kopien sind verschmiert. | Legen Sie eine neue Tonerkartusche ein. |
| 6. Der Scanner funktioniert nicht. | Überprüfen Sie Papierfach und -einzug. |

➥ AB 7

## 10 Wissen Sie, wie das geht?

Lesen Sie und variieren Sie die Dialoge.

- Ich weiß nicht, wie man den Kopierer einschaltet.
- Ich glaube, Sie müssen diese Taste drücken.

- Wissen Sie, warum der Kopierer nicht funktioniert?
- Vielleicht muss man nur Papier in das Papierfach füllen.

- Ich verstehe nicht, warum die Kopien so … sind.
- Sie müssen …

➥ AB 8

### Indirekte Frage: Nebensatz mit Fragewort

**Warum** funktioniert der Kopierer nicht?
Ich weiß nicht, **warum** der Kopierer nicht **funktioniert**.

**Wo** schaltet man den Kopierer ein?
Können Sie mir zeigen, **wo** man den Kopierer **einschaltet**?

**Wie** kann man mit dem Kopierer scannen?
Wissen Sie, **wie** man mit dem Kopierer scannen **kann**?

## 11 Wie war das gleich?

**2** _24 **a** | Hören Sie. In welchem Dialog weiß der Mann am Ende, wie der Kopierer funktioniert? Warum?

**b** | Welche Redemittel verwendet der Mann, damit er der Erklärung folgen kann? Hören Sie den zweiten Dialog noch einmal und kreuzen Sie bitte an.

☐ Entschuldigung, ich verstehe nicht so gut Deutsch.

☐ Bitte noch mal und bitte langsam.

☐ Wie war das gleich?

☐ Was bedeuten die Symbole?

☐ So?

☐ Kann ich das ausprobieren?

☐ Ah ja, was heißt das?

☐ Das probiere ich später aus.

☐ Können Sie das wiederholen?

☐ Kann ich Sie noch mal fragen, wenn es nicht klappt?

☐ Und was muss ich noch wissen?

☐ Habe ich Sie richtig verstanden, dass …?

**c** | Kennen Sie weitere Redemittel, mit denen man das Verstehen sichern kann? Sammeln Sie bitte.

*Können Sie mir das zeigen?*

**d** | Sehen Sie das Gerät zuerst an und lesen Sie die Gebrauchsanleitung. Lesen Sie die Anleitung dann vor. Betonen Sie jedes wichtige Wort. Ihre Lernpartnerin / Ihr Lernpartner fragt nach, bittet um Wiederholung oder fasst zusammen.

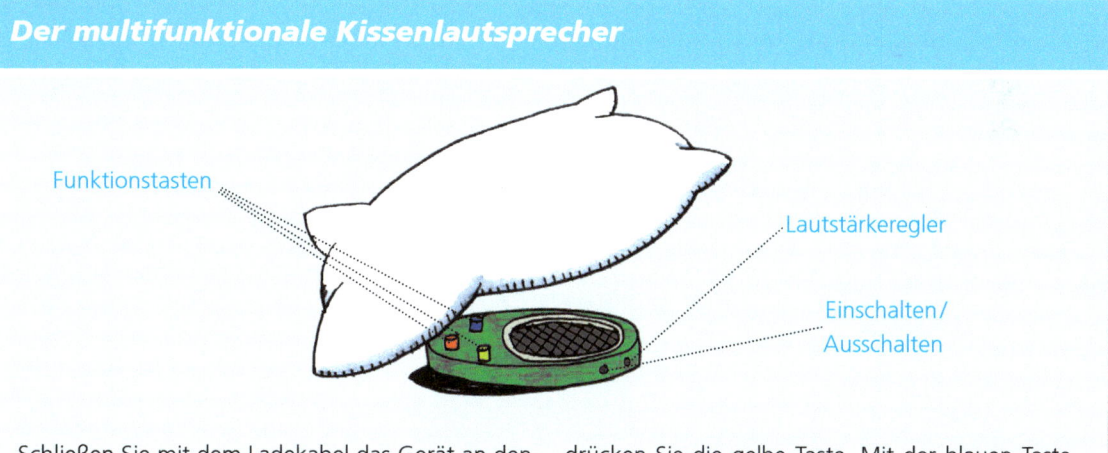

**Der multifunktionale Kissenlautsprecher**

Funktionstasten

Lautstärkeregler

Einschalten / Ausschalten

Schließen Sie mit dem Ladekabel das Gerät an den Computer an und laden Sie es auf. Schalten Sie es mit dem Knopf an der rechten Seite ein. Stellen Sie an der linken Seite die gewünschte Funktion ein: Wenn Sie eine Gutenachtgeschichte hören möchten, drücken Sie die rote Taste. Für Entspannungsmusik drücken Sie die gelbe Taste. Mit der blauen Taste können Sie deutsche Vokabeln hören. Stellen Sie die Lautstärke ein und legen Sie das Gerät unter Ihr Kopfkissen. Nun können Sie sich vor dem Einschlafen entspannen oder im Schlaf Vokabeln lernen. Das Gerät schaltet nach einer Stunde automatisch aus.

**e** | Was glauben Sie: Gibt es dieses Gerät?

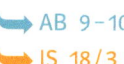 AB 9 – 10

➡ IS 18 / 3

## 12 Anruf bei der Hotline

2 ⊙_25 **a** | Hören Sie bitte das Telefongespräch. Was ist der Grund für den Anruf?

**b** | Hören Sie noch einmal und nummerieren Sie die Anweisungen.

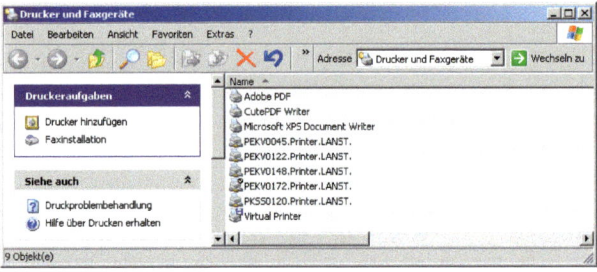

☐ Markieren Sie und löschen Sie diesen Drucker.

☐ Gehen Sie mit der Maus links unten auf „Start / Einstellungen / Systemsteuerung".

☐ Öffnen Sie mit einem Doppelklick „Drucker- und Faxgeräte".

☐ Klicken Sie links auf „Drucker hinzufügen".

☐ Installieren Sie den richtigen Drucker.

**c** | Wie reagiert der Techniker auf den Dank am Schluss des Gesprächs?

☐ Keine Sache.    ☐ Keine Ursache.    ☐ Deine Sache.

## 13 Probleme am Computer?

**a** | Welche Probleme haben Sie, wenn Sie am Computer arbeiten?
Lesen Sie, wählen Sie aus und ergänzen Sie bitte.

> Ich bin am Computer nicht so fit. Ich weiß zum Beispiel nicht, wo man Dateien speichert und wie man sie wieder findet.

> Ich verstehe viele Wörter nicht, zum Beispiel „Ansicht" und „Einfügen".

> Ich habe Probleme mit der deutschen Tastatur, weil ich viele Buchstaben nicht finde.

> Ich weiß nicht, wie man Tabellen einfügt.

- Ich weiß auch nicht, wo …
- Ich habe Probleme mit …

**b** | Setzen Sie sich an den Computer. Suchen Sie Experten im Kurs, die Ihre Fragen beantworten können und Ihnen am Computer Lösungen zeigen.

- Zeigen Sie / Zeig mir bitte, wo …
- Können Sie / Kannst du mir erklären, wie …?

➥ AB 11

**14 Wetter online**

 a | Haben Sie schon einen Winter in Deutschland erlebt?
Wie war er? Sammeln Sie Wörter.

```
                  Winter
```

b | Lesen Sie die Wettervorhersage im Internet. Vergleichen Sie mit Ihren Notizen und ergänzen Sie sie.

Aktuelles Wetter / Deutschland / Sonntag, 31.01.

## Schneesturm über Deutschland

**Am Wochenende erreicht das sehr kalte Wetter in Deutschland einen Höhepunkt. Zu den tiefen Temperaturen kommen in ganz Deutschland starke Schneefälle und kräftiger Wind.**

Am **Samstag** fällt vielerorts Schnee. Besonders in der Mitte und im Süden kann es auch länger anhaltend schneien. Von der Oder bis nach Südostbayern ist es anfangs noch sonnig, später bewölkt mit vereinzelten Schneeschauern. Im Nordwesten lockern sich die Wolken im Tagesverlauf zeitweise

auf, von der Nordsee her ziehen jedoch einige Schneeregen- und Schneeschauer auf. Örtlich gibt es auch Gewitter mit Blitz und Donner. Während im Nordwesten die Temperaturen um 0 bis 5 Grad liegen, setzt sich im Südosten der Dauerfrost bei Höchstwerten von minus 3 bis minus 6 Grad fort.

Am **Sonntag** bleibt es kühl und feucht: Es ziehen von Westen her starke Schneefälle auf. Vor allem in den mittleren und östlichen Landesteilen ist mit 25–50 cm Neuschnee zu rechnen. Zudem weht starker Wind aus Nordwest, so dass Schneestürme möglich sind. Die Höchstwerte liegen zwischen minus 5 und 0 Grad.

Da der Schnee aufgrund der tiefen Temperaturen liegen bleibt, ist sowohl im Straßen- als auch im Flug- und Bahnverkehr mit deutlichen Verspätungen oder Sperrungen zu rechnen. In weiten Teilen des Bundesgebietes kann es auf den Autobahnen wegen Nebel und Glatteis zu Behinderungen kommen. Ebenso besteht ein Risiko für die Stromversorgung durch Schnee und Sturm.

c | Jemand fragt Sie nach dem Wetter am Wochenende. Fassen Sie die Vorhersage mit Ihrer Lernpartnerin / Ihrem Lernpartner kurz zusammen.

▪ Am … wird es … Es gibt … Man muss mit … rechnen.

d | Welche Jahreszeit ist jetzt gerade? Wie finden Sie das Wetter für diese Jahreszeit? Ist es Ihnen zu heiß / kalt, nicht warm / kalt genug oder zu regnerisch? Tauschen Sie sich darüber aus.

➥ AB 12 – 13

**15** **Daran musste ich mich gewöhnen.**

a | Was war neu für die Personen? Lesen Sie und fassen Sie in einem Satz zusammen.

Bei meiner Ankunft im April war es sehr kalt und ich habe immer gefroren. Deshalb habe ich mir viele warme Sachen gekauft. Danach wurde es plötzlich ganz warm. Inzwischen habe ich mich an den wechselhaften Frühling gewöhnt: April, April, der macht, was er will.
Noam Cohen aus Israel

Bei uns ist es im Winter eiskalt, -40 Grad sind normal. Der Winter in Deutschland ist mild und es gibt trotzdem Schnee, deshalb finde ich ihn wunderbar. Bei den Traumtemperaturen und Sonne möchte ich gerne einmal das Schifahren ausprobieren.
Tatiana Mironova aus Sibirien

Am besten gefällt mir, wenn im Herbst die Blätter auf den Bäumen bunt werden. Dann mache ich lange Spaziergänge. In meiner Heimat ist das Klima nämlich fast überall tropisch. Es gibt keine Jahreszeiten, deshalb bleiben die Bäume immer grün.
Jenny Than aus Malaysia

b | Wo finden Sie Begründungen in den Texten?
Suchen Sie und markieren Sie bitte.

c | Was passt zusammen? Verbinden Sie die Sätze mit *deshalb*.

1. Im Winter wird es sehr früh dunkel. ○
2. Im Sommer scheint die Sonne mittags sehr stark. ○
3. Im September ist es morgens schon oft kalt draußen. ○
4. Im Frühjahr regnet es viel. ○
5. Die Straßen sind im Januar und Februar oft glatt. ○

○ Kleine Kinder sollten nicht draußen spielen.
○ Du solltest dich warm anziehen.
○ Wir lassen das Auto meistens stehen.
○ Man sollte einen Regenschirm dabei haben.
○ Ich habe oft schlechte Laune.

> **Etwas begründen: *deshalb***
>
> Es ist Herbst. **Deshalb** sind die Blätter bunt.
> Es hat geregnet, **deshalb** ist alles nass.

d | Was ist für Sie am deutschen Wetter überraschend, fremd, neu, schön, …? Berichten Sie.

- Ich finde es sehr schön, wenn im Frühling …

- Mir fehlt …, deshalb …

➡ AB 14–15

## 16 Du solltest dich warm anziehen.

a | Ihr Bekannter aus Afrika kommt im März für einen Sprachkurs nach Deutschland.
Welche Tipps haben Sie für ihn? Machen Sie zuerst eine Liste mit Stichwörtern.
Schreiben Sie dann eine E-Mail.

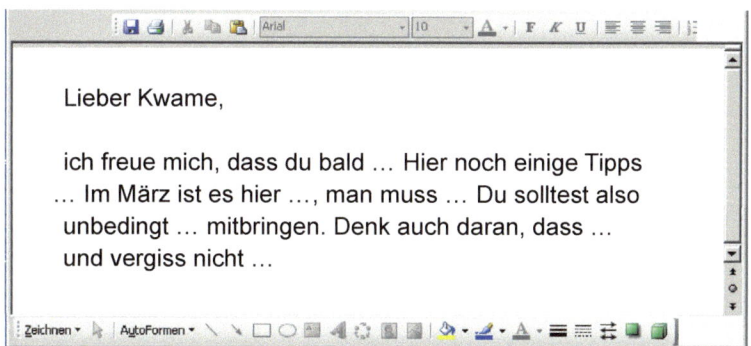

Lieber Kwame,

ich freue mich, dass du bald … Hier noch einige Tipps
… Im März ist es hier …, man muss … Du solltest also
unbedingt … mitbringen. Denk auch daran, dass …
und vergiss nicht …

b | Und wie ist es in Ihrem Land? Was sollte man beachten, wenn man
im März oder in einem anderen Monat dorthin fährt? Erzählen Sie.

➥ IS 18 / 4

## 17 Ganz gemütlich

a | Sehen Sie das Bild an. Was glauben Sie:
Worüber sprechen Lisa und Lukas?

über
- [ ] das Baby
- [ ] den verlorenen Koffer
- [ ] die neue Chefin
- [ ] Urlaub
- [ ] das Wetter
- [ ] Weihnachten
- [ ] _____

2 🔘 _26 b | Hören Sie und vergleichen Sie mit Ihren Vermutungen.

c | Ein typisch deutsches Wort: Was bedeutet *gemütlich*?
Suchen Sie im Wörterbuch oder im Internet nach einer Definition.
Können Sie *gemütlich*, *Gemütlichkeit* in Ihre Sprache übersetzen?

d | Fragen Sie drei Deutsche, was für sie gemütlich ist.
Notieren Sie die Antworten und vergleichen Sie.

## Fundbüros in Ihrer Stadt

a | Wo ist an Ihrem Wohnort ein Fundbüro? Gibt es mehrere? Wie sind die Öffnungszeiten?
Recherchieren und notieren Sie.

b | In Fundbüros gibt es Versteigerungen von Dingen, die niemand abgeholt hat.
Wenn jemand etwas abholt, bekommt der Finder einen Finderlohn. Sehen Sie die Fotos an.
Welchen Gegenstand möchten Sie gern ersteigern? Was glauben Sie, was ist drin?

## Klima weltweit

- Wie ist das Klima in Ihrem Land? Tropisch, kontinental, mediterran …? Was ist typisch?
  Schreiben Sie einen Text, mischen Sie die Texte, lesen Sie sie vor und erraten Sie die Länder.

- Welche Bedeutung haben für Sie Regen, Sonne, Sommer, Winter, … ?
  Machen Sie eine Kursliste und vergleichen Sie.

| Regen | Überschwemmung, genug zu essen, graue Tage im November, … |
|-------|------------------------------------------------------------|
| Sommer | schrecklich: 45 Grad im Schatten, Strand, … |
| | |
| | |

## So sehen sich die Deutschen

a | Lesen Sie die Umfrageergebnisse. Was finden Sie auch typisch deutsch? Markieren Sie und tauschen Sie sich im Kurs aus.

**Deutsch ist:**

Die Wohnung schön einrichten. Viele rote Häuserdächer aus der Vogelperspektive. Kaltes Abendessen. Klagen und Jammern. Unzählige Regeln und Gesetze im Alltag. Fußgänger, die auch nachts allein auf der Straße an der roten Ampel stehen bleiben. Große regionalsprachliche Vielfalt, bei der sich selbst die Deutschen nicht immer verstehen. Heimatverbundenheit UND Reisefreudigkeit. 1000 Sorten Brot und Brötchen. Rasenmähen, Laubsaugen und ähnliche laute Gartenbeschäftigungen. Funktionale Kleidung. Am Sonntag wandern. Autos, die anhalten, wenn ein Fußgänger über die Straße gehen will. Kaffee und Kuchen am Nachmittag. Schrebergärten. Gardinen. Großes Frühstück. Sandalen und dicke Socken. Rucksäcke. Obstkuchen zu jeder Jahreszeit. Kochwurst. Um 20 Uhr zu kommen, wenn man für 20 Uhr verabredet ist. Auf die Frage „Wie geht's?" ehrlich zu antworten. Direktheit bis zur Grobheit. Beim Tanzen mehr hüpfen und stampfen, als sich in den Hüften wiegen. Grillen. Ein sauberes Auto fahren. Mürrisch in die Welt gucken. Die Currywurst. Wälder. Schnell fahren. Gerechtigkeitssinn. Geld sparen. Getrennt zahlen. Hohe Qualität. Lieblingskleiderfarbe: grau, braun und blau. Problemorientiert und kritisch sein.

b | Schreiben Sie einen Text über Deutschland oder über Ihr Herkunftsland. Tragen Sie ihn vor.

## Fotowettbewerb: Typisch deutsch

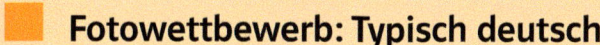

Fotografieren Sie Dinge, die Sie typisch deutsch finden, oder suchen Sie im Internet Bilder von typisch deutschen Dingen. Stimmen Sie im Kurs über die besten Bilder ab und vergeben Sie Platz 1 bis 3. Hängen Sie die Bilder im Kursraum auf.

# 19 Füreinander da sein

## 1 Familie ist . . .

**a** | Sehen Sie die Bilder an und ordnen Sie die Bezeichnungen zu.

> die „klassische" Familie | die Großfamilie | die Patchworkfamilie | das kinderlose Paar |
> der / die Alleinerziehende | die gleichgeschlechtliche Lebenspartnerschaft

**b** | Lesen Sie die Meinungen. Welche gefällt Ihnen am besten?

„Familie, das ist für mich mein Lebenspartner. Wir leben seit 15 Jahren zusammen und möchten zusammen alt werden."

„Familie bedeutet viel Arbeit! Aber die ist es auch wert, wenn man dann all die schönen Momente erleben kann."

„Familie? Das sind Menschen, die ich liebe und die mich lieben. Das müssen aber nicht die Eltern und Verwandte sein. Meine Freunde sind für mich die wichtigsten Menschen."

„Familie nervt. Man klebt aneinander, hat kaum Freiräume und geht sich auf die Nerven."

„Die Familie ist mein Nest: Sie gibt mir Schutz, Geborgenheit und Wärme. Auf die Familie kann man sich immer verlassen."

„Die Familie kann man nicht umtauschen. Die ist einfach da. Das kann schön sein, aber auch schrecklich."

„Als Jugendlicher wollte ich nur weg von der Familie, möglichst weit! Inzwischen sehe ich das entspannter und komme ganz gerne wieder zurück."

„Für mich gehören nicht nur Eltern und Kinder zur Familie, sondern auch die Großeltern. Meine Eltern haben uns immer unterstützt. Wenn sie mal alt sind, möchte ich mich auch um sie kümmern."

c | Was ist für Sie Familie? Gestalten Sie das leere Feld.

➡ AB 1–2
➡ IS 19/1

**Kommunikative Lernziele:**

- über Lebensmodelle sprechen
- einen literarischen Text lesen
- Familienfeste beschreiben
- ein Kochrezept verstehen und wiedergeben
- Anweisungen geben
- einen Notfall schildern
- eine Statistik erfassen
- Arbeitszeitregelungen verstehen
- sich einigen

**Zusatzmaterial:** Kochrezept (Aufgabe 8)

**Wortschatz und Strukturen:**

- Familienmodelle und Beziehungen
- Wörter rund um Kochrezepte
- Pronomen *einander*
- Interjektionen: *Oh! Au! Nanu? …*
- Indefinitpronomen: *einer, keiner, welche*
- Indefinitartikel: *viele, einige, …*
- indirekte Frage: Nebensatz mit *ob*
- verkürzter Nebensatz mit W-Wort
- steigende Melodie in Fragen
- emotionale Sprechweise und Interjektionen

Illa ist bei Birgit gewesen. Nicht nur zum Spielen, sondern richtig auf Besuch. Birgit hat nämlich eine neue kleine Schwester. Sie ist erst eine Woche alt. Gestern ist Birgits Mutter aus dem Krankenhaus gekommen.

Mama hat Illa extra vorher gewaschen und ihr eine saubere Jeans und einen frischen Pulli hingelegt.

„Alles um so ein kleines Kind muss ganz sauber sein", hat Mama gesagt. „Auch der Besuch."

Die kleine Schwester heißt Sara und hat nur geschlafen. Die ganze Zeit.

Trotzdem weiß Illa, dass Sara blaue Augen hat. Weil alle neugeborenen Kinder blaue Augen haben, hat Mama gesagt. Wenigstens fast alle.

Jetzt ist Illa wieder zu Hause. Sie hilft Mama beim Tischdecken. „Was willst du auf dein Brot?" fragt Mama. „Honig oder Käse?"

„Käse", sagt Illa. „Pass auf, der Kakao kocht gleich über."

Mama nimmt den Topf vom Herd und gießt Illas Becher voll.

Endlich sitzen sie am Tisch. Endlich hat Illa nicht mehr so viel Hunger. Und endlich kann sie anfangen, Mama zu sagen, was sie ihr sagen will.

„Viele Leute haben zwei Kinder, sagt Illa. „Manche Leute haben auch drei."

Mama nickt. „Stimmt."

Illa schiebt sich den letzten Bissen Käsebrot in den Mund. „Manche Leute haben sogar vier Kinder. Die Anne aus meiner Klasse zum Beispiel. Die hat drei Brüder. Das würde ich aber nicht wollen."

„Na siehst du", sagt Mama.

„Nein", sagt Illa und kippt noch ein Löffelchen Zucker in ihren Kakao. „Ich bin bescheiden. Ich will ja nur eine Schwester. Eine süße, kleine Schwester. So wie Sara. Das müsste sich doch machen lassen."

„Nein", sagt Mama und stellt die Zuckerdose zurück in den Schrank. „Zu viel Zucker ist ungesund, das habe ich dir doch schon oft gesagt."

„Du lenkst ab", sagt Illa. „Ich wünsche mir eine kleine Schwester. So wie Sara."

## 2   Eine Geschichte

a | Lesen Sie die Geschichte. Wie könnte sie heißen? Machen Sie Vorschläge für einen passenden Titel.

b | Was erfahren Sie über Illas Familie?
Lesen Sie die entsprechenden Abschnitte noch
einmal und zeichnen Sie ein Schema.

Illa

c | Fassen Sie zusammen: Was möchte Illa? Warum kann die Mutter Illas Wunsch nicht erfüllen?
Welche Lösung sieht Illa?

d | Wie sieht wohl Illas Familie in fünf Jahren aus? Sammeln Sie Ideen und ergänzen Sie Ihr Schema.

➥ AB 3–5

30 „Und wer soll auf die kleine Schwester aufpassen, wenn ich im Büro bin? Birgits Mutter ist zu Hause, da ist das kein Problem."

Der Kakao ist wirklich zu süß, er schmeckt Illa nicht mehr. Sie stellt die Tasse wieder hin. „Ich natürlich", sagt sie.

„Und wenn du in der Schule bist?"

35 Illa überlegt erst einen Moment, bevor sie antwortet: „Dann geht sie eben in den Kindergarten. So wie ich früher."

„Der Kindergarten ist erst ab drei, Tochter. Außerdem, wer soll denn der Vater von deiner Schwester sein?"

Das ist eine dumme Frage. „Papa natürlich", sagt Illa.

40 Mama lacht. „Papa ist jetzt mit Christiane verheiratet. Die wäre bestimmt nicht damit einverstanden. Und noch etwas: Kinder kosten einen Haufen Geld. Wenn ich jeden Tag Pampers kaufen muss, fällt alles mögliche andere flach. Zum Beispiel Rollschuhe und das Fahrrad."

„Aber Birgit hat auch Rollschuhe und ein Fahrrad."

45 „Dann verdient Birgits Vater eben mehr als ich", sagt Mama. „Und jetzt ab mit dir, ins Bett. Ich will auch noch ein bisschen Ruhe haben."

Im Bett denkt Illa noch lange über das Problem Schwester nach. Sehr lange.

Sie zieht extra den Vorhang zurück, damit der Mond ins Zimmer scheinen 50 kann. Mondlicht beim Nachdenken ist schön. Alles sieht ganz weich und ein bisschen verschwommen aus. Bei Mondlicht hat Illa immer die besten Ideen.

Und dann fällt es ihr ein. Christiane. Am Samstag, wenn sie bei Papa ist, wird sie mit Christiane reden. Sie soll eine kleine Schwester für Illa bekom-55 men. Das müsste sich doch machen lassen.

Die Idee ist wirklich prima. Illa bekommt eine Schwester und weiterhin Rollschuhe und Fahrräder und sonst noch alles, was sie braucht. Denn die Pampers müssen natürlich Papa und Christiane bezahlen.

aus: Miriam Pressler: Geschwistergeschichten

**3** **Wählen Sie eine Aufgabe.**

- Stellen Sie sich vor, es ist Samstag und Illa ist bei ihrem Vater und Christiane. Was passiert? Schreiben Sie die Geschichte weiter.

- Lesen Sie die Szene am Küchentisch noch einmal genau. Was sagt die Mutter? Was sagt Illa? Spielen Sie das Gespräch.
- Übernehmen Sie die Rolle der allein erziehenden Mutter. Wie ist Ihre Situation? Welche Wünsche, welche Sorgen haben Sie? Ihre Lernpartnerin / Ihr Lernpartner interviewt Sie.

- Kennen Sie Patchworkfamilien? Wie ist das Familienleben dort organisiert? Was ist anders? Diskutieren Sie.

**4** **Familienfeste international**

a | Welche Familienfeste kennen Sie? Wann feiert man sie? Tauschen Sie Informationen aus.

der Geburtstag | der Namenstag | die Taufe | die Hochzeit | die Konfirmation | die Erst-
kommunion | Weihnachten | das muslimische Opferfest | das Neujahrsfest | die Chanukka | …

- Wenn ein Kind auf die Welt kommt, …
- Ich glaube, … ist ein religiöses Fest. Man feiert es …

b | Zu welchen Anlässen feiern Sie Familienfeste? Wer kommt? Wie feiern Sie? Erzählen Sie bitte.

**5** **Weihnachten – ein Fest der Familie?**

a | Was fällt Ihnen zu Weihnachten ein? Sammeln Sie.

*Einkaufsstress*

Weihnachten

*gutes Essen*

2 ⊙_27   b | Wer feiert Weihnachten, wer nicht? Hören Sie zweimal und machen Sie Notizen.

| Name | ja / nein | Warum? Wie? |
|---|---|---|
| 1. Anton Bartels | | *arbeitsfrei, Geschenke, …* |
| 2. Luisa Silva | | |
| 3. Petra Stein | | |
| 4. Veronika Bleibtreu | | |
| 5. Mohammed Ali Awaz | | |

c | Ergänzen Sie bitte die richtige Form von *einander*. Hören Sie dann zur Kontrolle.

> **Pronomen *einander***
>
> Ich feiere mit meiner Familie.
> Meine Familie feiert mit mir.
> Wir feiern **miteinander**.
> Unsere Kinder lernen von uns.
> Wir lernen von unseren Kindern.
> Wir lernen **voneinander**.

füreinander | zueinander | voneinander | miteinander

Man hat endlich Zeit ⌊＿＿＿＿＿＿＿⌋.

Wir beten zusammen, singen und teilen die Weihnachtsfreude ⌊＿＿＿＿＿＿＿⌋.

Alle müssen immer nett ⌊＿＿＿＿＿＿⌋ sein – egal, was sie sonst ⌊＿＿＿＿＿＿⌋

denken.

Wir haben eine große Familie, aber leider wohnen alle weit ⌊＿＿＿＿＿＿＿⌋ entfernt.

d | Ist Weihnachten für Sie / in Ihrem Land wichtig? Wie verbringen Sie diese Zeit? Erzählen Sie.   ➥ AB 6–7

## 6 Autsch, ich seh nix!

**a |** Sehen Sie das Bild an und spekulieren Sie:
Wer ist auf dem Bild? Wo sind die Personen?
Was ist passiert?

Autsch!

Oh je!

Igitt!

Nanu?

Huch!

2 _28 **b |** Hören Sie und überprüfen Sie Ihre Vermutungen.

Was haben sie gemacht?
- [ ] Weihnachten gefeiert
- [ ] zusammen gespült und aufgeräumt
- [ ] Plätzchen gebacken

Was ist passiert?
- [ ] Die Sicherung ist rausgesprungen.
- [ ] Der Strom ist ausgefallen.
- [ ] Alle Glühbirnen sind kaputt gegangen.

**c |** Wer macht was an Weihnachten? Hören Sie noch einmal und erzählen Sie.

**d |** Was denken Sie: Was machen die drei jetzt?

→ AB 8

## 7 Oh, wie schön!? – Wir packen die Geschenke aus.

2 _29 **a |** Hören Sie. Zwei Gefühlswörter passen nicht. Welche sind das?

Das ist ja ein Traumkleid! *Oh je!*
Eine Krawatte … Also das Muster ist ja schrecklich. *Igitt!*
Komisch! In meinem Päckchen ist ja überhaupt nichts drin. *Nanu?*
Ach hier … eine CD von Yoko. Aber schade, die habe ich schon. *Oh!*
Was ist denn das hier? So spitz? Und … *Autsch!* Das ist ja ein Messer. *Aua!*

2 _30 **b |** Hören Sie noch einmal und korrigieren Sie.

**c |** Welches Gefühlswort benutzt man in Ihrer Sprache in diesen Situationen?

**d |** Verschenken Sie etwas. Die anderen reagieren mit *Oh! Oh je! Iiii! Igitt! Nanu?*

→ IS 19/2

> **Gefühle ausdrücken mit Interjektionen**
>
> etwas bedauern
> Oh je!
>
> Schmerzen ausdrücken
> Aua! Autsch!
>
> sich wundern
> Oh! Nanu? Huch!
>
> etwas schlecht/eklig finden
> Igitt! Iiii!

## 8 Zimtsterne

a | Lesen Sie das Rezept.
Markieren Sie die Zutaten im Text.
Verstehen Sie alle Abkürzungen?

### Zimtsterne

Zutaten:

3 Eier, davon das Eiweiß
250 g Puderzucker
250 g geriebene Mandeln
2 TL Zimt
100 g Zucker

Zubereitung:

Eiweiß zu Schnee schlagen. Den Puderzucker vorsichtig unter den Eischnee rühren. Zwei gehäufte EL der Masse zum Dekorieren wegnehmen. Mandeln mit Zimt mischen und unter den Eischnee heben. Auf die Arbeitsfläche Zucker streuen und auf dem Zucker den Teig etwa 0,5 cm dick ausrollen. Sterne ausstechen und auf das Backblech setzen, mit Eischnee bestreichen. Bei etwa 150° C die Sterne mehr trocknen als backen, bis sie leicht Farbe annehmen. Auf dem Blech abkühlen lassen.

b | Welche Arbeitsschritte passen zu den Bildern? Suchen Sie im Text und notieren Sie.

c | Tauschen Sie Rezepte aus:

- Machen Sie zuerst eine Zutatenliste.
- Notieren Sie dann die einzelnen Arbeitsschritte.
- Erklären Sie Ihrer Lernpartnerin / Ihrem Lernpartner das Rezept.

**Anweisungen geben**

Zucker auf die Arbeitsfläche streuen.
Streuen Sie Zucker auf die Arbeitsfläche.
Sie müssen Zucker auf die Arbeitsfläche streuen.

Schlagen Sie / Schlag zuerst das Eiweiß zu Schnee.

Zuerst müssen Sie / musst du das Eiweiß zu Schnee schlagen.

➥ AB 9

**9**  **Wen rufen wir jetzt an?**

das Feuerzeug

a |  Was denken Sie: Was hilft Jan, Kerstin und Markus in der Situation?

die Taschenlampe

die Kerze

das Handy

die Streichhölzer

das Telefon

der Computer

das Telefonbuch

2 _31  b |  Hören Sie und überprüfen Sie Ihre Vermutungen.

c |  Hören Sie noch einmal. Wer telefoniert mit wem? Warum?

**10**  **Ich finde keine!**

a |  Ergänzen Sie bitte die Dialoge mit den Nomen in Aufgabe 9. Achten Sie auf die Pronomen.

▪ Kannst du bitte └_____┘ holen? Ich möchte den Tisch schön decken.
▫ Hier ist nur noch eine! Aber vielleicht sind in der Kommode noch welche.

▪ Gibst du mir mal ein └_____┘?
▫ Tut mir leid, aber ich habe keins. Ich benutze das Internet.

▪ Wo hast du denn └_____┘?
▫ Ich fürchte, ich habe keine. Aber vielleicht ein Feuerzeug.

▪ Ich brauche dringend ein └_____┘. Ich muss meine
Mutter anrufen.
▫ Hier liegt eins. Ich glaube, es gehört Peter.

▪ Ich finde keine └_____┘.
▫ Unten im Keller muss eine sein.

→ AB 10–11

> **Indefinitpronomen**
>
> Ich brauche einen Schraubenzieher.
> Hier ist **einer**.                          (m)
> Wo ist eine Taschenlampe?
> Im Keller muss **eine** sein.                (f)
> Hast du dein Handy dabei?
> Nein, ich habe **keins** mit.                (n)
> Hast du Kerzen gekauft?
> Nein, wir haben doch noch **welche**.        (Pl.)

 b |  Vergleichen Sie Ihre Lösungen. Markieren Sie Nomen und Pronomen, die zusammengehören.

2 _32  c |  Hören Sie und sprechen Sie im Rhythmus mit. Achten Sie auf die Betonung und die Melodie.

d |  Spielen Sie den Dialog. Variieren Sie auch.

> Du, → ich brauche ein Han↘dy.

> Hast du eins? ↗

▪ Du, ich brauche ein Handy. Hast du eins?
▪ Du, ich habe kein Geld mehr. Hast du welches?
▪ Du, ich brauche einen Regenschirm. Hast du einen?
▪ Du, ich habe kein Auto. Hast du eins?

▫ Ja. Hier, bitte! Nimm!
▫ Klar. Ist nicht schlimm.
▫ Klar doch, jederzeit!
▫ Also hör mal … Das geht jetzt zu weit!

## 11 So eine Aufregung!

**a |** Sehen Sie das Foto an. Was denken Sie: Was ist passiert? Sammeln Sie Ideen.

**2** 🔘_33 **b |** Hören Sie, was wirklich passiert ist. Wie wollen die Leute das Problem lösen?

**c |** Welche Fragen hören Sie? Sammeln Sie bitte.

**d |** Alle reden durcheinander: die Frau, das Kind, der Mann, die ältere Dame. Wer sagt was? Ergänzen Sie bitte die Sätze.

| | |
|---|---|
| └─────────────┘ | fragt, ob die Katze wieder runterklettern kann. |
| └─────────────┘ | wundert sich, wie die Katze auf den Baum gekommen ist. |
| └─────────────┘ | vermutet, dass sie vom Balkon auf den Baum gesprungen ist. |
| └─────────────┘ | fragt, ob die Katze Frau Gerhard gehört. |
| └─────────────┘ | schlägt vor, dass sie zum Hausmeister gehen. |
| └─────────────┘ | fragt, ob sie schon bei den neuen Nachbarn geklingelt haben. |
| └─────────────┘ | will wissen, ob die Nachbarn schon eingezogen sind. |
| └─────────────┘ | sagt, dass sie die Feuerwehr rufen müssen. |

**e |** Welche Fragen gibt man mit *ob* wieder?

➥ AB 12

---

**Indirekte Frage: Nebensatz mit *ob***

„Haben die Hausbewohner schon die Feuerwehr gerufen?"

Er fragt, **ob** die Hausbewohner schon die Feuerwehr **gerufen haben**.

## 12 Beruhigen Sie sich!

**a** | Lesen Sie den Anfang einer Geschichte und sehen Sie die Fotos an. Beschreiben Sie dann die Situation.

Paula ist neu in der Stadt. Gerade hat sie die letzten Kisten ausgepackt und möchte sich ein wenig ausruhen. Sie geht …

**b** | Paula ist verzweifelt. Welche Gedanken hat sie wohl in der Situation? Verbinden Sie bitte.

Sie möchte jemanden rufen, ○          ○ aber sie weiß nicht, wie.

Sie muss etwas tun, ○          ○ aber sie weiß nicht, wen.

Irgendwo muss es doch eine Feuerleiter geben, ○          ○ aber sie weiß nicht, was.

Sie denkt: Die Tür muss doch aufgehen, ○          ○ aber sie weiß nicht, wo.

2 ⊙_34  **c** | Wie löst Paula das Problem? Hören Sie und kreuzen Sie an.

Sie ruft ☐ die Feuerwehr   ☐ den Schlüsseldienst

☐ die Auskunft   ☐ eine Freundin   an.

> **Verkürzter Nebensatz mit W-Wort**
>
> Ich muss jemanden anrufen.
> Ich weiß nicht, **wie**.
> Ich weiß nicht, **wo**.
> Ich weiß nicht, **wen**.

**d** | Wer sagt was? Tragen Sie die Personen in die Tabelle ein und sortieren Sie die Redemittel. Hören Sie dann zur Kontrolle.

> Was kann ich für Sie tun? | Beruhigen Sie sich. | Entschuldigung, ich fange noch einmal an. | Soll ich Sie gleich verbinden? | Machen Sie sich keine Sorgen. | Ich kann Sie schlecht verstehen. | Verstehe. | Ich brauche eine Nummer. | Das kriegen wir schon hin. | Also …

|  |  |  |
|---|---|---|
|  |  |  |

**e** | Wie schildert Paula den Notfall? Hören Sie noch einmal. Welche Informationen sind wichtig, welche nicht?

➥ AB 13

## 13 Vermischtes

a | Lesen Sie die Kurzartikel. Welche Überschrift passt? Wählen Sie bitte aus.

> Heiligabend im Auto | Panne an der Tankstelle | Notbremse gezogen |
> Geschenk verstopft Abfluss | Schmusetier fährt Straßenbahn

### VERMISCHTES

 **1** Ein Teddybär hat am Weihnachtsabend für Aufsehen gesorgt. Ein kleines Mädchen hatte beim Einsteigen in die Straßenbahn ihr Schmusetier verloren. Als die Tür zuging, schrie das Mädchen wie am Spieß los. Es konnte sich nicht beruhigen. Die Mutter zog schließlich die Notbremse. Sie begründete ihr Vorgehen: „Wir mussten den Teddy suchen. Ohne ihn hätten wir nicht Weihnachten feiern können."

 **2** Gegen zwanzig Uhr wollten Herr und Frau Petersen noch schnell ein paar Kleinigkeiten für das Weihnachtsessen besorgen. Der Supermarkt hatte schon zu, aber die Tankstelle war noch offen. Die Flasche Sekt und das frische Baguette waren also nicht das Problem. Aber sie hatten nur den Autoschlüssel dabei. Der Hausschlüssel lag vermutlich unter dem Weihnachtsbaum. So haben sie schließlich im Auto auf den Heiligen Abend angestoßen.

**3** Kurz vor der Bescherung schloss sich ein Ehemann mit Papier und Schleife im Badezimmer ein. Er musste noch ganz schnell sein Geschenk – eine schöne Armbanduhr – einpacken. Aber das ging gründlich schief. Die schön verpackte Uhr fiel so unglücklich in die Toilette, dass sie weder vorwärts noch rückwärts ging. Die Uhr steckte fest und die einzige Toilette war damit unbrauchbar.

 b | Wählen Sie einen Artikel. Wen können die Personen in der Situation anrufen? Suchen Sie die richtige Telefonnummer und spielen Sie ein Telefongespräch. Nutzen Sie die Redemittel aus Aufgabe 12. Geben Sie alle wichtigen Informationen bzw. fragen Sie nach.

**SCHLÜSSELDIENST**

**Wir öffnen sämtliche Türen, Tore, Tresore, Kfz, Schlösser**

Wir sind in Ihrer Nähe und kommen schnell und zuverlässig. Tag und Nacht sofort!

Telefon: **089 347854** Fax: **089 564451**

**Abschleppdienst – Pannenhilfe – Kfz-Reparaturen**

**MANFRED RÖHLING**

Tulpenstr. 72, 80935 München
Tel: (089) 3 15 27 37
Fax: (089) 35 73 11 75

**Abfluss verstopft?**
Wir kommen sofort!
**Notdienst 24 Stunden**
Abfluss-, Rohr- u. Kanalreinigung
Christian Petersen, Lindwurmstr. 43
80337 München
☎ (089) 76 24 45

Sie haben etwas verloren oder gefunden?
Sie wollen einen Verlust oder Fund melden?

**fundbüro24**

macht Ihnen das Leben einfacher und sicherer –
für Verlust- und Fundmeldungen:
Oetztaler Straße 19, 81373 München
Tel: 089 / 233-96045

➡ AB 14

## 14 Arbeitszeiten

**a |** Können Sie sich vorstellen, auch an Sonn- und Feiertagen zu arbeiten? Machen Sie eine Umfrage.
Sammeln Sie die Ergebnisse im Kurs.

**Arbeiten an Sonn- und Feiertagen**

| | |
|---|---|
| … kommt für mich überhaupt nicht in Frage. | |
| … kann ich gelegentlich machen, aber nicht zu oft. | |
| … kann ich öfter machen, wenn die Bezahlung stimmt. | |
| … mache ich gern regelmäßig, weil ich dann mehr verdiene. | |
| … | |

**b |** Sehen Sie die Statistik an und ergänzen Sie die fehlenden Informationen im Text.

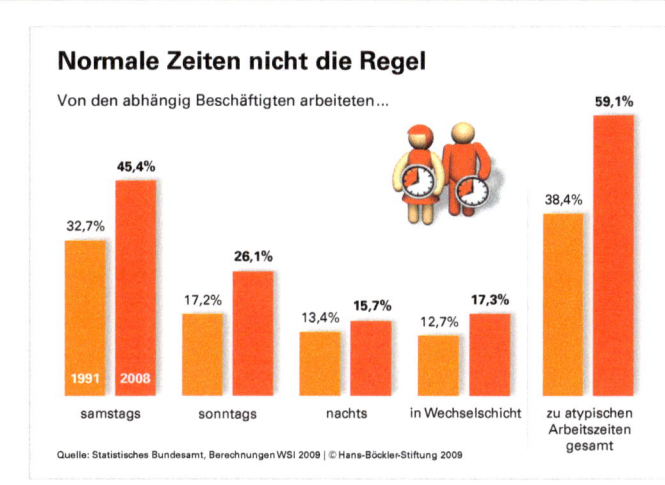

**Normale Zeiten nicht die Regel**

Von den abhängig Beschäftigten arbeiteten…

samstags 1991 32,7% / 2008 45,4%; sonntags 17,2% / 26,1%; nachts 13,4% / 15,7%; in Wechselschicht 12,7% / 17,3%; zu atypischen Arbeitszeiten gesamt 38,4% / 59,1%

Quelle: Statistisches Bundesamt, Berechnungen WSI 2009 | © Hans-Böckler-Stiftung 2009

Heutzutage sind fünf Arbeitstage pro Woche die Regel, doch für viele Menschen fallen die freien Tage nicht automatisch aufs Wochenende. Laut Statistik ist die Zahl der Jobs mit Wochenend- und Nachtarbeit gestiegen. So musste im Jahr 2008 fast jeder Zweite samstags arbeiten (⌐____%). Zum Vergleich: 1991 war es erst jeder Dritte (und zwar ⌐____%). Immer mehr Leute arbeiten zumindest gelegentlich sonntags. Einige Arbeitnehmer müssen das jeden Sonntag machen. Im Jahr 2008 waren es ⌐____%. Auch die Nacht- und Schichtarbeit nimmt weiter zu: Etwa jeder Sechste (⌐____%) arbeitete 2008 in Wechselschicht. Insgesamt ist die Zahl der Arbeitnehmer, die nicht von 9 bis 18 Uhr arbeiten, von ⌐____% im Jahr 1991 auf ⌐____% im Jahr 2008 gestiegen.

**c |** Lesen Sie die Sätze. In welchem Kontext kann man das Nomen weglassen? Streichen Sie durch.

Für viele *Menschen* fallen die freien Tage nicht automatisch aufs Wochenende.
Im Jahr 2008 musste fast jeder *Zweite* samstags arbeiten.
Einige *Arbeitnehmer* müssen jeden *Sonntag* arbeiten.

> **Indefinitartikel und -pronomen**
>
> **Viele** (Leute) arbeiten zu atypischen Arbeitszeiten.
> Fast **jeder** Zweite muss gelegentlich samstags arbeiten. **Einige** (Arbeitnehmer) machen das **jeden** Samstag.
> Ich brauche **etwas** Zeit für die neue Arbeitszeitregelung.

**d |** Was hat Sie an der Statistik überrascht? Wie schätzen Sie die Situation in Ihrem Land ein?  AB 15–16

## 15 Mehr arbeiten – mehr Geld?

a | Überfliegen Sie bitte den Text. Was denken Sie: Woher ist der Text?

(1) Die Arbeitszeit beträgt wöchentlich 35 Stunden ohne die Berücksichtigung der Pausen.

(2) Die Arbeitszeit verteilt sich grundsätzlich auf die Wochentage Montag bis Freitag. Ihre Lage richtet sich nach der betrieblichen Einteilung. Der Arbeitgeber behält sich vor, die Verteilung der Arbeitszeit nach seinem Ermessen näher zu bestimmen und auch nachträglich anders zu regeln.

(3) Der/Die Arbeitnehmer/in verpflichtet sich, im Falle betrieblicher Notwendigkeiten auf Anordnung Überstunden zu leisten. Diese Überstunden werden einem Freizeitkonto gutgeschrieben und im Einvernehmen mit der Geschäftsleitung in Freizeit ausgeglichen. Sollte dies jedoch nicht möglich sein, werden sie entsprechend vergütet.

(4) Der/Die Arbeitnehmer/in verpflichtet sich, bei entsprechendem betrieblichem Bedarf in gesetzlich zulässigem Umfang auch Nacht-, Schicht-, Samstags-, Sonn- und Feiertagsarbeit sowie Arbeitsbereitschaft und Rufbereitschaft zu leisten.

…

(2) Für Zuschläge und Zulagen gelten nachfolgende Regelungen und Definitionen: Mehrarbeitszuschlag 25 % vom tariflichen Entgelt; Nachtarbeitszuschlag 20 % vom tariflichen Entgelt; Zuschlag für Sonntagsarbeit, Arbeit an gesetzlichen Feiertagen 50 % vom tariflichen Entgelt; Zuschlag für Arbeit am 1. Mai, Ostersonntag, 1. Weihnachtsfeiertag, Neujahrstag 100 % vom tariflichen Entgelt.

b | Ergänzen Sie die wichtigsten Informationen aus dem Text.

Der Arbeitnehmer / Die Arbeitnehmerin muss ＿＿＿＿ Stunden pro Woche arbeiten.

Die Arbeitszeit ist von ＿＿＿＿＿ bis ＿＿＿＿＿.

Der Arbeitnehmer / Die Arbeitnehmerin muss ＿＿＿＿＿ leisten, wenn die Firma das

verlangt. Die ＿＿＿＿＿ kann man später in Freizeit umwandeln. In besonderen Fällen

muss der Arbeitnehmer / die Arbeitnehmerin auch ＿＿＿＿＿

leisten. Dafür zahlt der Arbeitgeber ＿＿＿＿＿ und ＿＿＿＿＿.

c | Sind die Aussagen richtig oder falsch? Suchen Sie erst die Schlüsselwörter und lesen Sie die Textstelle dann ganz genau.

|  | richtig | falsch |
|---|---|---|
| 1. Man muss inklusive der Pausen 35 Stunden pro Woche arbeiten. |  |  |
| 2. Der Arbeitgeber kann die reguläre Arbeitszeit ändern. |  |  |
| 3. Für Überstunden kann man kein Geld bekommen. |  |  |
| 4. An Neujahr bekommt man zusätzlich 50 % vom Gehalt. |  |  |

➡ AB 17–18
➡ IS 19/3

## 16 Streichholzziehen

a | Sehen Sie das Bild an und raten Sie:
Worum geht es beim Streichholzziehen?

2 ◐_35   b | Hören Sie. Haben Sie richtig geraten?

c | Was meint Lisa, wenn sie sagt:
*Da ziehe ich bestimmt wieder den Kürzeren.*

## 17 Rollenspiel: sich einigen

a | Sortieren Sie bitte die Satzanfänge.

| | den Standpunkt eröffnen | auf die anderen reagieren | die Diskussion beenden |
|---|---|---|---|
| Ich kann wirklich nur …, weil … | ☐ | ☐ | ☐ |
| Es tut mir wirklich leid, aber dieses Mal … | ☐ | ☐ | ☐ |
| Ich war die letzten Jahre immer …, deshalb … | ☐ | ☐ | ☐ |
| Ich könnte dafür nächstes Mal …. | ☐ | ☐ | ☐ |
| Also gut, machen wir es so. | ☐ | ☐ | ☐ |
| Das verstehe ich, aber können wir nicht …? | ☐ | ☐ | ☐ |
| Einverstanden. | ☐ | ☐ | ☐ |
| Verstehen Sie bitte meine Situation: … | ☐ | ☐ | ☐ |
| Das kann sein, aber ich … | ☐ | ☐ | ☐ |
| Na gut, meinetwegen. | ☐ | ☐ | ☐ |
| Schade, da kann man nichts machen. | ☐ | ☐ | ☐ |
| Vielleicht klappt es nächstes Mal. | ☐ | ☐ | ☐ |

b | Bilden Sie Gruppen und wählen Sie eine Situation. Jeder überlegt sich zuerst seinen persönlichen Hintergrund und sammelt Argumente.

- Am Donnerstag und Freitag findet eine wichtige Messe statt. Es können nicht alle hinfahren. Einigen Sie sich, wer hinfährt.

- Morgen Nachmittag findet das Endspiel der Fußballweltmeisterschaft statt. Sie möchten es alle sehen. Einigen Sie sich, wer sich frei nehmen kann.

- Sie möchten nicht an Weihnachten und Silvester arbeiten. Jemand muss aber Telefondienst machen. Einigen Sie sich, wer den Dienst übernimmt.

c | Spielen Sie die Situation. Wer hat am besten argumentiert?

➜ AB 19 – 20

## Post von Lukas

a | Lesen Sie. Wann hat Lukas die Postkarte geschrieben? Wo ist er gerade?

Καλά Χριστούγεννα

Hallo, meine Lieben,
schade, dass ich gerade jetzt nochmal weg musste. Die richtige Weihnachtsstimmung will hier einfach nicht aufkommen. Kein Wunder! In Athen ist strahlender Sonnenschein und echte Tannenbäume gibt es auch kaum. Die meisten Leute kaufen sich Plastiktannen, die sie jedes Jahr wieder verwenden. Aber es gibt überall leckere Plätzchen zu kaufen, ganz süß, mit Mandeln und Honig. Ich bringe welche mit.
Ich freue mich auf Weihnachten mit euch!
Lukas

Familie Vogel
Elisabethplatz 9
D-87654 Neustadt

b | Wie ist die Vorweihnachtszeit in D-A-CH? Was gefällt Ihnen (nicht)?

## Familiengedicht

Lesen Sie das Gedicht und schreiben Sie dann ein eigenes kurzes Gedicht über Familie.

*Familie*

*Sich einlassen*
*auf ein Lustspiel*
*auf ein Konzert*
*ein Drama*
*eine unendliche*
*Geschichte*

## Projekt: Feste und Bräuche

Welche Feste feiern Sie? Welche Traditionen gibt es? Sammeln Sie und gestalten Sie einen Kurskalender.

- Wählen Sie ein typisches Fest aus Ihrem Land und beschreiben Sie es genau:
  Wann und wo findet das Fest statt? Was feiert man? Wer nimmt teil? Was sind typische Aktivitäten?
  Welche traditionellen Bräuche gibt es?

Osterkuchenweihe in Russland

Mitsommerfest in Finnland

Kirschblütenfest in Japan

Halloween in den USA

- Bringen Sie auch Fotos mit und gestalten Sie ein Kalenderblatt.

### FOKUS LANDESKUNDE

Weihnachten ist für die Deutschen das wichtigste Fest des Jahres, an dem meist die ganze Familie zusammenkommt. Die Vorweihnachtszeit beginnt mit dem ersten Advent vier Wochen vor Weihnachten. Es gibt sehr viele Bräuche rund um Weihnachten wie z.B. Adventskalender, Adventskranz, Weihnachtsmarkt, Lebkuchen, Plätzchen, Weihnachtsbaum und vieles mehr.

# 20 Aus vergangenen Zeiten

## 1 Auf dem Flohmarkt

2  _36 **a** | Hören Sie und ordnen Sie die Gespräche den Fotos zu.

**b** | Hören Sie noch einmal. Über welche Gegenstände sprechen die Leute? Kreuzen Sie bitte an.

der Kerzenständer

die Tasche

der Stuhl

**c** | Gehen Sie auf den Flohmarkt? Kaufen Sie dort etwas? Wenn ja, was kaufen Sie gern auf Flohmärkten? Wenn nein, warum kaufen Sie nicht auf Flohmärkten?

- Ich finde immer | nie etwas …
- Da gibt es alte | schöne | kitschige | … Sachen.
- Ich suche schon lange …
- Ich mag kein/e/n …

**d** | Stellen Sie sich vor, Sie haben einen Flohmarktstand. Was möchten Sie dort verkaufen? Gestalten Sie das leere Feld und vergleichen Sie dann in Gruppen.

die CD

die Kanne

die Lampe

die Geldbörse

die Kassette

die Schallplatte

die Vase

| **Kommunikative Lernziele:** | **Wortschatz und Strukturen:** |
|---|---|
| - Gegenstände beschreiben | - Alltagsgegenstände |
| - einen Vorgang erklären | - historische Ereignisse |
| - Informationen zur Selbstständigkeit erschließen | - Possessivpronomen: *meiner, meins, meine* |
| - Verkaufsgespräche führen: verhandeln, nach dem Preis fragen, Handel abschließen | - Temporal- und Lokalangaben im Satz |
| | - Partikeln der gesprochenen Sprache: *denn, ja, doch, …* |
| - Vermutungen ausdrücken | - Präteritum (rezeptiv) |
| - Filmbeschreibungen verstehen | - Sprechweise beim Vorlesen (erklärender Sachtext, Prosatext) |
| - Erlebnisberichte verstehen | |

**Zusatzmaterial:** Gegenstände für Kursflohmarkt (Ausklang)

## 2  Auf dem Dachboden

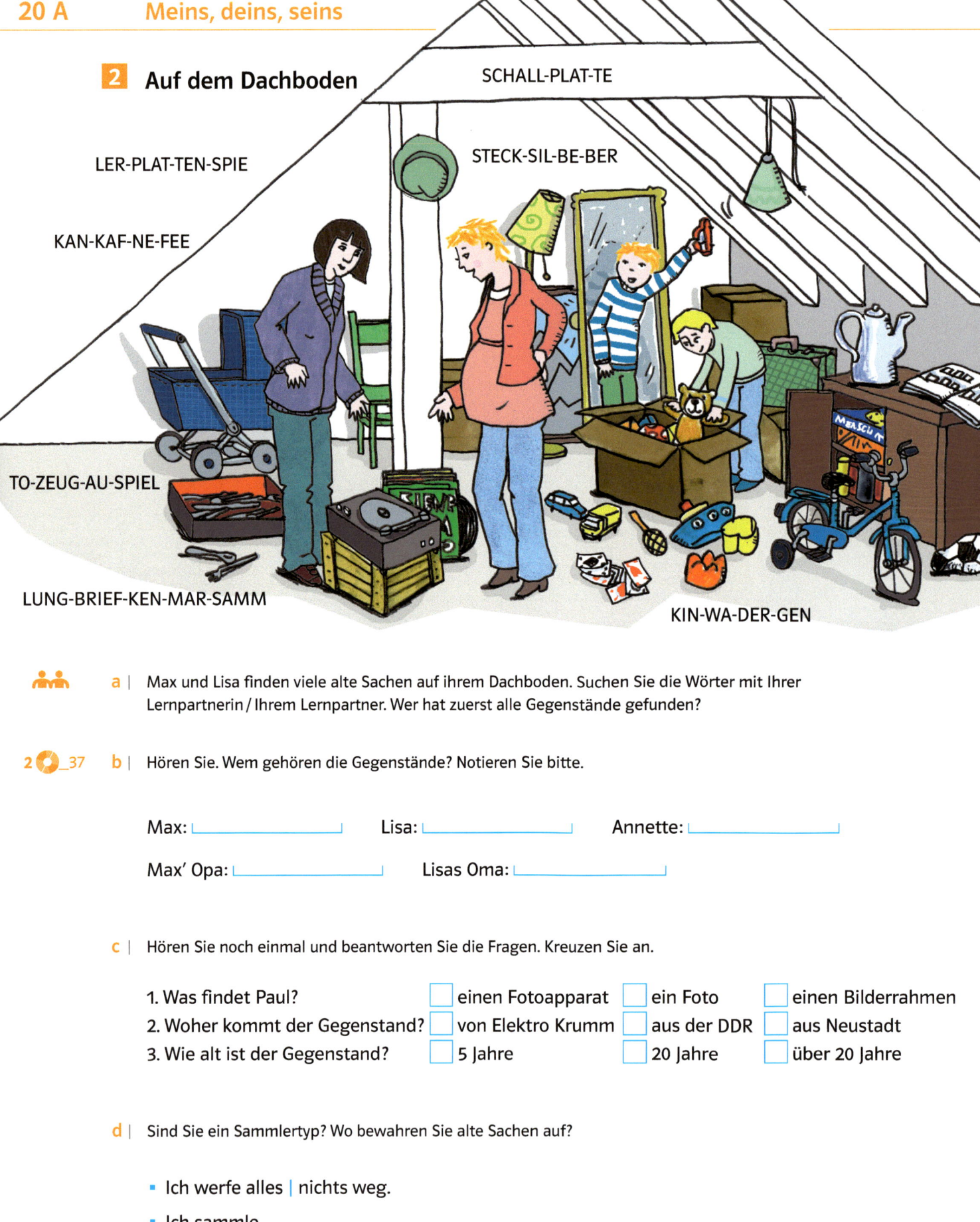

SCHALL-PLAT-TE

LER-PLAT-TEN-SPIE

STECK-SIL-BE-BER

KAN-KAF-NE-FEE

TO-ZEUG-AU-SPIEL

LUNG-BRIEF-KEN-MAR-SAMM

KIN-WA-DER-GEN

**a |** Max und Lisa finden viele alte Sachen auf ihrem Dachboden. Suchen Sie die Wörter mit Ihrer Lernpartnerin / Ihrem Lernpartner. Wer hat zuerst alle Gegenstände gefunden?

2 _37  **b |** Hören Sie. Wem gehören die Gegenstände? Notieren Sie bitte.

Max: [＿＿＿＿＿＿]    Lisa: [＿＿＿＿＿＿]    Annette: [＿＿＿＿＿＿]

Max' Opa: [＿＿＿＿＿＿]    Lisas Oma: [＿＿＿＿＿＿]

**c |** Hören Sie noch einmal und beantworten Sie die Fragen. Kreuzen Sie an.

| | | | |
|---|---|---|---|
| 1. Was findet Paul? | ☐ einen Fotoapparat | ☐ ein Foto | ☐ einen Bilderrahmen |
| 2. Woher kommt der Gegenstand? | ☐ von Elektro Krumm | ☐ aus der DDR | ☐ aus Neustadt |
| 3. Wie alt ist der Gegenstand? | ☐ 5 Jahre | ☐ 20 Jahre | ☐ über 20 Jahre |

**d |** Sind Sie ein Sammlertyp? Wo bewahren Sie alte Sachen auf?

- Ich werfe alles | nichts weg.
- Ich sammle …
- Auf dem Dachboden | Im Keller | In der Garage | Unterm Bett | …

➡ AB 1–2
➡ IS 20/2

## 3 | Das ist ja meiner!

a | Lesen Sie und ordnen Sie die passenden Antworten zu.

1. Sieh mal, hier ist ein alter Fotoapparat. Der ist bestimmt 30 Jahre alt. ○     ○ Oh Mann, das ist ja meins!

2. Hier steht ja noch eine Kiste mit Büchern. Schau mal, ist das deine? ○     ○ Zeig mal! Ah ja, das ist meiner! Der ist sogar schon 50 Jahre alt.

3. Seht mal hier, das alte Fahrrad. Wem gehört denn das? ○     ○ Oh ja, das ist seine.

4. Ach Gott, guck mal, das alte Besteck von meiner Oma. ○     ○ Echt, das war mal ihrs? Echt Silber?

5. Guck mal, die Briefmarkensammlung von Opa! ○     ○ Nein, das ist nicht meine. Keine Ahnung, wem die gehört.

b | Spielen Sie: Jeder steckt einen persönlichen Gegenstand in eine Kiste. Jemand holt einen Gegenstand heraus und fragt. Die anderen reagieren.

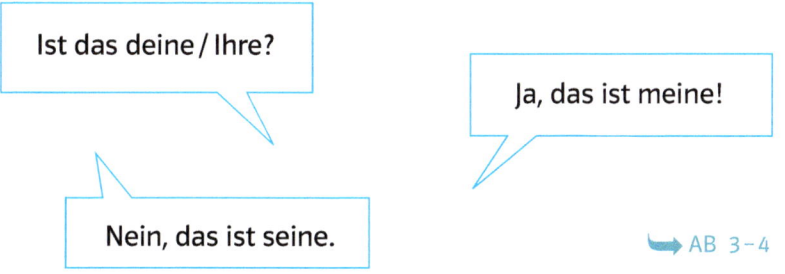

Ist das deine / Ihre?

Ja, das ist meine!

Nein, das ist seine.

→ AB 3–4

| Possessivpronomen | |
|---|---|
| Ist das dein Stift? | |
| Ja, das ist **meiner**. | (m) |
| Ist das dein Heft? | |
| Ja, das ist **meins**. | (n) |
| Wem gehört die Tasche? | |
| Das ist **meine**. | (f) |
| Und die Bücher? | |
| Das sind auch **meine**. | (Pl.) |

## 4 | Phonetischer Flohmarkt

a | Merkwürdige Sachen! Hören Sie und sprechen Sie nach. Üben Sie dann die Aussprache mit Ihrer Lernpartnerin / Ihrem Lernpartner und machen Sie eine Liste: Welches Wort ist für Sie am schwierigsten und welches ist am leichtesten auszusprechen? Überlegen Sie gemeinsam, warum.

ein rotes Rad – ein Kopfsalat – zwei schwarze Handtaschen – fünf grüne Bierflaschen – eine Kiste Bücher – vier Seidentücher – eine alte Schallplatte – eine schöne Krawatte – ein vertrockneter Blumenstrauß – ein kaputtes Puppenhaus

b | Jeder nennt nun den für ihn schwierigsten Gegenstand auf der Liste. Geben Sie sich gegenseitig Tipps für die richtige Aussprache. Nennen Sie noch andere merkwürdige Dinge.

c | Seins, meins, deins, …? Machen Sie ein Dialogspiel: Einer fragt, wem die Sachen gehören, der andere antwortet. Sprechen Sie mit Gesten und achten Sie auf den Rhythmus.

▪ Das rote Rad?     ▫ Das ist seins!

## 5 Spiele spielen

_39 **a |** Jemand findet auf dem Dachboden von Freunden ein altes Spiel und fragt, wie das Spiel funktioniert. Hören Sie die Erklärung. Warum kann man sie nicht verstehen?

**b |** Hören Sie noch einmal. Welche Fragen bleiben offen? Kreuzen Sie bitte an.

☐ Wie viele Spieler können mitspielen? ☐ Wer ist der erste Spieler? ☐ Wie viele Karten gibt es insgesamt? ☐ Wie viele Karten bekommt jeder Spieler? ☐ Welche Farben haben die Karten? ☐ Wann muss man eine Karte ziehen? ☐ Wer gewinnt?

**c |** Lesen Sie und ordnen Sie die Schritte. Mit welcher Information beginnen Sie? Was kommt danach?

☐ Karten mischen und verteilen (5 pro Spieler)

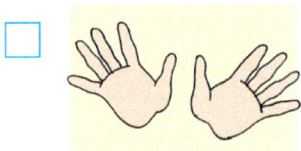
☐ Gewinner: keine Karte mehr auf der Hand

☐ nächster Spieler: höhere Zahl legen, Farbe egal, rot gewinnt immer

☐ jüngster Spieler: erste Karte auf den Tisch legen

☐ 40 Karten, 4 Farben (rot, grün, blau, gelb) mit den Zahlen 1–10

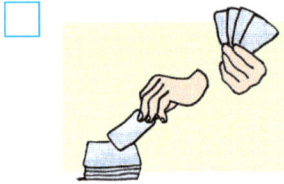
☐ nicht legen können: Karte ziehen

_40 **d |** Hören Sie das Beispiel und vergleichen Sie mit Ihrer Reihenfolge. Achten Sie auf Betonung und Pausen.

**e |** Versuchen Sie es selbst: Erklären Sie das Kartenspiel. Geben Sie sich Feedback. Sie können Ihre Erklärung auch aufnehmen und noch einmal hören.

➥ AB 5

## 6 Sie sind der Spielleiter.

_41 Wählen Sie eine Spielanleitung und lesen Sie sie. Hören Sie den Text und markieren Sie Pausen (/) und <u>betonte Wörter</u>. Lesen Sie die Spielanleitung mehrmals sehr langsam und nachdrücklich vor. Spielen Sie dann das Spiel.

**Silben und Wörter:** Ein Mitspieler geht aus dem Raum. Die anderen Mitspieler teilen ein langes Wort in Silben auf, z.B. *Fo-to-ap-pa-rat*. Jeder bekommt eine Silbe von diesem Wort. Nun holt man den Mitspieler von draußen wieder herein. Die anderen Mitspieler sprechen alle zusammen ganz laut ihre Silbe und er muss das Wort raten. Jeder aus der Gruppe darf einmal raten.

**Wort und Zahl:** Der erste Mitspieler sagt ein Wort und eine Zahl, z.B. *Fernseher* und *vier*. Der nächste Mitspieler muss ein Wort finden, das mit dem Buchstaben *N* anfängt, denn *N* ist der vierte Buchstabe im Wort *Fernseher*. Er sagt z.B. *nichts* und nennt wieder eine Zahl. Das Spiel ist zu Ende, wenn alle ein passendes Wort gesagt haben.

### 7 Ein Flohmarktverkäufer

2 _42  **a |** Hören Sie den Anfang einer Radiosendung über einen Flohmarktverkäufer.
Versuchen Sie möglichst viele W-Fragen zu beantworten.

Wer? |_____|     Wann? |_____|

Wo? |_____|     Was? |_____|

**b |** Haben Sie Fragen an Thomas Albert? Was möchten Sie von ihm wissen? Was wollen Sie ihn fragen?
Notieren Sie bitte.

|_____|

|_____|

  **c |** Vergleichen Sie Ihre Fragen an Thomas Albert mit den Fragen der Reporterin. Wählen Sie dann zu zweit
zwei Fragen, die Sie besonders interessant finden.

> Wie sieht Ihr
> Arbeitsalltag aus?

> Wie kommt man zu dem
> Beruf Flohmarktverkäufer?

> War das Verkaufen auf
> dem Flohmarkt zunächst
> nur ein Hobby?

> Welche Schritte muss man
> machen, wenn man sich
> selbstständig machen will?

> Haben Sie einen Tipp für
> andere Leute, die sich selbst-
> ständig machen wollen?

  Überlegen Sie gemeinsam, was Thomas Albert antworten könnte.

|_____|

|_____|

2 _43  **d |** Hören Sie jetzt das Interview mit Thomas Albert. Vergleichen Sie Ihre Antworten mit dem, was er sagt.

|_____|

|_____|

**e |** Hören Sie noch einmal. Achten Sie jetzt auf Ihre eigenen Fragen an Thomas Albert. Welche Fragen beant-
wortet er, welche Fragen bleiben offen? Noch offene Fragen können Sie gemeinsam im Kurs besprechen.

## 8 Tipps zur Selbstständigkeit

a | Lesen Sie die Fragen und ordnen Sie die passende Antwort zu.

**Häufig gestellte Fragen (FAQ)**

[_____] ▶ Suchen

1. **Was ist ein Geschäftsplan?**
2. **Wie realistisch ist meine Idee?**
3. **Welche Behörden sind wichtig?**
4. **Welchen Namen gebe ich meinem Unternehmen?**
5. **Wie mache ich mein Unternehmen bekannt?**
6. **Wo kann ich mich beraten lassen?**

- Beim Ordnungsamt muss man das Gewerbe anmelden, für die Steuer ist das Finanzamt zuständig. Je nach Unternehmensform (GmbH, AG, OHG, KG) ist auch ein Eintrag ins Handelsregister beim Amtsgericht nötig.
- Es gibt in jeder größeren Stadt Beratungsangebote, die oft auch kostenlos Hilfe anbieten. Ausführliche Informationen findet man auf der Seite des Bundeswirtschaftsministeriums unter: http://www.existenzgruender.de/beratung_und_adressen/index.php
- Es reicht nicht, dass Freunde und Bekannte die Geschäftsidee positiv finden. Sie müssen sich vorher über die Marktlage, Konkurrenz, Kosten usw. informieren.
- Im Geschäftsplan, oder auch Businessplan genannt, steht genau, was wann passiert und was wie viele Kosten oder Einnahmen bringt. Den Geschäftsplan braucht man, um eine Bank oder einen Investor als Geld- bzw. Kreditgeber zu gewinnen.
- Man kann einen Firmennamen erfinden oder den eigenen Namen nehmen. Man sollte aber darauf achten, dass der Firmenname einfach, ausdruckstark und einzigartig ist.
- Die effektivste und preiswerteste Methode der Werbung ist die Mundpropaganda. Die kann durch professionelle Werbung verstärkt werden – dies ist aber teuer.

◀ ▶

b | Haben Sie Erfahrungen mit Selbstständigkeit in Deutschland oder in einem anderen Land? Berichten Sie.

➡ AB 6
➡ IS 20/1

## 9 Ihre Geschäftsidee

Stellen Sie sich vor, Sie wollen sich selbstständig machen. Was könnte man an Ihrem Wohnort anbieten? Originelle Stadtrundfahrten, Reparaturservice, Extremsportkurse oder eine Tanzbar? Entwickeln Sie eine witzige Idee mit Ihrer Lernpartnerin / Ihrem Lernpartner.

- Was müssen Sie alles machen? Schreiben Sie einen Plan.
- Finden Sie einen Namen für Ihr Unternehmen.
- Überlegen Sie, wie Sie es bekannt machen wollen. Stellen Sie Ihr Projekt im Kurs vor.

➡ AB 7

**Was?** Stadtrundfahrten für Touristen mit dem Fahrrad
**Name:** City On Bike
**Arbeits- und Zeitplan:**
März: Routen auswählen, 15 Räder bestellen, …
April: Webseite erstellen, Flyer drucken, …
Mai: Versicherungen, Büro mieten, …
**Werbung:** …

## 10 Wann und wo?

**a |** Lesen Sie die beiden Porträts über selbstständige Frauen in Deutschland. Was machen sie?

Die Amerikanerin Cynthia Barcomi ist 1985 nach Berlin gekommen. Dort wollte sie die Tanztheaterszene kennen lernen. Nach der Geburt ihrer zweiten Tochter hatte sie viel Lust auf Neues und hat 1994 in Berlin-Kreuzberg eine Kaffeerösterei gegründet. Heute ist die Kaffeerösterei „Barcomi's" für ihre leckeren Cakes und Kaffeevariationen in ganz Berlin bekannt.

Veye Wirngo Tatah hat sich 2008 in Dortmund als Beraterin und Projektmanagerin mit dem Fokus Afrika selbstständig gemacht. Die Kamerunerin ist 1991 zum Informatik-Studium nach Deutschland gekommen. Sie hat bereits in ihrer Studienzeit entdeckt, dass man in ihrer neuen Umgebung nur wenig über den bunten Kontinent Afrika weiß. Die Afrika-Expertin wird heute gern in Fernsehsendungen eingeladen.

**b |** Welche Temporal- und Lokalangaben finden Sie in den Texten? Markieren Sie mit unterschiedlichen Farben. Was fällt Ihnen auf?

**c |** Lesen Sie den Text über die Unternehmerin Daniela Kreißig. Erweitern Sie dann die Sätze mit den Temporalangaben. Es gibt verschiedene Möglichkeiten.

> **Temporal- und Lokalangaben im Satz**
>
> Im Mittelfeld:
> Ich bin 2002 nach Deutschland gekommen.
>
> Auf Position 1:
> Fünf Jahre später habe ich in Dortmund eine Firma gegründet.
> Dort habe ich auch studiert.

| | |
|---|---|
| Daniela Kreißig ist nach Dresden gekommen. Sie hat als Fotografin gearbeitet. Doch sie wollte vorwärts kommen und sich verändern. Sie hat ein Fernstudium als Betriebswirtin absolviert und hat sich selbstständig gemacht. | 1995, zuerst in ihrer Elternzeit |
| Sie gründete in Dresden die Wunschagentur Caado. | dann |
| Caado ist ein Dienstleistungsunternehmen, das Träume wahr macht. Mit einem Bagger fahren, einen Tiger streicheln oder die Lieblingsfernsehsendung live im Studio miterleben – das sind die Träume ihrer Kunden. | einmal im Leben |

**d |** Lesen Sie Ihren Text vor und vergleichen Sie Ihre Lösungen.

**e |** Schreiben Sie ein Kurzporträt über sich oder eine Person Ihrer Wahl. Sammeln Sie zuerst Informationen (Wer? Was? Wann? Wo?) und verknüpfen Sie sie dann zu einem kleinen Text.

⮕ AB 8–10

## 11 Schnäppchenjäger

a | Sehen Sie den Flohmarktstand von Annette und Lisa genau an. Beschreiben Sie, was Ihnen gefällt und was nicht. Was hätten Sie selbst gern?

b | Wie würden Sie mit Lisa und Annette über den Kauf sprechen? Sortieren Sie die Redemittel. Sammeln Sie weitere.

> Was soll denn … kosten? | Na gut, einigen wir uns doch auf … | Das ist aber teuer! Für …
> Euro würde ich es nehmen. | Danke, aber das ist mir doch zu viel. | Wie teuer ist denn das? |
> Abgemacht, das ist okay. | Also, … Euro möchte ich ja doch dafür haben.

| nach dem Preis fragen | über den Preis verhandeln | Angebot annehmen oder ablehnen |
|---|---|---|
| Was soll denn … kosten? | | |

2 💿_44  c | Wie handeln Lisa und Annette auf dem Flohmarkt? Hören Sie und ergänzen Sie die Tabelle mit weiteren Wendungen. Vergleichen Sie Ihre Lösungen.

d | Wo kann man in Deutschland handeln? Wo nicht? Wie ist das in anderen Ländern? Berichten Sie bitte.

➥ AB 11
➥ IS 20/3

## 12 Das ist *doch* nicht teuer!

2 💿_45  a | Hören Sie zwei Verkaufsgespräche und lesen Sie mit. Was fällt Ihnen auf? Wie klingen sie?

1.
A Äh, hallo, … wie viel kostet das Ding hier?
B Das kostet … zwanzig Euro.
A Das ist teuer. Das ist viel zu viel.
B Warum? Das ist nicht teuer. Das ist ein Schnäppchen!

2.
A Äh, hallo, …. wie viel kostet *denn* das Ding hier?
B Das kostet … zwanzig Euro.
A Das ist *aber* teuer. Das ist *ja* viel zu viel.
B Warum *denn*? Das ist *doch* nicht teuer. Das ist *doch* ein Schnäppchen!

b | Hören Sie beide Gespräche noch einmal und markieren Sie Pausen (/) und Satzakzente.

c | Lesen Sie die Gespräche zu zweit. Spielen Sie dann Varianten. Setzen Sie für das *Ding* richtige Gegenstände ein.

➥ AB 12

> **Partikeln der gesprochenen Sprache**
>
> Was soll **denn** das kosten?
> Das ist **aber** teuer!
> Das ist **doch** ein Original.
> Das ist **ja** viel zu viel!
>
> Partikeln wirken oft emotional und werden meist nicht betont.

##  Fotos aus alter Zeit

2 🔘_46  a | Hören Sie den ersten Teil des Gesprächs. Welche Informationen haben Sie bereits über die Fotos? Von wem sind sie? Wie alt sind sie? Woher kommen sie? Was glauben Sie, was ist auf den Fotos?

- Die Fotos sind wahrscheinlich | vermutlich …

- Ich vermute | nehme an | schätze, sie sind …

- Ich vermute | nehme an | schätze, dass sie … sind.

- Ich bezweifle, dass …

2 🔘_47  b | Hören Sie das ganze Gespräch. Über welches Foto sprechen Annette, Lisa, Max und Paul?

c | Können Sie einen der folgenden Begriffe erklären?

Demonstranten | Leipzig | Montagsdemos | „Wir sind das Volk" | DDR-Regime | Mauer

d | Ergänzen Sie die Bildunterschriften mit den Informationen aus dem Hörtext.

Montagsdemonstrationen in Leipzig im Jahr _____

Die DDR-Bürger konnten nicht _____.

_____ feiern die Öffnung der Grenze.

## 14 Deutsche Geschichte im Film

a | Sehen Sie zuerst nur die Filmplakate an. Was glauben Sie: Worum geht es in den Filmen?

b | Wählen Sie eine Filmbeschreibung und lesen Sie sie. Um welche historischen Ereignisse geht es? Ergänzen Sie den Zeitstrahl unten.

c | Berichten Sie im Kurs. Vergleichen und ergänzen Sie den Zeitstrahl mit den Informationen der anderen.

Der Film zeigt humorvoll das Leben Jugendlicher in den 1970er Jahren, die auf Ost-Berliner Seite im Grenzgebiet, also direkt an der 1961 gebauten Mauer leben. Mit viel Komik zeigt der Film typische Probleme der DDR-Bürger. Es beginnt mit einer kleinen fantasiereichen Geschichtslektion durch Michael Kuppisch (Hauptfigur) über das Potsdamer Abkommen 1945. Michael stellt sich vor, wie Churchill (Großbritannien), Stalin (Sowjetunion) und Truman (USA) kurz nach Kriegsende vor einer Deutschland- und Berlinkarte stehen. Sie teilen Deutschland in Besatzungszonen (sowjetische, amerikanische, englische, französische). Michael selbst lebt in Ost-Berlin auf den sechzig Metern der kilometerlangen Sonnenallee in Berlin-Mitte, die zur DDR gehören. Er fragt sich immer wieder, wie eine so lange Straße noch kurz vor Ende geteilt werden konnte – schließlich würde er sonst im Westen leben.

12 Jahre nach Gründung der DDR lässt die Führung in Ostberlin im August 1961 die Mauer bauen. Von nun an ist es nicht mehr möglich, von der BRD in die DDR und von Ost- nach Westberlin zu fahren. Zahlreiche DDR-Bürger fliehen in letzter Sekunde in den Westen, so auch das Paar Sophie und Konrad. Ihr gelingt die Flucht, er bleibt zurück und wird verhaftet. Im Sommer 1968 sehen sie sich in Prag wieder und hoffen, dass dort ein Zusammensein möglich ist. Doch als am 20. August 1968 sowjetische Truppen den so genannten Prager Frühling beenden, müssen Konrad und Sophie in das geteilte Berlin zurück, wieder getrennt durch die Mauer. Sophie bekommt ein Kind von Konrad, aber nach mehreren gescheiterten Versuchen, sich wieder

zu treffen, beschließt sie, Konrad nicht mehr zu sehen. Erst als am 9. November 1989 die Mauer fällt, kommen sie wieder zusammen.

1945

1949 – Gründung der Deutschen Demokratischen Republik (DDR) im Gebiet der sowjetischen Besatzungszone

1950

November 1984, 23 Jahre nach Mauerbau und fünf Jahre vor der Öffnung der Berliner Mauer: Die DDR sichert ihre Macht durch zunehmende Überwachung der Bevölkerung durch die Staatssicherheit (Stasi). Von ihrer Gründung 1950 bis zu ihrem Ende 1989/1990 hat die Stasi die Zahl ihrer festen Mitarbeiter von 2.700 auf 91.000 vergrößert sowie ca. weitere 180.000 Inoffizielle Mitarbeiter (IM) beschäftigt. Sie bespitzeln dauerhaft die gesamte Bevölkerung. Besonders Künstlern und Intellektuellen droht bei Kritik am Staat Hausarrest, Gefängnis oder Ausbürgerung. So auch in diesem Film: Der Stasi-Hauptmann Wiesler überwacht ein bekanntes Künstlerpaar. Die beiden werden bis in die intimste Privatsphäre hinein abgehört und beobachtet. Doch den überzeugten Stasi-Mitarbeiter Wiesler faszinert das Leben des Paares. Er erfährt, dass die Überwachung nicht nur politisch, sondern auch privat motiviert ist, und beginnt, seinen Auftrag zu sabotieren.

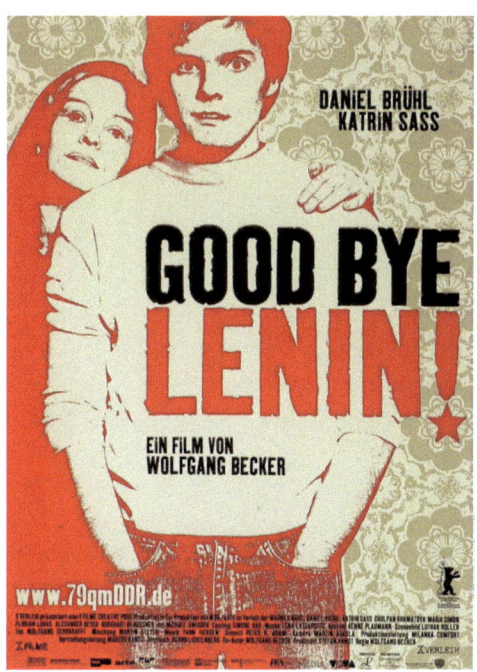

1989: DDR-Bürger fliehen massenhaft über Ungarn in den Westen, in allen großen Städten der DDR protestieren die Menschen gegen die Regierungspolitik, sie fordern Demokratie. Dann geschieht das Unglaubliche: Kurz nach dem 40. Geburtstag der DDR, am 9.11.1989 fällt die Mauer, die deutsch-deutsche Grenze ist offen, knapp ein Jahr später kommt es zur Wiedervereinigung. Der Film erzählt in dieser Zeitspanne mit viel Humor eine spannende Idee: Die Mutter des Helden hat sich mit dem Leben im Osten und seinen Beschränkungen arrangiert, verpasst aber – im Koma – Mauerfall und Wende (1989). Ihr Sohn will alle Aufregung von ihr fern halten und verschweigt den Fall der Mauer. Er konstruiert für sie mit viel Ideenreichtum das alte DDR-Leben.

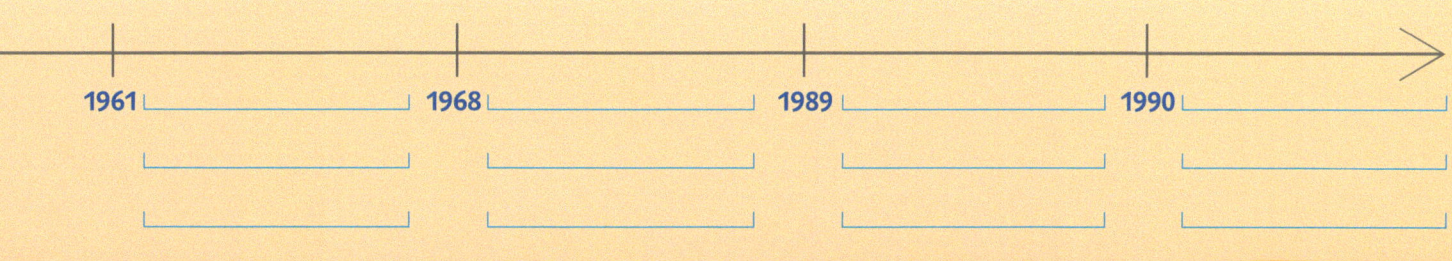

1961      1968      1989      1990

## 15 Zeitzeugen berichten

a | Überfliegen Sie die Berichte. Um welches historische Ereignis geht es?

Ich kam spät nach einer Sitzung nach Hause, da begrüßte mich meine Frau mit den Worten: „Die Mauer ist auf!" Im Fernsehen sahen wir dann das Unfassbare und mir war sofort klar: Nun ist alles anders. Die SED* war am Ende. Sie hatte ihre Macht verloren. Der Mauerfall verunsicherte uns zunächst. Für mich, der im Zentrum der geteilten Stadt aufgewachsen ist, war das ein überwältigendes Gefühl. Noch heute lässt es mich nicht kalt, wenn ich in Berlin über den kaum erkennbaren Mauerstreifen gehe.

\* SED: Sozialistische Einheitspartei Deutschlands

Lothar de Maizière, erster frei gewählter Ministerpräsident der DDR, bereitete die Wiedervereinigung vor

Marianne und Hans Schubert, Ostberliner, am 9. November 1989 beim Mauerfall dabei

Wir hörten im Radio von der Reisefreiheit. Wir trauten unseren Ohren nicht und liefen zum Grenzübergang an der Bornholmer Straße. Dort waren schon Zigtausende Ostberliner versammelt und riefen „Tor auf! Tor auf!" Wir steckten mittendrin. Gegen Mitternacht öffneten die Grenzsoldaten den Übergang. Anfangs kamen zwar nur Einzelne durch, aber wir konnten das Glück kaum fassen und fielen uns in die Arme. „Wahnsinn", dachten wir immer wieder. Als wir auf der Westberliner Seite waren, stießen wir in irgendeiner fremden Wohnung mit fremden Leuten mit einer Dose Bier an. „Wahnsinn" war das Wort damals.

Tamara Uedinger, 1989 westdeutscher Teenager

Mein 9. November sah so aus: Als ich am Abend nach Hause kam, saßen meine Eltern vor dem Fernseher, mit Tränen in den Augen. Sie erzählten, dass die Mauer in Berlin offen war. Sie weinten vor Glück und hatten doch auch Angst vor dem, was dort noch passieren könnte. Ich war ziemlich ahnungslos. Aber am nächsten Tag fuhr ich mit Freunden sofort nach Berlin. Wir wollten mit eigenen Augen sehen, was dort passierte. Und diese Bilder werde ich nie vergessen. Die Menschen feierten auf den Straßen und tanzten auf der Mauer.

b | Wie haben die Personen die Maueröffnung erlebt? Lesen Sie die Texte und suchen Sie die Aktivitäten.

> im Fernsehen sehen | im Radio hören | am Abend nach Hause kommen | zum Grenzübergang laufen | nach Berlin fahren | auf den Straßen feiern | mit fremden Leuten anstoßen | auf der Mauer tanzen

**Über etwas in der Vergangenheit berichten: Präteritum**

Im Herbst 1989 demonstrierten die DDR-Bürger.
Am 9. November 1989 fiel die Berliner Mauer.
Am 3. Oktober 1990 feierten die Menschen in Ost und West die Deutsche Wiedervereinigung.

c | Wie beschreiben die Personen ihre Gefühle? Suchen Sie einige Beispiele in den Texten.

d | Wissen Sie noch, was Sie an einem dieser Tage gemacht haben? Fragen Sie auch Bekannte, Verwandte, Nachbarn oder Ihre Lernpartnerinnen / Lernpartner. Berichten Sie im Kurs.
➥ AB 13

## 16 Historische Ereignisse

Lesen Sie die Schlagzeilen. Wann war das?
Was haben Sie da gemacht? Antworten Sie in einem Satz.

> Ah, das weiß ich noch, da habe ich mit meinen Freunden ein Abendessen gekocht.

### Yes, he can: Barack Obama schaffte die Wahl zum 44. Präsidenten der USA

> Das vergesse ich nie, da war ich nämlich in den Niederlanden im Urlaub. Die Stimmung war sehr traurig, weil die Niederländer verloren haben.

### Das wichtigste Tor der WM in Südafrika

Andrés Iniesta schenkte Spanien einen historischen WM-Triumph

### Vulkanausbruch in Island sorgt für das größte Flugchaos in Europa, das es je gab

*Passagiere warteten und schliefen auf Flughäfen*

> Da habe ich auf dem Flughafen in Budapest geschlafen.

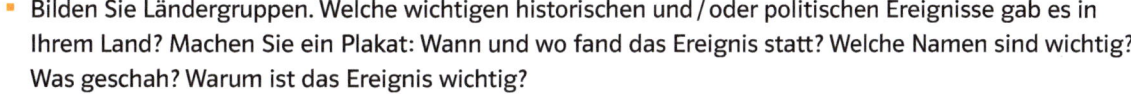 AB 14 – 15

## 17 Wählen Sie eine Aufgabe.

- Bilden Sie Ländergruppen. Welche wichtigen historischen und / oder politischen Ereignisse gab es in Ihrem Land? Machen Sie ein Plakat: Wann und wo fand das Ereignis statt? Welche Namen sind wichtig? Was geschah? Warum ist das Ereignis wichtig?

- Kennen Sie Filme über wichtige historische und / oder politische Ereignisse in Ihrem Land? Recherchieren Sie Filmbeschreibungen. Schreiben Sie eine kurze Zusammenfassung für die anderen.

- Leihen Sie einen der deutschen Filme aus Aufgabe 14 (z.B. aus Ihrer Bibliothek) aus und sehen Sie ihn gemeinsam an. Wie hat Ihnen der Film gefallen? Diskutieren Sie im Kurs.

## Kursflohmarkt

Bringen Sie Gegenstände mit, die Sie nicht mehr brauchen und verkaufen möchten.
Machen Sie damit einen Kursflohmarkt.

Mir gefällt dieser …!

Ich hätte gern …

Oh, wie kitschig!

Das ist ja hübsch!

**FOKUS LANDESKUNDE**

Über den Preis einer Ware zu verhandeln ist in der Regel in Geschäften in D-A-CH nicht üblich. Auf dem Flohmarkt ist es aber normal und jeder kann zeigen, wie gut er verhandeln kann.

## Vorlesewettbewerb

a | Lesen Sie den Text. Wo passen Partikeln? Ergänzen Sie bitte.

**Das ist ein Schnäppchen!**

Ein Mann stand fröhlich singend vor seinem Haus. Da kam eine Nachbarin vorbei und fragte: „Warum sind Sie heute so fröhlich?" Der Mann antwortete: „Ach, habe ich Ihnen das noch nicht erzählt? Ich habe ein Schnäppchen gemacht. Ich habe mir eine Kuh gekauft, wissen Sie." „Das ist schön", sagte die Nachbarin. „Das ist nicht schön", sagte der Mann. „Die Kuh war schon alt. Sie gab gar keine Milch mehr." „Das ist schade", sagte die Nachbarin. „Nein, das ist nicht schade. Ich habe die Kuh gleich wieder zum Händler zurückgebracht." „Dann ist es gut", sagte die Nachbarin. „Nein, das ist nicht gut. Ich habe nun keine Kuh mehr." „Das ist traurig", sagte die Nachbarin. „Nein, das ist nicht traurig, denn jetzt habe ich mein ganzes Geld noch." (K. Reinke)

2 _48 b | Hören Sie und vergleichen Sie mit Ihren Ideen.

c | Hören Sie noch einmal und markieren Sie Pausen und Satzakzente.

d | Experimentieren Sie nun und lesen Sie den Text in verschiedenen Varianten vor: mit allen Partikeln, mit einigen Partikeln, ganz ohne Partikeln. Wer liest den Text am besten vor?

## 155 km Berliner Mauer

Was ist aus der Berliner Mauer geworden? Recherchieren Sie im Internet:
- Wo sind die 45 000 Betonteile der Berliner Mauer geblieben?
- Was ist Checkpoint Charlie? Was gibt es dort heute zu sehen?
- Wo stehen noch Mauerreste in Berlin?

## Filmszenen

Wählen Sie eine Szene. Was sagen die Personen? Stellen Sie sich die Filmszene vor und spielen Sie sie. Sie können auch eine Drehbuchszene schreiben.

## 1  Hören und reagieren: Was hilft?

Sie hören ein Gespräch und möchten dazu auch Stellung nehmen. Was machen Sie wann? Lesen Sie.
Schlagen Sie die Beispiele im Buch nach.

**Schritt 1**  Gesprächssituation: Was ist der Gesprächsanlass? Wer sind die Gesprächspartner?
Worum geht es?  KB 16/11, KB 18/12, KB 20/7

**Schritt 2**  eigenes Interesse: Welches Interesse habe ich an dem Thema? Welche
Informationen sind für mich wichtig? Was ist meine Position? Was will ich
mitteilen oder erfahren?  KB 16/5, KB 20/7

**Schritt 3**  Verständnis und Reaktion: Wie kann ich auf die Gesprächspartner reagieren?
Welche Ideen habe ich für einen eigenen Gesprächsbeitrag? Wie sichere ich
das Verständnis ab?  KB 18/11, KB 19/12, KB 20/11

## 2  Probieren Sie es aus.

2 🔘_49     **a |**  Hören Sie den Anfang des Hörtextes. Beantworten Sie dann möglichst viele Fragen.

|  |  | Warum wissen Sie das? |
|---|---|---|
| Was für ein Gespräch ist das? |  |  |
| Was ist der Gesprächsanlass? |  |  |
| Wer sind die Gesprächspartner? |  |  |
| Was ist das Thema? Worum geht es? |  |  |
| Was wissen Sie über das Thema? |  |  |
| Welche Informationen könnten für Sie interessant sein? |  |  |

b | Die Reporterin möchte wissen, warum Menschen Deutsch lernen. Notieren Sie mögliche Fragen der Reporterin. Ergänzen Sie auch Redemittel / sprachliche Formulierungen, mit denen Sarah antworten kann.

| | Fragen der Reporterin | Formulierungen von Sarah |
|---|---|---|
| Vorstellen | | Ich bin ..., ich komme aus ..., ich bin ... Jahre alt, ... |
| Deutsch lernen | | |
| Nachfrage | Und deshalb wollten Sie also Deutsch lernen? | Ja genau ..., ... war der Grund, deshalb habe ich ..., das hat mir geholfen ... |
| Bedeutung von Deutsch heute | Und wie ist das jetzt, hat Ihnen der Deutschkurs geholfen? | |

_50

c | Welche Antworten gibt Sarah? Hören Sie das ganze Gespräch und machen Sie beim Hören Notizen.

| | Antworten von Sarah |
|---|---|
| Vorstellen | |
| Deutsch lernen | |
| Nachfrage | |
| Bedeutung von Deutsch heute | |

d | Versuchen Sie nach dem Hören, das Gespräch mit Ihren Worten zusammenzufassen.

e | Was hat Sie überrascht? Was war anders, als Sie erwartet haben? Welche Fragen sind noch offen?

f | Hören Sie das Gespräch noch einmal und ergänzen Sie Ihre Notizen in b mit den Formulierungen von der Reporterin und Sarah.

g | Was trifft auf Sie zu? Kreuzen Sie an.

☐ Ich kann beim ersten Hören des Gesprächsbeginns globale (W-)Fragen beantworten.

☐ Ich kann nach dem Hören des gesamten Gesprächs Detailfragen beantworten.

☐ Ich kann das Gespräch zum Schluss mit eigenen Worten zusammenfassen.

☐ Ich kann Redemittel und Hörer- / Sprechersignale erkennen und ihnen eine Funktion zuordnen.

Warum? Kreuzen Sie an und ergänzen Sie.

☐ Ich nutze Textsortenwissen (Wissen über die Gesprächsform).

☐ Ich nutze Weltwissen.

☐ Ich kenne die nötigen sprachlichen Formulierungen.

☐ Ich mache mir Notizen.

☐ Ich kann die Informationen aus dem Gespräch gut mit meinem Wissen verbinden.

☐ _____

## 3  Aufeinander reagieren

Im Gespräch hören Sie auch kleine Füllwörter, die in der Kommunikation helfen. Welche Funktion haben die folgenden Sprecher- und Hörersignale? Verbinden Sie bitte.

| | |
|---|---|
| ja \| ja also \| also ○ | ○ nachfragen |
| weißt du? \| findest du nicht auch? \| wissen Sie ○ | ○ Bestätigung einfordern |
| nicht wahr? \| oder? \| ja? \| 'ne? ○ | ○ einen Redebeitrag anfangen |
| wirklich? \| ja? \| mhm \| verstehe \| finde ich auch ○ | ○ den Kommunikationspartner einbeziehen |
| bitte? \| was meinen Sie? \| meinen Sie …? ○ | ○ zeigen, dass man zuhört |

Nicht wahr?

Verstehe!

## 4 Was hilft beim Sprechen?

Lesen Sie. Schlagen Sie die Beispiele im Buch nach.

**Schritt 1**  Ideen sammeln und in einem Schema ordnen: Worum geht es im Gespräch? Was will ich sagen?  KB 16/7, KB 17/6, KB 19/5

**Schritt 2**  sprachliche Formulierungen sammeln: wichtige Wörter und feste Wendungen (Gesprächseröffnung / -ende, Nachfragen) notieren, passende Formulierungen für die Gesprächssituation finden   KB 16/20, KB 17/3, KB 18/11

**Schritt 3**  Sprechleitfaden anlegen: Wie kann ich Inhalt und Sprache verbinden? Welche Inhalte kann man sprachlich wie ausdrücken? Welche Reihenfolge ist sinnvoll?  KB 17/6

**Schritt 4**  Sprechprobe: ein Gespräch vorspielen (sich selbst oder einer anderen Person), sprachliche Alternativen für mögliche Schwierigkeiten überlegen  KB 17/6

**Schritt 5**  Sprechleitfaden überarbeiten: Notizen ergänzen

## 5 Probieren Sie es aus.

a |  Miroslav Kowalski ist Pole, er hat die Radiosendung gehört und möchte anrufen. Wie geht er vor? Begleiten Sie Miroslav bei seiner Vorbereitung.

Schritt 1: Miroslav sammelt Ideen.

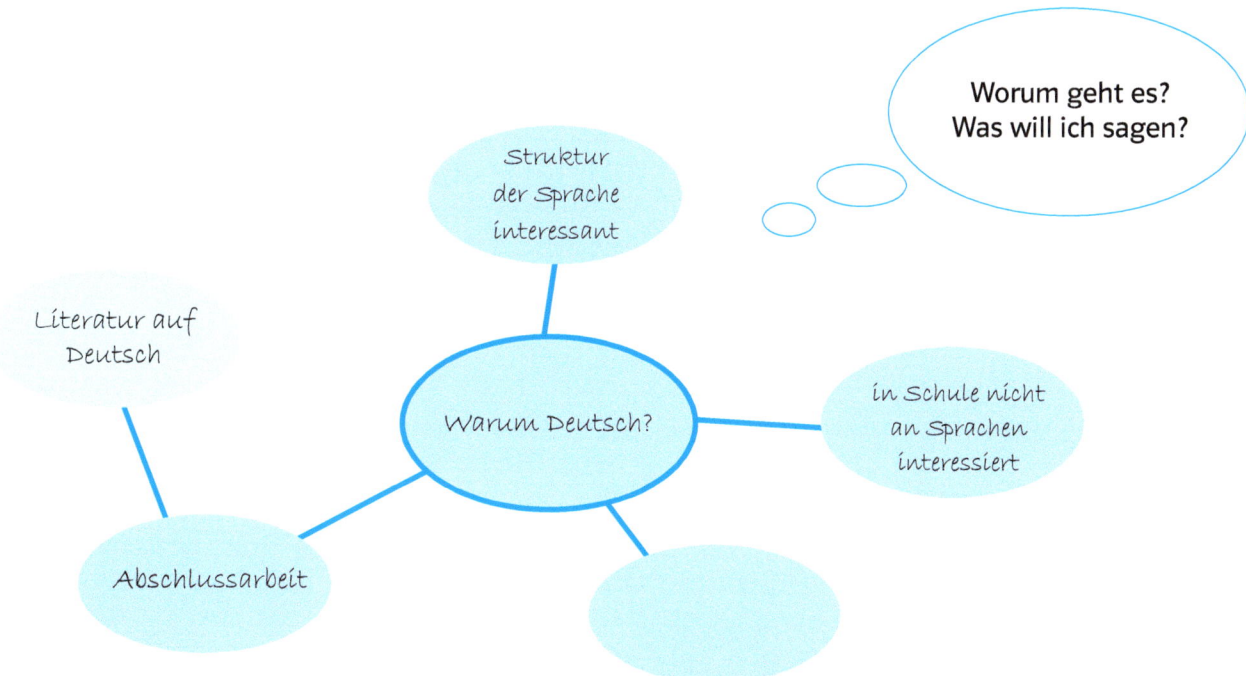

Schritt 2 und 3: Miroslav sucht sprachliche Formulierungen, verbindet und sortiert Inhalt und Sprache.

| Vorstellen | bin 25, aus Krakau, also Pole, Student | |
|---|---|---|
| Deutsch lernen | in der Schule Deutsch gelernt, aber damals nicht so an Sprachen interessiert<br><br>vor einem Jahr wieder angefangen wegen Studium: deutsch-polnische Beziehungen im 20. Jahrhundert<br><br>weil viele Quellen auf Deutsch sind: ist Literaturrecherche in Archiven / Bibliotheken in Deutschland nötig | |
| Bedeutung von Deutsch heute | ohne Deutsch ist Abschlussarbeit nicht möglich, Struktur der Sprache gefällt mir, Austausch mit Kollegen ist wichtig | |

Schritt 4: Miroslav macht eine Sprechprobe.

> Also, guten Tag, ich bin der Miroslav und ich lerne auch Deutsch – aber nicht wegen der Liebe, sondern wegen meiner Abschlussarbeit. Ich bin in Deutschland in Bibliotheken und Archiven, ich brauche deutsche Literatur für mein Thema … ach ja, mein Thema ist …

Schritt 5: Miroslav überarbeitet seinen Sprechleitfaden und ergänzt Ideen und Formulierungen.

2  _51  b | Hören Sie jetzt Miroslavs Anruf beim Radio. Vergleichen Sie seinen Sprechleitfaden und das tatsächliche Gespräch. Markieren Sie Veränderungen und notieren Sie Ergänzungen.

c | Wo sehen Sie Verbesserungen im Vergleich zu seiner ersten Sprechprobe (Schritt 4)?

## 6 Jetzt sind Sie dran.

a | Machen Sie es wie Miroslav: Rufen auch Sie beim Radiosender an. Nehmen Sie sich Zeit und gehen Sie Schritt für Schritt vor.

 b | Sind Sie mit Ihrem Sprechleitfaden zufrieden? Dann tauschen Sie mit Ihrer Lernpartnerin / Ihrem Lernpartner die Texte und verbessern Sie Ihre Notizen. Machen Sie dann eine Sprechprobe und geben Sie sich gegenseitig Feedback. Die Checkliste hilft Ihnen hierbei.

c | Spielen Sie einen Anruf in der Radiosendung. Wechseln Sie sich bei den Rollen ab, jeder ist einmal Anrufer/in und einmal Moderator/in.

d | Was trifft auf Sie zu? Kreuzen Sie an.

☐ Ich habe viele Ideen, was ich im Gespräch sagen kann.
☐ Ich mache mir Notizen, die ich im Gespräch benutze.
☐ Ich finde für meine Ideen gute sprachliche Formulierungen.
☐ Ich habe keine Angst, frei zu sprechen.
☐ Ich frage beim Gesprächspartner nach, wenn ich etwas nicht verstehe.
☐ Ich fasse die wichtigsten Informationen zusammen.

Warum? Kreuzen Sie an und ergänzen Sie.

☐ Das Thema interessiert mich, ich kann dazu viel sagen.
☐ Ich kenne die Gesprächssorte.
☐ Ich kenne typische Floskeln und Redewendungen.
☐ Die Stichpunkte helfen mir beim Sprechen.
☐ _____

## Checkliste: Tipps für mündliche Gespräche

| | |
|---|---|
| 1. Gesprächsziel | Was möchte ich mitteilen? Wird das Gesprächsziel deutlich? |
| 2. Gesamteindruck | Was gefällt mir am Gespräch? Was sehe ich kritisch? |
| 3. Inhalt | Ist es klar, worum es geht? Kommen alle wichtigen inhaltlichen Punkte vor? Fehlt etwas? Ist etwas zu viel? |
| 4. Aufbau | Ist die Gesprächsführung überzeugend? Ist die Reihenfolge der einzelnen Teile sinnvoll? Sind die Erklärungen verständlich und ausreichend? |
| 5. Formulierungen | Ist die Sprache verständlich? Passt der Sprachstil zum Gesprächstyp und den Gesprächspartnern? |
| 6. sprachliche Richtigkeit | Ist es verständlich, worum es geht? |

■ **Lesehilfe: Textsortenkenntnisse**

Überschrift der Rubrik

### BUCHTIPP DER WOCHE

Buchtitel

## Abbas Khider: Der falsche Inder

Inhaltswiedergabe

Ein junger Mann findet im Zug Berlin-München ein Manuskript. Er öffnet es und liest die Geschichte eines jungen Irakers, der über den Libanon, Libyen und Griechenland nach Deutschland flüchtet. Auf seiner Reise trifft er viele andere Flüchtlinge aus aller Welt.

Beurteilung

Ein kleiner Roman mit großen Themen, humorvoll, märchenhaft und poetisch erzählt. Abbas Khider hat in diesem Buch einen Teil seiner eigenen Biographie verarbeitet. Beeindruckend. *(K. A.)*

Abbas Khider
Der falsche Inder
Roman
Nautilus

Verfasser/in

Überschrift: Zitat aus dem Interview

## »Meine Leidenschaft ist das Lesen«

Unterüberschrift: Textsorte

Ein Interview mit Abbas Khider

Verfasser/in / Interviewer/in

*von Ulrike Gasser*

Frage

**UG:** Herr Khider, Sie sind im Irak geboren, seit 2000 leben Sie in Deutschland. Damals haben Sie kein Deutsch gesprochen, heute schreiben Sie Bücher auf Deutsch. Wie kam es dazu?

Antwort

**AK:** Meine Leidenschaft ist das Lesen. Zuerst wollte ich arabische Bücher kaufen, aber die waren sehr teuer. Also habe ich angefangen, deutsche Bücher zu lesen und so mein Deutsch immer mehr verbessert.
**UG:** Und seit wann schreiben Sie auf Deutsch?

**AK:** Irgendwann haben meine Freunde gesagt: »Du sagst immer, du bist Schriftsteller, wir haben aber noch nie etwas von dir gelesen.« Dann habe ich ihnen meine erste Geschichte auf Deutsch geschickt. Wenig später ist mein erstes Buch auf Deutsch erschienen …
**UG:** Arabisch und Deutsch sind doch sehr verschieden. Wie kommen Sie mit diesen Unterschieden zurecht?
**AK:** Es gibt ja Lexika. Und natürlich mache ich immer Fehler, wenn ich schreibe. Aber ich lerne dabei auch jedes Mal ein bisschen mehr.

■ **Textsortenmerkmale**

| Textsorte | Verfasser/in | Schreibziel |
|---|---|---|
| Interview | Interviewer/in | Befragung einer Person |
| Buchtipp | Redakteur/in | Informieren über ein Buch |
| Zeitungsbericht | Journalist/in | Informieren über ein Thema |
| Leserbrief | Zeitungsleser/in | Meinung des Lesers / der Leserin |
| Kleinanzeige | Privatperson | Angebot / Gesuch |

Überschrift: Thema

## Jeder Vierte liest keine Bücher

Lesen in Deutschland 2008. Eine Studie der Stiftung Lesen, gefördert vom Bundesministerium für Bildung und Forschung.
*Hrsg. Heinrich Kreibich*

Unterüberschrift: Information zum Inhalt

Von 2.500 befragten Jugendlichen und Erwachsenen lesen 8 Prozent täglich, 36 Prozent wöchentlich, aber auch 25 Prozent nie ein Buch. Das belegt die aktuelle Studie „Lesen in Deutschland". Nur 3 Prozent der Befragten sind Viel-Leser, sie lesen mehr als 50 Bücher pro Jahr.

erster Absatz: allgemeine Informationen

Zwischenüberschrift: Thema im nächsten Absatz

### Deutsch sprechende Migranten als neue ‚Lese-Mittelschicht'

Gut gebildete Menschen mit Migrationshintergrund lesen mindestens genausoviel wie der Bevölkerungsdurchschnitt: 11 Prozent von ihnen lesen täglich. (…)

Detailinformationen

Überschrift der Rubrik

## Unsere Leser sagen die Meinung

Verweis auf einen Artikel mit Datum

zu Ihrem Artikel **„Wie begeistere ich mein Kind für Bücher?"**, 24.10.2010

Das Wichtigste ist doch, dass die Eltern mit gutem Beispiel vorangehen und nicht selbst jeden Abend vorm Fernseher oder im Internet verbringen. Auch muss man sich für die Kinder Zeit nehmen und ihnen vorlesen. Dafür brauchen sie von Anfang an eine große Auswahl an Geschichten. Meine Erfahrung zeigt, dass es egal ist, was die Kinder lesen, Hauptsache: sie lesen!
*Tatjana Müller, Neustadt*

persönliche Meinung

Verfasser/in

Überschrift der Rubrik

## Kleinanzeigenmarkt

Thema

**Vorlese-Tandem** Die Stadtbibliothek sucht Vorleser, die auf Deutsch, Russisch oder Türkisch vorlesen können. Die Idee hinter dem Projekt: Jeweils zwei Vorleser treten als „Tandem" zusammen auf und lesen Kindern in zwei Sprachen vor. Bitte direkt in der Stadtbibliothek melden!
06198 / 58670, Fr. Schoch

Angebot / Gesuch

Kontakt

| Textaufbau/-merkmale | Sprache | Visuelle Merkmale |
|---|---|---|
| Frage und Antwort | authentisch | manchmal mit Foto |
| kurzer Text | klar und informativ | manchmal mit Buchcover |
| längerer Text in Absätzen | informativ und ausführlich | verschiedene Überschriften |
| Verweis auf Artikel | persönlich | Rubrik mit Überschrift |
| Thema, Text, Kontakt | stichpunktartig | Rubrik mit Überschrift |

### Gar nicht so einfach – schwierige Gesprächssituationen

Sie möchten am Telefon etwas reklamieren.

A  Guten Tag, hier ist die Service-Hotline von …
   Mein Name ist …, was kann ich für Sie tun?

B  …, guten Tag. Ich möchte etwas reklamieren. Ich
   habe … gekauft, aber … funktioniert nicht.

A  Können Sie mir bitte die Rechnungsnummer / Ihre
   Kundennummer nennen?

B  Ja, einen Moment. Das ist die …

A  Gut, dann schildern / sagen Sie doch mal, was
   genau das Problem ist.

B  Also, heute wollte ich …, da ist … passiert. Es hat
   … gemacht und … war kaputt.

A  Haben Sie schon versucht, …?

B  Ja, aber das hat auch nicht geholfen.

A  Tja, dann müssen wir …
   reparieren / umtauschen.

B  Kostet das was? Und wie
   lange dauert das?

A  …

B  Okay, dann überlege ich
   mir das nochmal.

A  Gut, tun Sie das und melden
   sie sich dann wieder.

B  Ja. Danke! Auf Wiederhören.

Sie wollen zu etwas Stellung nehmen.

A  Wir müssen noch über … sprechen.

B  Ja, hierzu möchte ich Folgendes sagen.
   Ich glaube nicht, dass …

C  Da stimme ich zu. Ich finde auch, dass …

A  Das kann sein, aber meiner Meinung
   nach … Außerdem …

C  Habe ich Sie richtig verstanden, dass …?
   Das finde ich ganz und gar nicht!

B  Genau. Nur weil …, heißt das nicht, dass
   … Dafür / Dagegen spricht auch, dass …

A  Ich denke, wir müssen gemeinsam eine
   Lösung finden.

B  Wie wäre es denn, wenn wir …?

A  Das ist eine gute Idee. Ich bin dafür.

C  Okay. Ich auch.

A  Also einverstanden?

C, B: Einverstanden!

### Redemittel – Bausteine

**Wunsch / Problem äußern**

Ich komme / rufe an, weil …
Es gibt ein Problem mit …
Ich habe ein Problem …
Wir müssen noch über … sprechen.

Ich möchte … reklamieren /
zurückgeben / umtauschen.
… habe ich gekauft, aber … funktioniert nicht / passt nicht …

Ich habe einen Notfall.
Ich brauche Hilfe.

**fragen / nachfragen**

Was kann ich für Sie tun?
Was wollen / möchten Sie?
Wie kann ich Ihnen helfen?

Was genau ist das Problem?
Sagen Sie mir noch mal,
wer / wo / wann / wie / was / …

Können Sie mir bitte … nennen?
Haben Sie …?

**Verständnis sichern**

Habe ich Sie richtig verstanden,
dass … / Verstehe ich richtig?
Bitte noch mal und langsam.
Sie meinen also, dass …
Wie meinen Sie das?

Ist das klar?
Haben Sie verstanden?

Sie müssen einen Notfall schildern.

A …, wie kann ich Ihnen helfen?
B Hallo. Ich brauche Hilfe. Ich habe einen Notfall.
A Beruhigen Sie sich erst mal. Wo sind Sie denn und was ist passiert?
B Also, zuerst … und dann …
A Verstehe ich richtig? Sie … / Bitte noch mal und langsam.
B Genau … Und jetzt …
A Ich schicke gleich Hilfe. Sagen Sie mir jetzt noch mal, wo …
B Vielen Dank.
A Keine Ursache.

Sie möchten einen Konflikt lösen.

A Also, Herr … / Frau …, es tut mir wirklich leid, aber ich habe ein Problem mit …
B Aber ich … immer. Dieses Mal möchte ich …, weil …
A Das verstehe ich, aber ich glaube nicht, dass …
B Nein, damit bin ich nicht einverstanden.
A Aber wie können wir das Problem dann lösen? / Wie können wir uns einigen?
B Ich schlage vor, dass …
A Na gut, meinetwegen. / Da kann man wohl nichts machen.
B Schön, dass wir eine Lösung gefunden haben.

Sie müssen sich rechtfertigen.

A Was machen Sie denn da?
B Äh, nichts. Ich habe / wollte nur …
A Aber Sie können doch nicht einfach … Das geht nicht. Wissen Sie nicht, dass …?
B Tut mir leid. Das habe ich wirklich nicht gewusst.
A Das steht aber … / Das ist aber …
B Verzeihung, das kommt nicht wieder vor.
A Schon gut, …

| Zustimmung / Ablehnung äußern | auf andere reagieren | Kompromiss / Lösung finden |
|---|---|---|
| Ich glaube (nicht), dass … <br> Ich finde auch (nicht), dass … | Beruhigen Sie sich bitte. | Ich schlage vor, dass … <br> Wie wäre es denn, wenn wir …? <br> Wir müssen gemeinsam eine Lösung finden. |
| Das ist (k)eine gute Idee. <br> Ich bin dafür / dagegen. <br> Da stimme ich (nicht) zu. | Tut mir leid. / Das tut mir leid. <br> Das kommt nicht wieder vor. | |
| Dafür / Dagegen spricht auch, dass … <br> Außerdem … | Verzeihung. / Entschuldigung. <br> Entschuldigen Sie. | Einverstanden. <br> Na gut, meinetwegen. <br> Schade, da kann man wohl nichts machen. |
| Das geht doch nicht! <br> Das ist nicht in Ordnung! <br> Damit bin ich nicht einverstanden! | Das habe ich nicht gewusst. <br> Mir war nicht klar, dass … <br> Ich hätte nicht gedacht, dass … | |

## 1  Sätze

**Satzarten**

**Aussagesatz**

| | Position 1 | Position 2 Verb Teil 1 | | Satzende Verb Teil 2 |
|---|---|---|---|---|
| | Ich | bin | Alexis. | |
| | Am Wochenende | haben | wir frei. | |
| Trennbare Verben | Sie | steht | morgens früh | auf. |
| Nicht trennbare Verben | Er | besucht | einen Deutschkurs. | |
| Verb + Infinitiv | Am Abend | gehen | die Freunde | tanzen. |
| Modalverb + Infinitiv | Chao | kann | Auto | fahren. |
| Perfekt | Lisa | ist | mit dem Bus | gefahren. |

**W-Frage**

| | | | | |
|---|---|---|---|---|
| | Wo | wohnst | du? | |
| Trennbare Verben | Wann | steht | Herr Langner | auf? |
| Nicht trennbare Verben | Wie viel | verdienen | Sie? | |
| Verb + Infinitiv | Wie oft | geht | sie im Supermarkt | einkaufen? |
| Modalverb + Infinitiv | Was | möchtet | ihr heute | essen? |
| Perfekt | Wer | hat | die Rechnung | bezahlt? |

**Ja- / Nein-Frage**

| | | | | |
|---|---|---|---|---|
| | Haben | Sie | heute Abend Zeit? | |
| Trennbare Verben | Siehst | du | auch so gern | fern? |
| Nicht trennbare Verben | Gefällt | Ihnen | die Wohnung? | |
| Verb + Infinitiv | Geht | ihr | mittags zusammen | essen? |
| Modalverb + Infinitiv | Können | Sie | gut im Team | arbeiten? |
| Perfekt | Hat | es | sehr | wehgetan? |

**Imperativ-Satz**

| | | | | |
|---|---|---|---|---|
| Bitte | denk | an die Briefe! | | |
| | Räumt | endlich das Geschirr | | weg! |
| Bitte | entnehmen | Sie die Karte. | | |

**Positionen im Satz**

| Position 1 | Position 2 Verb Teil 1 | Mittelfeld | Satzende Verb Teil 2 |
|---|---|---|---|
| Cynthia | lebt | seit Sommer 1985 in Berlin. | |
| Im Sommer 1985 | ist | Cynthia nach Berlin | gekommen. |

Auf Position 1 steht meistens das Subjekt. Wenn eine Information besonders wichtig oder neu ist, kann diese Information Position 1 besetzen. Im Mittelfeld stehen Temporalangaben meist vor Lokalangaben.

## Sätze verbinden

**Hauptsatz + Hauptsatz mit *und, oder, aber***

Ich bin Lena **und** das ist Pjotr. **Und** wer sind Sie?　　　　　　　　(gleichgeordnet)

Gehst du zu Fuß **oder** fährst du mit dem Auto?　　　　　　　　　　　(alternativ)

Martina möchte einen Kuchen backen, **aber** sie hat kein Mehl.　　　　(adversativ)

**Hauptsatz + Hauptsatz mit *deshalb***

Frage: Warum? Weshalb?

| Hauptsatz | Hauptsatz | | |
|---|---|---|---|
| Meine Arbeit macht mir Spaß, | deshalb | arbeite | ich sehr viel. |

**Hauptsatz + Nebensatz mit *weil***

Frage: Warum?

| Hauptsatz | Nebensatz | | |
|---|---|---|---|
| Wir fahren mit dem Auto in den Urlaub, | weil | wir immer viel Gepäck | haben. |
| Eine Bahnfahrt ist nicht so anstrengend, | weil | man bei der Fahrt lesen und schlafen | kann. |

**Hauptsatz + Nebensatz mit *dass***

Frage: Was?

| Hauptsatz | Nebensatz | | |
|---|---|---|---|
| Es ist sehr wichtig, | dass | die Schule Spaß | macht. |
| Alle Eltern hoffen, | dass | ihre Kinder glücklich | werden. |
| Ich glaube, | dass | Petra einen Job | gefunden hat. |

**Hauptsatz + Nebensatz mit *wenn***

Frage: Wann? Unter welcher Bedingung?

| Hauptsatz | Nebensatz | | |
|---|---|---|---|
| Sabine liest gern mal ein Buch, | wenn | das Wetter schlecht | ist. |
| Viele Menschen hören Musik, | wenn | sie sich entspannen | wollen. |

**Hauptsatz + Nebensatz mit *damit***

Frage: Warum? Wozu?

| Hauptsatz | Nebensatz | | |
|---|---|---|---|
| Ich rufe meinen Mann an, | damit | er unsere Tochter von der Schule | abholt. |
| Sofia macht einen Deutschkurs, | damit | ihre Sprachkenntnisse besser | werden. |

**Hauptsatz + Relativsatz**

Frage: Welche/r/s? Was für ein/e?

| Hauptsatz | Nebensatz | | |
|---|---|---|---|
| Das ist die Lehrerin, | die | Mar im Deutschkurs | unterrichtet. |
| Wer ist der Mann, | den | du gegrüßt | hast? |

Relativpronomen ➥ S. 198

**Indirekte Frage: Hauptsatz + Nebensatz mit Fragewort**

| Hauptsatz | Nebensatz | | |
|---|---|---|---|
| Yusuf weiß noch nicht, | wohin | er im Urlaub | fährt. |
| Wir möchten gerne wissen, | wann | der Betriebsausflug | stattfindet. |

Die indirekte Frage mit Fragewort kann auch verkürzt sein. Was gemeint ist, ergibt sich aus dem Kontext.

| Yusuf weiß noch nicht, | wohin. | | |
|---|---|---|---|
| Wir möchten gerne wissen, | wann. | | |

**Indirekte Frage: Hauptsatz + Nebensatz mit *ob***

| Hauptsatz | Nebensatz | | |
|---|---|---|---|
| Können Sie mir sagen, | ob | dieser Zug nach Schwerin | fährt? |

Manche Nebensätze können vor dem Hauptsatz stehen, z.B. der *wenn*-Satz oder der *damit*-Satz. Dann steht der Nebensatz auf Position 1 und das konjugierte Verb im Hauptsatz auf Position 2.

| Nebensatz | | | Hauptsatz |
|---|---|---|---|
| Wenn | das Wetter so schön | bleibt, | fahren wir in die Berge. |
| Damit | deine Deutschkenntnisse besser | werden, | musst du viel lernen. |

> Worauf muss ich bei Nebensätzen aufpassen?

> Im Nebensatz steht das konjugierte Verb am Satzende.

## 2  Verben

**Verben im Präsens**

**haben, sein und werden**

| | haben | sein | werden |
|---|---|---|---|
| ich | habe | bin | werde |
| du | hast | bist | wirst |
| er / es / sie | hat | ist | wird |
| wir | haben | sind | werden |
| ihr | habt | seid | werdet |
| sie | haben | sind | werden |
| Sie | haben | sind | werden |

haben
+ Akkusativ: Sie hat einen Sohn / keinen Dienst.
+ Adjektiv: Wann hast du frei?

sein
+ Fragewort: Wer ist das? Was ist das? Wer sind Sie?
+ Namen: Ich bin Salman.
+ Nomen (Nominativ): Er ist Krankenpfleger.
+ Adjektiv: Die Nachbarn sind sehr nett.

werden
+ Nomen: Ich werde Pilot. Und was wirst du?
+ Adjektiv: Du wirst fit und sportlich.

Die Verben *haben* und *sein* brauchen Sie auch zur Perfektbildung. ➥ S. 193

**Regelmäßige und unregelmäßige Verben, trennbare und untrennbare Verben**

| regelmäßig | | | unregelmäßig a → ä , e → i | | trennbar | nicht trennbar |
|---|---|---|---|---|---|---|
| Personal-pronomen | kochen | antworten | fahren | nehmen | ein\|steigen | bezahlen |
| ich | koche | antworte | fahre | nehme | steige ein | bezahle |
| du | kochst | antwortest | fährst | nimmst | steigst ein | bezahlst |
| er / es / sie | kocht | antwortet | fährt | nimmt | steigt ein | bezahlt |
| wir | kochen | antworten | fahren | nehmen | steigen ein | bezahlen |
| ihr | kocht | antwortet | fahrt | nehmt | steigt ein | bezahlt |
| sie | kochen | antworten | fahren | nehmen | steigen ein | bezahlen |
| Sie | kochen | antworten | fahren | nehmen | steigen ein | bezahlen |

- Verbstamm auf -t, -d, -chn: du antwortest, er findet, sie rechnet, …
- Verbstamm auf -eln: ich lächle, ich klingle, …
- Verbstamm auf -ß, -s, -z: du heißt, er heißt, … du liest, er liest, …

**Unregelmäßige Verben**

Unregelmäßige Verben mit *a* und *e* wechseln in der 2. und 3. Person (Singular) den Vokal.

| a → ä | | e → i / ie | |
|---|---|---|---|
| schlafen | ich schlafe, du schläfst, er schläft | sehen | ich sehe, du siehst, er sieht |
| laufen | ich laufe, du läufst, er läuft | essen | ich esse, du isst, er isst |
| gefallen | ich gefalle, du gefällst, er gefällt | sprechen | ich spreche, du sprichst, er spricht |

**Trennbare Verben**

Die trennbaren Verben haben zwei Teile. Im Infinitiv bilden sie ein Wort, im Satz werden sie oft getrennt. Der Wortakzent liegt auf dem Präfix.

**Machen** Sie bitte den Mund <u>auf</u>!  Wann **zieht** Markus bei Jan <u>ein</u>? Können Sie bitte die Tür <u>aufmachen</u>?

| trennbare Präfixe | |
|---|---|
| ab- | abhören, absagen, abbiegen, … |
| an- | anklicken, anfangen, anrufen, sich anmelden, anbieten, … |
| auf- | aufstehen, aufräumen, aufhören, aufwachsen, aufbauen, aufhängen, … |
| aus- | aussehen, aussteigen, ausfüllen, auswandern, … |
| ein- | einladen, einkaufen, einsteigen, einfallen, sich einschreiben, … |
| los- | losfahren, losgehen, … |
| mit- | mitmachen, mitkommen, mitnehmen, mitbringen, … |
| vor- | vorstellen, vorhaben, vorschlagen, … |
| weg- | weggehen, weglaufen, wegräumen, … |
| zurück- | zurückkommen, zurückfahren, zurückkehren, zurückgreifen, … |

auch: fern\|sehen, statt\|finden, teil\|nehmen, rein\|kommen, raus\|gehen,…

### Nicht trennbare Verben

Bei den nicht trennbaren Verben bleiben Präfix und Verb in allen Formen zusammen. Der Wortakzent liegt auf dem Verbstamm.

**Best<u>ä</u>tigen** Sie die Eingabe. Das **gef<u>ä</u>llt** mir. Was hast du **erl<u>e</u>bt**? **Erz<u>ä</u>hl** mal.

| nicht trennbare Präfixe | |
|---|---|
| be- | bekommen, bestellen, bezahlen, sich bewerben, benutzen, sich beeilen, … |
| emp- | empfehlen, … |
| ent- | entnehmen, entschuldigen, entwickeln, … |
| er- | erleben, ergänzen, erzählen, erfahren, … |
| ge- | gefallen, gewinnen, gestalten, gehören, … |
| ver- | verkaufen, verdienen, verstehen, verschicken, verpassen, verbinden, … |

auch: übersetzen, sich unterhalten, unterbrechen, …

### sich-Verben

Es gibt zwei Arten von *sich*-Verben:

▪ Manche stehen immer mit dem Reflexivpronomen: **Ich** freue **mich**. **Wir** beeilen **uns**.
▪ Viele können mit oder ohne das Reflexivpronomen stehen: Ich wasche die Wäsche bei 40 Grad.
**Ich** wasche **mich** kalt.

Das Reflexivpronomen steht meistens im Akkusativ, nur selten im Dativ: **Ich** wasche **mir** die Hände.

| sich beeilen | | |
|---|---|---|
| ich | beeile | mich |
| du | beeilst | dich |
| er / es / sie | beeilt | sich |
| wir | beeilen | uns |
| ihr | beeilt | euch |
| sie | beeilen | sich |
| Sie | beeilen | sich |

| sich (das Wort) merken | | |
|---|---|---|
| ich | merke | mir |
| du | merkst | dir |
| er / es / sie | merkt | sich |
| wir | merken | uns |
| ihr | merkt | euch |
| sie | merken | sich |
| Sie | merken | sich |

das Wort

> Wie erkenne ich das Reflexivpronomen im Dativ?

> Das Reflexivpronomen steht im Dativ, wenn das Verb schon eine Ergänzung im Akkusativ hat.

Die Reflexivpronomen im Plural können eine wechselseitige Beziehung ausdrücken.
Er liebt sie. Sie liebt ihn. = **Sie lieben sich**.
Deshalb **schreiben sie sich** viele Briefe und **schenken sich** schöne Sachen.

### Verben und Ergänzungen

Die meisten Verben haben eine oder mehrere Ergänzungen:

▪ eine Akkusativ-Ergänzung: Ich suche einen Job. Wir mögen keine Volksmusik.
▪ eine Dativ-Ergänzung: Das Konzert gefällt dem Publikum.
▪ eine Akkusativ- und eine Dativ-Ergänzung: Ich schenke meiner Tochter einen Hund.
▪ eine Präpositional-Ergänzung: Viele Menschen warten auf den Urlaub.
Ich träume von einem neuen Haus.

Die meisten Verben haben eine Akkusativ-Ergänzung. Es gibt nur wenige Verben mit einer Dativ-Ergänzung. Diese muss man lernen:
antworten, danken, fehlen, folgen, gefallen, gehören, glauben, gratulieren, helfen, schmecken.

Die Präpositional-Ergänzung ist im Dativ oder im Akkusativ.

> In welchem Kasus steht das Nomen?

> Das hängt von der Präposition ab.

**Verben mit Präposition + Akkusativ**

| | |
|---|---|
| warten auf + A | Wir warten auf den Bus. |
| sich interessieren für + A | Ich interessiere mich für die deutsche Sprache. |
| sich freuen auf + A (Zukunft) | Schon im Herbst freut sich mein Sohn auf Weihnachten. |
| sich freuen über + A (Gegenwart, Vergangenheit) | Ich habe mich über deinen Brief gefreut. Danke. |

**Verben mit Präposition + Dativ**

| | |
|---|---|
| träumen von + D | Erika träumt von einem Haus am Strand. |
| sich treffen mit + D | Ben trifft sich mit seiner Freundin. |

**Verben mit Präposition + Dativ + Akkusativ**

| | |
|---|---|
| sich entschuldigen bei + D für + A | Der Lehrer entschuldigt sich bei den Schülern für den Fehler. |
| sich bedanken bei + D für + A | Die Mitarbeiter bedanken sich beim Chef für das Sommerfest. |
| sich bewerben bei + D um + A | Kira bewirbt sich um die Stelle als Ingenieurin bei Siemens. |

In Sätzen mit Verben mit Präposition fragt man
- nach Personen: mit Präposition + *wen?/wem?*
- nach Sachen: mit *wo(r)* + Präposition

In Sätzen mit Verben mit Präposition antwortet man
- bei Personen: mit Präposition + *den/dem*
- bei Sachen: mit *da(r)* + Präposition

Wofür interessieren Sie sich? – Für Sprachen. – Dafür interessiere ich mich auch. (Sache)
Auf wen warten Sie? – Auf meinen Mann. – Auf den warte ich auch. (Person)

**Das Verb *mögen***

| ich | mag | wir | mögen |
|---|---|---|---|
| du | magst | ihr | mögt |
| er/es/sie | mag | sie | mögen |
| | | Sie | mögen |

mögen + Person/Nomen im Akkusativ:
Er mag Musik und Tanzen. (= Er hat/macht das gern.)
Ich mag Brad Pitt. (= Ich finde ihn sympathisch.)
Magst du Fisch? – Ja, aber keinen Thunfisch. (= Schmeckt dir das?)

### Imperativ

Mit dem Imperativ können Sie eine Bitte, eine Aufforderung, eine Anweisung formulieren.
**Bringt** bitte Bananen mit. **Biegen Sie** jetzt rechts **ab**. **Iss** mehr Obst und Gemüse.

| Infinitiv | du-Imperativ | ihr-Imperativ | Sie-Imperativ (Sg. + Pl.) |
|---|---|---|---|
| kommen | Komm! | Kommt bitte! | Kommen Sie bitte! |
| lesen, du li**e**st | Li**e**s bitte laut!* | Lest bitte laut! | Lesen Sie bitte laut! |
| los\|fahren (trennbare Verben) | Fahr jetzt los! | Fahrt jetzt los! | Fahren Sie jetzt los! |
| beschreiben (nicht trennbare Verben) | Beschreib bitte das Bild. | Beschreibt bitte das Bild. | Beschreiben Sie bitte das Bild. |
| sich freuen (*sich* im Akkusativ) | Freu dich doch! | Freut euch doch! | Freuen Sie sich doch! |
| sich merken (*sich* im Dativ) | Merk dir die Telefonnummer! | Merkt euch die Telefonnummer! | Merken Sie sich die Telefonnummer! |

* Ebenso: sprechen, du sprichst → Sprich!; essen, du isst → Iss!; helfen, du hilfst → Hilf!

Manche Verben haben im Imperativ Singular *-e*, im Plural *-et*.
Antwort**e** / Antwort**et** bitte! Lad**e** / Lad**et** Verena auch ein! Zeichn**e** / Zeichn**et** bitte ein Bild!

### Modalverben

Mit den Modalverben können Sie verschiedene Einstellungen ausdrücken:
Ich kann / will / muss / darf / möchte einen Deutschkurs besuchen.
Sie stehen meist mit dem Infinitiv.

|  | können | wollen | müssen | dürfen | sollen | möchte- |
|---|---|---|---|---|---|---|
| ich | kann | will | muss | darf | soll | möchte |
| du | kannst | willst | musst | darfst | sollst | möchtest |
| er / es / sie | kann | will | muss | darf | soll | möchte |
| wir | können | wollen | müssen | dürfen | sollen | möchten |
| ihr | könnt | wollt | müsst | dürft | sollt | möchtet |
| sie | können | wollen | müssen | dürfen | sollen | möchten |
| Sie | können | wollen | müssen | dürfen | sollen | möchten |

> Worauf muss ich bei den Modalverben achten?

> 1. und 3. Person sind gleich, und es gibt einen Vokalwechsel zwischen Singular und Plural.

**Bedeutungen**

| | |
|---|---|
| Anna will ihre Wohnung renovieren. | Absicht, Plan, starker Wunsch |
| Am Samstag möchte ich mit dir ins Kino gehen. | Wunsch (Ich habe Lust.) |
| Milan kann sehr gut kochen. | Fähigkeit |
| Kann man in der VHS auch Yoga machen? | Möglichkeit |
| In einer Familie müssen alle mithelfen. | Aufgabe, Pflicht |
| Ich muss zu Hause bleiben, mein Kind ist krank. | Notwendigkeit |
| Du kannst mir beim Umzug helfen, aber du musst nicht. | keine Notwendigkeit |
| Beim Autofahren dürfen Sie Musik hören und rauchen. | Erlaubnis |
| Aber Sie dürfen nicht mit dem Handy telefonieren. | Verbot |
| Soll ich das Fenster aufmachen? | Frage nach einem Auftrag |
| Der Koch soll zwei Pizzas backen. | Wunsch / Aufforderung einer anderen Person |

## Verben im Perfekt

Das Perfekt besteht aus dem Partizip Perfekt und den Hilfsverben *sein* und *haben*.
Perfekt mit *haben*: Die meisten Verben, alle Verben mit Akkusativ und alle *sich*-Verben.
Perfekt mit *sein*: Verben der Bewegung (*fahren, gehen, laufen, rennen, …*), Verben der Veränderung (*aufwachen, aufstehen, einschlafen, …*) und die Verben *passieren, bleiben, sein*.

**Partizip Perfekt**

| Regelmäßige Verben | |
|---|---|
| **ge … t / et** | |
| hat | gekauft |
| hat | gemacht |
| hat | gefeiert |
| hat | geantwortet* |
| ist | gestürzt |
| **… ge … t (trennbare Verben)** | |
| hat | angemacht |
| hat | abgehört |
| ist | aufgewacht |
| **… t (nicht trennbare Verben)** | |
| hat | bezahlt |
| hat | erzählt |
| hat | verdient |
| **… t (Verben auf -ieren)** | |
| hat | telefoniert |
| ist | passiert |

| Unregelmäßige Verben | |
|---|---|
| **ge … (Vokalwechsel) … en** | |
| hat | gelesen |
| hat | genommen |
| hat | gefunden |
| ist | gefahren |
| ist | gekommen |
| **… ge … en (trennbare Verben)** | |
| hat | abgehoben |
| hat | angerufen |
| ist | angekommen |
| **… en (nicht trennbare Verben)** | |
| hat | beschrieben |
| hat | entnommen |
| hat | verbunden |

*Verbstamm auf -t, -d, -chn: hat gearbeitet, gebildet, gezeichnet, …

**Verben im Präteritum**

Wenn Sie etwas Vergangenes erzählen, benutzen Sie meist das Perfekt, bei den Verben *sein* und *haben* und bei den Modalverben das Präteritum.

|  | haben | sein | können | wollen | müssen | dürfen | sollen |
|---|---|---|---|---|---|---|---|
| ich | hatte | war | konnte | wollte | musste | durfte | sollte |
| du | hattest | warst | konntest | wolltest | musstest | durftest | solltest |
| er / es / sie | hatte | war | konnte | wollte | musste | durfte | sollte |
| wir | hatten | waren | konnten | wollten | mussten | durften | sollten |
| ihr | hattet | wart | konntet | wolltet | musstet | durftet | solltet |
| sie | hatten | waren | konnten | wollten | mussten | durften | sollten |
| Sie | hatten | waren | konnten | wollten | mussten | durften | sollten |

In der Schriftsprache benutzt man für Vergangenes meistens das Präteritum für alle Verben.
Ich habe dich gesehen und mich sofort in dich verliebt. (mündlich)
Er sah sie und verliebte sich sofort in sie. (schriftlich)

|  | regelmäßige Verben | | unregelmäßige Verben | |
|---|---|---|---|---|
|  | spielen | tanzen | gehen | kommen |
| ich | spielte | tanzte | ging | kam |
| du | spieltest | tanztest | gingst | kamst |
| er / es / sie | spielte | tanzte | ging | kam |
| wir | spielten | tanzten | gingen | kamen |
| ihr | spieltet | tanztet | gingt | kamt |
| sie | spielten | tanzten | gingen | kamen |
| Sie | spielten | tanzten | gingen | kamen |

**würde / könnte / möchte + Infinitiv**

Mit diesen Formen können Sie einen Vorschlag machen oder einen Wunsch äußern.

Ich würde jetzt gern etwas essen.
Wir könnten doch ins Kino gehen.
Möchten Sie zum Fest kommen?

**sollte + Infinitiv**

Mit dieser Form können Sie einen Ratschlag geben.

Du solltest nach der Arbeit Sport treiben, das ist gut für die Gesundheit.
Ihr solltet eure Nachbarn kennen lernen.

### 3 Nomen

Nomen bezeichnen Lebewesen, Gegenstände oder Abstraktes. Es gibt maskuline, neutrale und feminine Nomen (= Genus).

**Bestimmter und unbestimmter Artikel**

Unbestimmter Artikel: zum ersten Mal genannt / nicht näher definiert
Bestimmter Artikel: schon bekannt / schon genannt / näher definiert
Gibt es hier ein Café? – Ja, da vorn, das Café Einstein.

| Artikel | maskulin (m) | neutral (n) | feminin (f) | Plural (m, n, f) |
|---|---|---|---|---|
| bestimmt | der Bruder | das Mädchen | die Schwester | die Brüder, Mädchen, Schwestern |
| unbestimmt | ein Bruder | ein Mädchen | eine Schwester | Brüder, Mädchen, Schwestern |

Negation des unbestimmten Artikels (kein / keine) ➥ S. 199
Bestimmter Artikel als Demonstrativpronomen ➥ S. 197

**Possessivartikel**

Der Possessivartikel nennt Zugehörigkeit, Besitz. Er hat dieselben Endungen wie *ein / kein*.

| ich | mein Onkel, meine Tante |
|---|---|
| du | dein Onkel, deine Tante |
| er / es<br>sie | sein Onkel, seine Tante<br>ihr Onkel, ihre Tante |

| wir | unser Onkel, uns(e)re Tante |
|---|---|
| ihr | euer Onkel, eu(e)re Tante |
| sie<br>Sie | ihr Onkel, ihre Tante<br>Ihr Onkel, Ihre Tante |

er / es → sein:   Er trinkt **seine** Cola. (die Cola)   sie → ihr:   Sie trinkt **ihren** Kaffee. (der Kaffee)

Zugehörigkeit bei Namen auch mit *-s / '* oder *von*:
Driss ist Carmen**s** Mann. Leila ist Driss' Tochter. Lisa ist die Tochter von Sabine und Günther.

**Demonstrativartikel**

Mit dem Demonstrativartikel kann man etwas stärker betonen und es als besonders wichtig hervorheben.

Mein Sohn geht auf eine Realschule. Diese Realschule hat einen guten Ruf.

Der Demonstrativartikel hat die gleichen Endungen wie der bestimmte Artikel.

| | maskulin (m) | neutral (n) | feminin (f) | Plural (m, n, f,) |
|---|---|---|---|---|
| Nominativ | dieser Mann | dieses Kind | diese Frau | diese Männer, Kinder, … |
| Akkusativ | diesen Mann | dieses Kind | diese Frau | diese Männer, Kinder, … |
| Dativ | diesem Mann | diesem Kind | dieser Frau | diesen Männern, Kindern, … |

## Nomen im Nominativ, Akkusativ, Dativ

Nomen haben verschiedene Funktionen im Satz, z.B. Subjekt (Nominativ) oder Ergänzung. Es gibt verschiedene Ergänzungen. Das Verb bestimmt die Art der Ergänzung.

Nominativ: Wo ist der Arzt?
Akkusativ: Bitte holen Sie den Arzt / ihn.                (jemanden holen: holen + A)
Dativ: Der Arzt hilft der Patientin / ihr.                (jemandem helfen: helfen + D)
D + A: Der Arzt gibt der Patientin / ihr ein Rezept.     (jemandem etwas geben: geben + D + A)

### Artikelwörter im Nominativ

|  | maskulin (m) | neutral (n) | feminin (f) | Plural (m, n, f) |
|---|---|---|---|---|
| bestimmter Artikel | der Sohn | das Kind | die Tochter | die Söhne, Kinder, … |
| unbestimmter Artikel | ein Sohn | ein Kind | eine Tochter | Söhne, Kinder, … |
| Negativartikel | kein Sohn | kein Kind | keine Tochter | keine Söhne, Kinder, … |
| Possessivartikel | mein Sohn | mein Kind | meine Tochter | meine Söhne, Kinder, … |

### Artikelwörter im Akkusativ

|  | maskulin (m) | neutral (n) | feminin (f) | Plural (m, n, f) |
|---|---|---|---|---|
| bestimmter Artikel | den Sohn | das Kind | die Tochter | die Söhne, Kinder, … |
| unbestimmter Artikel | einen Sohn | ein Kind | eine Tochter | Söhne, Kinder, … |
| Negativartikel | keinen Sohn | kein Kind | keine Tochter | keine Söhne, Kinder, … |
| Possessivartikel | meinen Sohn | mein Kind | meine Tochter | meine Söhne, Kinder, … |

### Artikelwörter im Dativ

|  | maskulin (m) | neutral (n) | feminin (f) | Plural (m, n, f) |
|---|---|---|---|---|
| bestimmter Artikel | dem Sohn | dem Kind | der Tochter | den Söhnen, Kindern, … |
| unbestimmter Artikel | einem Sohn | einem Kind | einer Tochter | Söhnen, Kindern, … |
| Negativartikel | keinem Sohn | keinem Kind | keiner Tochter | keinen Söhnen, Kindern, … |
| Possessivartikel | meinem Sohn | meinem Kind | meiner Tochter | meinen Söhnen, Kindern, … |

## Plural

| -n / -en | Schulen, Kisten, Kollegen, Familien, Schwestern, Studenten, Türen, Zeichnungen, … |
|---|---|
| -e / ⸚e | Tage, Tiere, Filme, Kurse, Freunde, Söhne, Plätze, Züge, Bahnhöfe, … |
| -er / ⸚er | Kinder, Fahrräder, Länder, Schwimmbäder, … |
| - / ⸚ | Lehrer, Computer, Kugelschreiber, Kuchen, Lebensmittel, Äpfel, Brüder, Väter, Kindergärten, … |
| -s | Taxis, Autos, Fotos, Handys, Babys, Partys, DVDs, iPods, Notebooks, … |
| -nen | Lehrerinnen, Psychologinnen, Studentinnen, Lernpartnerinnen, Schwägerinnen, … |

Manche Nomen haben nur Singular, z.B. das Salz, das Gemüse, der Sport, die Polizei, …
Manche Nomen haben nur Plural, z.B. die Leute, die Geschwister, die Möbel, …

## 4 Pronomen

**Personalpronomen**

Das Personalpronomen steht für (= pro) Personen und Nomen.

| Nominativ | ich | du | er | es | sie | | wir | ihr | sie | Sie |
|---|---|---|---|---|---|---|---|---|---|---|
| Akkusativ | mich | dich | ihn | es | sie | | uns | euch | sie | Sie |
| Dativ | mir | dir | ihm | ihm | ihr | | uns | euch | ihnen | Ihnen |

Für Personen:
Ich mag ihn und er mag mich auch. Er will mit mir zusammen sein.
Frau Moor, wann kommen Sie? Soll ich Ihnen helfen?
Für Nomen:
Wo ist der Leergutautomat? – Er ist dort hinten.
Die Leute lachen. Der Film gefällt ihnen.

**Unpersönliches Pronomen *man***

Generelle Aussage: In der Volkshochschule kann man viele verschiedene Kurse besuchen.
Allgemeine Regel (Erlaubnis / Verbot): Hier darf man (nicht) rauchen.

**Unpersönliches Pronomen *es***

Aussagen über das Wetter:
Verben:        Es regnet.          Es schneit.          (Es hat geregnet. / Es hat geschneit.)
Adjektive:     Es ist sonnig.      Es ist windig.       Es ist kalt / warm.

**Possessivpronomen**

Das Possessivpronomen ist wie der Possessivartikel – außer im Nominativ maskulin und neutrum.
Hier trägt das Pronomen die Signalendungen R (Nominativ maskulin) oder S (Nominativ neutrum).
Ist das dein Schal? – Nein, das ist nicht meiner, meiner ist nicht blau, sondern schwarz.
Du hast ein tolles Fahrrad! – Ja, das ist toll, aber es ist nicht meins. – Ach, ich dachte, es ist deins.

**Demonstrativpronomen**

Bestimmter Artikel ↪ S. 195
Welcher Fernseher gefällt Ihnen? – Der hier, aber auch der da.
Welchen wollen Sie nehmen? Ich glaube, den da, der ist nicht so teuer.
Welche Kamera empfehlen Sie mir? Die da, die ist sehr gut getestet.

## Indefinitpronomen

**Unbestimmte Personen**

**Jeder** denkt nur an sich. (jede Person in der Gruppe: Verb im Singular)

**Alle** wollen nur feiern. (die Gruppe als Ganzes: Verb im Plural)

**Viele** haben ungern Gäste. (ein großer Teil der Gruppe: Verb im Plural)

**Einige** haben gerne Gäste. (ein kleiner Teil der Gruppe: Verb im Plural)

**Keiner** will aufräumen. (keine Person in der Gruppe: Verb im Singular)

**Einer** hilft schließlich doch. (eine Person in der Gruppe: Verb im Singular)

**Unbestimmte Angaben**

Hast du schon **etwas** gegessen? – Nein, ich habe noch **nichts** gegessen. (Negation)

Er hat mir **alles** erzählt, alles. – Mir hat er leider **nichts** erzählt.

Er hat gestern Abend **viel** getrunken. – Ich habe **nichts** getrunken.

Ich brauche einen Kuli. – Hier ist **einer**.

Und dann brauche ich auch noch ein Blatt Papier. – Hier ist **eins**.

Haben Sie auch Briefumschläge? – Hier sind **welche**.

Und Briefmarken? – Da habe ich leider **keine**.

*Jeder, alle, viele, einige, etwas, alles* und *viel* können auch als Artikelwort in Verbindung mit einem Nomen stehen.

**Einige Arbeitgeber** erlauben die private Internetnutzung am Arbeitsplatz. **Jeder Arbeitnehmer** muss die Regeln beachten.

## Relativpronomen

|  | maskulin (m) | neutral (n) | feminin (f) | Plural (m, n, f,) |
|---|---|---|---|---|
| **Nominativ** | der | das | die | die |
| **Akkusativ** | den | das | die | die |

Im Nominativ und Akkusativ ist das Relativpronomen identisch mit dem bestimmten Artikel.

maskulin

Wer ist der Mann, **den** du gegrüßt hast?
Akkusativ

feminin

Das ist die Frau, **die** an der Tür steht.
Nominativ

## Pronomen *einander*

Das Pronomen *einander* drückt eine wechselseitige Beziehung aus. Es steht oft in Kombination mit einer Präposition.

Ich feiere mit meiner Familie und meine Familie feiert mit mir. = Wir feiern **miteinander**.

Unsere Kinder lernen von uns und wir lernen von ihnen. = Wir lernen **voneinander**.

## 5 Negation

Bei Verben: Heute Abend koche ich nicht. Wir gehen ins Restaurant. – Ich gehe nicht mit.
Bei Nomen: Sie kann keinen Kuchen backen, sie hat kein Mehl und keine Eier.
Bei Adjektiven: Er ist nicht nervös.

Mit *nicht mehr*, *noch nicht* kann man eine Negation differenzieren.
Er ist nicht mehr nervös. Ich habe noch nicht gekocht. Sie hat kein Mehl mehr.

## 6 Adjektive

### Adjektive nach Nomen

Wenn das Adjektiv rechts vom Nomen steht, hat es keine Endung.
Die Schuhe sind neu. Das Kleid ist teuer.

### Adjektive vor Nomen

Wenn das Adjektiv links vom Nomen steht, hat es eine Endung. Die Endung hängt vom Artikelwort ab.

|  | maskulin (m) | neutral (n) | feminin (f) | Plural (m, n, f) |
|---|---|---|---|---|
| Nominativ | Re | Se | Ee | Een |
| Akkusativ | Nen | Se | Ee | Een |
| Dativ | Men | Men | Ren | Nen |

Die Signalendungen (R, S, E, N, M) können entweder am Artikel oder am Adjektiv stehen.
- Wenn das Artikelwort keine Signalendung hat oder wenn es kein Artikelwort gibt, dann hat das Adjektiv die Signalendung: ein großer Mann; sein kleines Haus; schönes Auto!
- Wenn das Artikelwort die Signalendung hat, dann hat das Adjektiv die Endungen *e* oder *en*:
  der große Mann, unsere kleinen Häuser

### Komparation

**Komparativ und Superlativ**
Mit Komparativ und Superlativ zieht man Vergleiche. Wenn die Adjektive im Komparativ oder Superlativ rechts vom Nomen stehen, haben sie keine Endung.

|  | Komparativ | Superlativ |
|---|---|---|
| klein | kleiner | am kleinsten |
| warm | wärmer | am wärmsten |
| laut | lauter | am lautesten |

Eine Maus ist klein, eine Fliege ist kleiner, ein Floh ist am kleinsten.

Umlaut: kurze Adjektive mit *a, o, u* z. B. lang / länger, kurz / kürzer
+ *-e*: Adjektive auf *-d* / *-t* und S-Laute (*-s, -ß, -x, -z, -sch*) z. B. am süßesten, am hübschesten, am kürzesten

unregelmäßige Formen:

hoch–höher–am höchsten, nah–näher–am nächsten, groß–größer–am größten, teuer–teurer–am teuersten, dunkel–dunkler–am dunkelsten, gut–besser–am besten, sehr/viel–mehr–am meisten, gern–lieber–am liebsten

**Vergleich mit *wie* und *als***

Es gibt zwei Arten von Vergleichen:

- Bei Gleichheit benutzt man *(genau)so* + Adjektiv in der Grundform + *wie*.
- Bei Unterschiedlichkeit benutzt man Adjektiv im Komparativ + *als*.

Markus ist (genau)so alt wie Sabine, nämlich 28. Aber er ist 30 cm größer als sie.

## 7  Präpositionen

Präpositionen stehen vor einem Nomen (mit oder ohne Artikelwort) oder vor einem Pronomen. Die Präposition bestimmt den Kasus.

| Präpositionen mit Akkusativ | Präpositionen mit Dativ | Präpositionen mit Akkusativ oder Dativ (Wechselpräpositionen) |
|---|---|---|
| gegen, für, ohne | mit, nach, aus, zu, von, bei, seit | an, auf, in, neben, vor, hinter, über, unter, zwischen |

Gülnur kommt aus der Türkei, aber sie lebt seit einem Jahr mit ihrem Mann in Deutschland.
Spartak Moskau spielt heute gegen den FC Werder Bremen. Es steht 1:0 für Spartak.
Der Teppich liegt im Wohnzimmer vor dem Bett.

Einige Präpositionen bilden zusammen mit dem bestimmten Artikel eine Kurzform.

in dem = im, an dem = am, von dem = vom, bei dem = beim, zu dem = zum, zu der = zur, in das = ins, an das = ans, auf das = aufs

## 8  Adverbien

**Lokale Adverbien**

| | | |
|---|---|---|
| hier | rechts | (he)rauf |
| dort | links | (he)raus |
| da | oben | (he)rein |
| | unten | (he)runter |
| | vorn | (he)rüber |
| | hinten | |

**Temporale Adverbien**

| Zeitpunkt | zeitliche Abfolge | Häufigkeit | Wiederholung | zeitliche Einordnung |
|---|---|---|---|---|
| heute | zuerst | immer | täglich | schon |
| gestern | dann | oft | jährlich | noch |
| morgen | danach | manchmal | dienstags | erst |
| | zum Schluss | selten | abends | |
| | | nie | nachmittags | |

## 9 Lokalangaben

### Mit Wechselpräpositionen

| | Akkusativ: Wohin stellt / legt / kommt / gehört…? | Dativ: Wo ist / steht / liegt / hängt…? |
|---|---|---|
| in | Der Kühlschrank gehört in die Küche. | Der Kühlschrank ist in der Küche. |
| an | Wir hängen das Bild an die Wand. | Das Bild hängt an der Wand. |
| auf | Der Fernseher kommt auf den Schrank. | Der Fernseher steht auf dem Schrank. |
| neben | Das Regal hängen wir neben das Fenster. | Das Regal hängt neben dem Fenster. |
| über | Der Poster gehört über das Bett. | Der Poster hängt über dem Bett. |
| unter | Wir stellen die Schuhe unter den Tisch. | Die Schuhe sind unter dem Tisch. |
| vor | Der Tisch gehört vor das Regal. | Der Tisch steht vor dem Regal. |
| hinter | Der Papierkorb kommt hinter den Schrank. | Der Papierkorb ist hinter dem Schrank. |
| zwischen | Die Zeitung kommt zwischen die Bücher. | Die Zeitung ist zwischen den Büchern. |

### Mit anderen Präpositionen

| nach + Ortsname | Wohin? | Wir fahren im Sommer nach Spanien. |
|---|---|---|
| zu + D | Wohin? | Geh doch bitte zum Arzt. |
| bei + D | Wo? | Warst du beim Frisör? |
| aus + D | Woher? | Lars kommt um 12 aus der Schule. |
| von + D | Woher? | Wann kommen Sie von der Arbeit nach Hause? |

### Geografische Angaben

| | Präposition | mit Artikel | ohne Artikel | |
|---|---|---|---|---|
| Woher?<br>(Dativ) | aus<br>von | Aus dem Iran. (m) Aus der Türkei. (f)<br>Von der Insel Usedom. (f) Vom Gardasee. (m) | Aus Polen.<br>Von Rügen. | Land<br>Meer, See,<br>Insel |
| Wo?<br>(Dativ) | in | Im Kosovo. (m) In der Schweiz. (f)<br>In den USA. (Pl.) | In Deutschland.<br>In Berlin | Land<br>Stadt |
| | an | Am Atlantik. (m) Am Meer. (n) An der Nordsee. (f)<br>Am Rhein. (m) An der Donau. (f) | | Meer<br>Fluss |
| | auf | Auf der Insel Kreta.<br>Auf den Malediven. Auf den Balearen. | Auf Mauritius.<br>Auf Sylt. | Insel (Sg.)<br>Insel (Pl.) |
| Wohin? | nach | | Nach Deutschland.<br>Nach Berlin. | Land<br>Stadt |
| Wohin?<br>(Akkusativ) | in | In den Kosovo. (m) In die Ukraine. (f) | | Land |
| | an | Ans Mittelmeer. (n) An die Nordsee. (f)<br>An die Donau. (f) An den Neckar. (m)<br>An den Baikalsee. (m) | | Meer<br>Fluss<br>See |
| | auf | Auf das Matterhorn. (n) Auf die Zugspitze. (f)<br>Auf die Kanarischen Inseln. | | Berg<br>Insel (Pl.) |

Lokalangaben mit Adverbien ➡ S. 200

## 10    Temporalangaben

**Zeitpunkt**

| um + A | genaue Uhrzeit | Ich stehe um halb acht auf. |
|---|---|---|
| gegen + A | ungenaue Uhrzeit | Wir kommen erst gegen Abend. Das Fest beginnt so gegen 9. |
| an + D | Tag | Wir fahren am Donnerstag nach Berlin. |
| | Tageszeit | Ich habe am Nachmittag Zeit. <br> aber: In der Nacht hat es geregnet. |
| | Datum | Silke ist am 12. Januar geboren. |
| | Feiertag | An Weihnachten kommt die ganze Familie zusammen. |
| in + D | Woche | In der nächsten Woche schreiben wir einen Test. |
| | Monat | Im August habe ich Urlaub. |
| | Jahreszeit | Ostern ist im Frühling. |
| nach + D | | Nach dem Abendessen sieht er oft fern. |
| vor + D | | Wasch deine Hände vor dem Essen. <br> Wir sind vor einem Jahr nach München gekommen. |
| zwischen + D | | Man soll zwischen den Mahlzeiten nichts essen. |
| – + A | | Einen Vormittag / Einen Tag / Eine Woche / Einen Monat vor dem Urlaub. <br> Diese Woche. Letztes Jahr. |

**Zeitdauer**

| ab + D | Beginn in der Gegenwart / Zukunft | Ab morgen gelten andere Regeln. |
|---|---|---|
| seit + D | Beginn in der Vergangenheit | Wir wohnen seit einem halben Jahr in der Mozartstraße. |
| von + D … <br> bis (zu) + D | | Von neun bis eins. Vom Frühstück bis zum Mittagessen. <br> Von Mittwoch bis Freitag. Von Januar bis März. |
| bei + D | | Beim Joggen höre ich iPod. |
| – + A | | Einen Tag / Eine Woche / Einen Monat (lang). |

Temporalangaben mit Adverbien ➥ S. 200

## 11    Fragewörter

| | Nach Personen fragen: | Nach Sachen fragen: |
|---|---|---|
| Nominativ | Wer zieht bei Jan ein? | Was ist das? |
| Akkusativ | Wen ladet ihr ein? | Was brauchst du noch? |
| Dativ | Wem helfen die Erklärungen? | |

**Nach Angaben fragen:**

| | | |
|---|---|---|
| Lokalangaben | Woher kommen Sie? <br> Wo wohnen Sie? <br> Wohin fahren Sie im Sommer? | |
| Temporalangaben | Wann ist der Kurs? <br> Wie oft hast du Kurs? <br> Wie lange bleibst du? | Wie viel Uhr ist es? <br> Wie spät ist es? <br> Von wann bis wann bleibst du? |
| Name, Alter | Wie heißt du? | Wie alt bist du? |

| Grund | **Warum** lernst du Deutsch? |
|---|---|
| Ziel | **Wozu** machst du diesen Job? |
| Art und Weise | **Wie** findest du die Musik? |
| Menge | **Wie viel** Geld haben Sie dabei? |
| Typ, Art (nach unbekannten Sachen / Personen fragen) | **Was für ein** Buch würden Sie gern lesen?<br>**Was für** Filme mögen Sie am liebsten? |
| Auswahl (genauer fragen) | **Welche** Band gefällt Ihnen besser, die „Beatles" oder die „Scorpions"?<br>**Welches** Land besuchen Sie im Sommer? |

Das Fragewort *was für (ein/e)* dekliniert man wie den unbestimmten Artikel.
**Was für einen** Fernseher möchtest du dir kaufen?
Das Fragewort *welche/r/s* dekliniert man wie den bestimmten Artikel.
**Welches** Handy können Sie mir empfehlen?

## 12 Wortbildung

### Zusammengesetzte Nomen

| | |
|---|---|
| Nomen + Nomen | die Arbeit + **das** Zimmer = **das** Arbeitszimmer |
| | die Sprache + der Kurs + **der** Teilnehmer = **der** Sprachkursteilnehmer |
| Verb + Nomen | wickeln + **der** Raum = **der** Wickelraum |
| Adjektiv + Nomen | klein + **das** Kind = **das** Kleinkind |
| Präposition + Nomen | neben + **die** Kosten = **die** Nebenkosten |

### Nomen aus Verben

schwimmen – das Schwimmen, lesen – das Lesen
wünschen – der Wunsch, besuchen – der Besuch

### Wortbildung mit Präfixen

Adjektive:    -un    **un**sympathisch, **un**modern, **un**praktisch, …

### Wortbildung mit Suffixen

| Nomen: | -er | (m) | der Lehr**er**, der Box**er**, der Schraubenzieh**er**, … |
|---|---|---|---|
| | -in | (f) | die Mitarbeiter**in**, die Lehrer**in**, die Kursteilnehmer**in**, die Student**in**, … |
| | -e | (f) | die Frag**e**, die Reis**e**, die Red**e**, … |
| | -t | (f) | die Fahr**t**, die Schich**t**, die Fluch**t**, … |
| | -ung | (f) | die Wohn**ung**, die Richt**ung**, die Wander**ung**, die Behinder**ung**, … |
| | -chen | (n) | Peter**chen**, das Schwein**chen**, das Mäus**chen**, das Süpp**chen**, … |
| | -lein | (n) | Gabi**lein**, das Tisch**lein**, das Kind**lein**, das Brief**lein**, … |
| Adjektive: | -bar | | verstell**bar**, liefer**bar**, ess**bar**, ausklapp**bar**, … |
| | -frei | | barriere**frei**, alkohol**frei**, … |

Die Wortliste enthält alle Wörter und Ausdrücke der Basisaufgaben in *Aussichten A2* (bei Lese- und Hörtexten nur die Wörter, die für das Lösen der Aufgaben wichtig sind).

Die Worteinträge enthalten folgende Informationen:

■ Nomen

**Bluse, die, -n**

Wortakzent (lang)   Artikel   Pluralform

**Armut, die** *(nur Sg.)*

Wortakzent (kurz)       kein Plural

■ Verben

**bedeuten**

Infinitiv

**abfahren, fährt ab**

bei trennbaren und unregelmäßigen Verben auch 3. Person Singular

**interessieren, sich, für + A**

bei Verben mit Präpositionalergänzung Hinweis auf Präposition und Kasus

**Rock, der, ⸚e** *(Kleidungsstück)*

bei Wörtern mit mehreren Bedeutungen Hinweis zur Unterscheidung

Die Zahl hinter dem Wort zeigt, auf welcher Seite das Wort zum ersten Mal vorkommt.
Wörter für die Prüfung *Start Deutsch 1* und *Start Deutsch 2* sind mit einem Punkt markiert.

Abkürzungen:
Sg. = Singular
Pl. = Plural
jmdn. = jemanden
jmdm. = jemandem
A = Akkusativ
D = Dativ

**A**   ab und zu  100
 • aber *(Partikel)*  168
   Abfluss, der, ⸚e  154
   Abgaswert, der, -e  118
 • abgeben, gibt ab  113
   Abitur, das *(nur Sg.)*  58
   Abkommen, das *(nur Sg.)*  170
   abkühlen, kühlt ab  150

ablehnen, lehnt ab  168
ablenken, lenkt ab  107
ablesen, liest ab  116
abmachen, macht ab  168
   Abgemacht!
abmahnen, mahnt ab  108
Abschied, der, -e  117
Abschleppdienst, der, -e  154
 • abschließen, schließt ab  122
Abschluss, der, ⸚e  117
Abschlussprüfung, die, -en  60
absichern, sichert ab  108
 • abstellen, stellt ab  79
Abstellplatz, der, ⸚e  34
abtrocknen, sich, trocknet sich ab  45
Ach Gott!  163
Ach so!  134
achten auf + A  166
 • Achtung!  49
ADAC, der *(Abkürzung für* Allgemeiner Deutscher Automobil Club*)*  122
Affe, der, -n  123
Ägypten  134
ahnungslos  172
Aktion, die, -en  105
aktiv  99
aktivieren  136
aktuell  124
albern  132
alkoholfrei  39
alle sein  52
Alleinerziehende, der / die, -n  144
Allergie, die, -n  81
Alles klar!  71
allgemein  116
allgemein bildende Schule  69
alltagstauglich  64
altmodisch  135
Ambulanz, die, -en  81
Amtsgericht, das, -e  166
 • andere / r / s  14
 • ändern  156
 • Anfang, der, ⸚e  64
   am Anfang  64
anfeuern, feuert an  42
Anfrage, die, -n  39
Angabe, die, -n  39
 • Angestellte, der / die, -n  133
 • Angst, die, ⸚e (vor + D)  21
anhaltend  139
Anhang, der, ⸚e  68
Ankündigung, die, -en  117
Anlass, der, ⸚e  115
anmachen, macht an *(gefallen)*  118
 • anmelden, sich, meldet sich an für + A  67
 • Anmeldung, die, -en  112
annehmen, nimmt an *(Angebot)*  168
annehmen, nimmt an *(glauben)*  169

Anorak, der, -s 130
anpfeifen, pfeift an 42
Anrede, die, -n 39
anschließen, schließt an 137
Anschlussstelle, die, -n 124
Anschreiben, das, - 68
Ansicht, die, -en 138
ansprechen, spricht an (jmndn.) 20
Anspruch, der, ⸚e
   Anspruch haben auf + A 83
anstoßen, stößt an 115
• antworten 135
• anziehen, sich, zieht sich an 45
• Anzug, der, ⸚e 22
Arbeitgeber, der, - 83
Arbeitnehmer, der, - 83
Arbeitsalltag, der (nur Sg.) 165
Arbeitsfläche, die, -n 150
Arbeitsklima, das, -s 37
• arbeitslos 58
Arbeitslose, der / die, -n 102
Arbeitsstelle, die, -n 58
Arbeitszeit, die, -en 86
• ärgern, sich, über + A 104
Argument, das, -e 33
Armbanduhr, die, -en 154
Armut, die (nur Sg.) 46
arrangieren, sich, mit + D 171
Attacke, die, -n 107
attraktiv 118
atypisch 155
Aua! Autsch! 149
• auf sein 172
• Aufenthalt, der, -e 16
auffallen, fällt auf 132
Auffassung, die, -en 132
aufgehen, geht auf 153
aufgeregt 116
aufhängen, hängt auf 51
auflockern, sich, lockert sich auf 139
Aufmerksamkeit, die (nur Sg.) 132
aufregen, sich, regt sich auf über
   + A 132
Aufregung, die, -en 152
Aufsehen, das (nur Sg.) 154
aufstellbar 32
aufteilen, teilt auf 83
Aufteilung, die, -en 83
Auftrag, der, ⸚e 171
aufwachsen, wächst auf 59
aufziehen, zieht auf 139
• aus sein 100
Ausbildung, die, -en 16
Ausbürgerung, die, -en 171
ausdrücken, drückt aus (sich) 64
Ausfahrt, die, -en 124
ausfallen, fällt aus 149
ausklappbar 32
• Auskunft, die, ⸚e 112

• Ausland, das (nur Sg.) 101
• Ausländer, der, - 46
• ausländisch 46
Auslandsaufenthalt, der, -e 16
Ausnahme, die, -n 108
auspacken, packt aus 149
ausprobieren, probiert aus 49
ausrollen, rollt aus 150
ausruhen, sich, ruht sich aus 82
Ausschalten, das (nur Sg.) 136
ausschalten, schaltet aus 137
Aussehen, das (nur Sg.) 118
• außerdem 100
Ausstand, der, ⸚e 113
Ausstattung, die, -en 119
ausstechen, sticht aus 150
austauschen, sich, tauscht sich aus
   über + A 99
ausüben, übt aus 101
ausverkauft 53
auswandern, wandert aus 64
ausziehbar 32
• Autobahn, die, -en 124
Automechaniker, der, - 71
Automobilmuseum, das, -museen 36
Axt, die, ⸚e 65
**B** Babysitten, das (nur Sg.) 18
Backblech, das, -e 150
• Bäckerei, die, -en 68
Backofen, der, ⸚ 105
BAföG, das (Kurzwort für Bundesaus-
   bildungsförderungsgesetz) 15
Bagger, der, - 167
Baguette, das, -s 154
Ballett, das (nur Sg.) 47
Band, die, -s (Musik) 12
Bär, der, -en 123
barrierefrei 39
Baseball, der (Sport, nur Sg.) 42
Bauarbeit, die, -en 124
bauen 170
Baujahr, das, -e 118
• Baum, der, ⸚e 140
Baumarkt, der, ⸚e 53
Baustelle, die, -n 109
Becher, der, - 146
bedanken, sich, bei + D, für + A 104
• bedeuten 17
Bedingung, die, -en 83
• beeilen, sich 45
Beförderung, die, -en 114
befürchten 22
begeistern 116
begrenzen auf + A 108
begründen 154
Behinderung, die, -en 26
Behörde, die, -n 132
• beide 45

• Beispiel, das, -e
   zum Beispiel 16
Beitrag, der, ⸚e 98
• bekannt 106
belasten 107
bemerken 129
beobachten 171
beraten
   sich beraten lassen 166
Beraterin, die, -nen 167
• Beratung, die, -en 166
Bereich, der, -e 54
bereits 167
berichten über + A / von + D 42
Berufserfahrung, die, -en 69
Berufsleben, das, - 114
berufstätig 83
beruhigen, sich 153
Besatzungszone, die, -n 170
beschäftigen 83
bescheiden 146
Bescherung, die, -en 154
beschimpfen 46
beschließen 170
Beschränkung, die, -en 171
• beschweren, sich, über + A,
   bei + D 104
Besichtigung, die, -en 38
Besitzer, der, - 122
besondere / r / s 69
• besonders 67
besorgen 77
bespitzeln 171
besprechen, bespricht 100
beste / r / s 62
Besteck, das, -e 39
bestehen aus + D 116
Bestellung, die, -en 52
bestrafen 108
bestreichen 150
beten 148
betont 70
Betonung, die, -en 117
betragen, beträgt 103
Betreff, der, -s 68
• Betrieb, der, -e 38
   außer Betrieb sein 28
Betriebsausflug, der, ⸚e 37
Betriebsklima, das, -s 107
Betriebsrat, der, ⸚e 113
Bevölkerung, die, -en 171
bewegen, sich 132
Bewegung, die (hier nur Sg.) 42
bewerben, sich, bewirbt sich bei + D
   um + A 67
Bewerber, der, - 70
• Bewerbung, die, -en 68
Bezahlung, die, -en 155
Bezeichnung, die, -en 105

beziehen (Geld) 83
beziehungsweise (*Abkürzung bzw.*) 132
bezweifeln 169
bilden 99
Bilderrahmen, der, - 34
bisher 70
Bissen, der, - 146
Blasmusik, die (*nur Sg.*) 13
blass 80
• Blatt, das, ⸚er (*Baum*) 140
• Blatt, das, ⸚er (*Papier*) 116
Blickkontakt, der, -e 116
Blindenschrift, die, -en 96
Blitz, der, -e 139
blockieren 124
blubbern 50
Blumenstrauß, der, ⸚e 97
• Bluse, die, -n 23
Blutdruckmessgerät, das, -e 51
Bluthochdruck, der (*nur Sg.*) 81
Bock, der, ⸚e 123
Bohrmaschine, die, -n 51
• böse 105
Boxen, das (*nur Sg.*) 48
Boxer, der, - 49
• Briefkasten, der, ⸚ 100
• Briefmarke, die, -n 100
Briefmarkensammlung, die, -en 162
• Briefumschlag, der, ⸚e 100
brummen 50
Brust, die, ⸚e 82
brutal 48
Bücherregal, das, -e 33
• Buchstabe, der, -n 49
Bundeswirtschaftsministerium, das, -ministerien 166
bunt 32
Bürger, der, - 169
Bürokauffrau, die, -en 100
Businessplan, der, ⸚e 166

C Cabrio, das, -s 120
Cappuccino, der, -(s) 63
• CD, die, -s (*Abkürzung für* Compact Disc) 149
Cello, das, Cellos / Celli 11
Chanukka, die (*nur Sg.*) 148
Chaos, das (*nur Sg.*) 173
charmant 23
chatten 97
• Chefin, die, -nen 131
Chor, der, ⸚e 69
chronisch 70
Clown, der, -s 55
• Creme, die, -s 82

D • Dach, das, ⸚er 121
Dachboden, der, ⸚ 162
• dagegen 46

damals 100
• Dame, die, -n 39
damit (*Konnektor*) 55
• danken für + A 117
• dass 15
Datei, die, -en 138
Daten, die (*nur Pl.*) 69
Datenbank, die, -en 15
• Dauer, die (*nur Sg.*) 83
• dauern 60
dauernd 83
Decke, die, -n 34
decken (Tisch) 151
Dekorieren, das (*nur Sg.*) 150
Demokratie, die, -n 171
Demonstrant, der, -en 169
Demonstration, die, -en 169
demonstrieren 172
• denken 64
• denn (*Konnektor*) 132
Depression, die, -en 81
• deshalb 132
Design, das, -s 32
deswegen 100
Detail, das, -s 118
deutschstämmig 64
Dialog, der, -e 62
• dick 23
Dienstjubiläum, das, -jubiläen 74
Dienstleistung, die, -en 167
Dienstzugehörigkeit, die, -en 113
• diese / r / s (*Artikel*) 60
Diktat, das, -e 60
• Ding, das, -e / *ugs.* -er 23
Dings / Dingsda / Dingsbums, der / das / die 76
Diplom, das, -e 59
• direkt 100
Diskussion, die, -en 62
Donner, der, - 139
Doppelklick, der, -s 138
Download, der, -s 107
• draußen 48
drehen 134
drohen 108
• drücken 136
Dschungel, der, - 103
Dübel, der, - 51
• dumm 123
• durch 38
• Dusche, die, -n 45
• duschen, sich 45

E ebenfalls 83
echt (*Partikel*) 33
effektiv 166
• Ehemann, der, ⸚er 154
Ehrenamt, das, ⸚er 54
ehrenamtlich 54

• eigen- 99
Eimer, der, - 53
• ein paar 154
Einfahrt, die, -en 124
• einfallen, fällt ein jmdm. etw. 65
einfügen, fügt ein 138
eingeschränkt 99
einige 44
einigen, sich 157
einkassieren, kassiert ein 100
Einkommen, das, - 83
Einlass, der (*nur Sg.*) 14
einlegen, legt ein 136
Einleitung, die, -en 117
Einnahme, die, -n 166
• einrichten, richtet ein 124
Einrichtungsberaterin, die, -nen 34
einrosten, rostet ein 65
Einschalten, das (*nur Sg.*) 136
einschalten, schaltet ein 100
einschließen, schließt ein 154
einschreiben, sich, schreibt sich ein 67
Einstand, der, ⸚e 115
einstellen, stellt ein 137
Einstellung, die, -en 114
Eintrag, der, ⸚e 166
einverstanden sein 61
Einweihungsfest, das, -e 74
Einwilligung, die, -en 108
Einzelsport, der (*nur Sg.*) 49
Einzug, der, ⸚e 136
Eischnee, der (*nur Sg.*) 150
Eishockey, das (*nur Sg.*) 42
eiskalt 140
Eiweiß, das, -e 150
• elektrisch 130
Elterngeld, das (*nur Sg.*) 83
Elternzeit, die (*nur Sg.*) 83
emotional 64
Empfang, der (*hier nur Sg.*) 102
empfangen, empfängt 97
Engagement, das, -s 55
engagieren, sich 54
engagiert 62
entdecken 167
entfernt 100
entscheiden über + A 108
Entscheidung, die, -en 112
entschuldigen, sich, bei + D, für + A 104
entspannen 14
entspannen, sich 48
entsprechen, entspricht 60
enttäuschen 117
entwickeln, sich 65
Ereignis, das, -se 173
erfahren 38

- Erfahrung, die, -en 58
  erfinden 166
  erholsam 48
- erinnern, sich, an + A 117
  Erinnerung, die, -en 113
- erlauben 107
- Erlaubnis, die, -se 108
  Erlebnis, das, -se 117
  ermöglichen 60
  Eröffnung, die, -en 112
  Ersatzteil, das, -e 50
  erscheinen 132
  erstellen 99
  erstens, zweitens 107
  Erstkommunion, die, -en 148
  erwischen 109
- erzählen 20
  Erzählung, die, -en 117
  Erziehung, die (nur Sg.) 65
  Esel, der, - 123
  Esslöffel, der, - 150
  Esstisch, der, -e 32
  etwa 29
  EU-Bürger, der, - 15
  EU-Bürgerin, die, -nen 15
  Europameisterin, die, -nen 46
  Experte, der, -n 108
  Expertin, die, -nen 167
  Expertise, die, -n 167
  extravagant 46

F   Fach, das, ⸚er 16
  Fado, der, -s 13
  Fahrbahn, die, -en 124
- Fahrer, der, - 19
  Fahrzeug, das, -e 120
  Fall, der, ⸚e
    auf jeden Fall 75
- auf keinen Fall 36
    für alle Fälle 81
- fallen, fällt 139
  Familienfest, das, -e 148
  Familienmitglied, das, -er 79
  Fanartikel, der, - 42
  fantasiereich 170
  Farbe, die, -n (zum Malen) 51
  farbenfroh 32
  Fasching, der, -s 78
  Faschingsumzug, der, ⸚e 74
  fassen (glauben) 172
- fast 32
  faszinierend 65
- Fax, das, -e 154
  fehlen 64
- Feier, die, -n 75
  feierlich 12
  Feld, das, -er 38
  Felge, die, -n 121
  Fensterbank, die, ⸚e 34

  Ferkel, das, - 123
  fern 98
  Ferne, die (nur Sg.) 116
  Fernsehen, das (nur Sg.) 49
  Fernsehsendung, die, -en 167
  Fernsehsessel, der, - 32
- fertig 45
  fest 171
  festlegen, legt fest 83
  Festnetz, das (nur Sg.) 102
  feucht 139
- Feuer, das, - 151
  Feuerleiter, die, -n 153
- Feuerwehr, die, -en 152
- Feuerzeug, das, -e 151
  Figur, die, -en 23
  Finanzamt, das, ⸚er 166
  finanziell 16
  finanzieren 16
  Finanzierung, die, -en 16
  Fischfilet, das, -s 80
  Flatrate, die, -s 103
  flexibel 19
  fliehen 46
  flirten 63
  Flohmarkt, der, ⸚e 160
  Flöte, die, -n 11
  Flucht, die, -en 170
  Flüchtling, der, -e 46
  flüstern 116
  Föhn, der, -e 130
  föhnen (sich) 45
  Fokus, der, -se 167
  folgen 135
  fordern 171
  fördern 98
- Förderung, die, -en 16
  Form, die, -en 118
- Formular, das, -e 16
  Fortbildung, die, -en 69
  fortsetzen, sich, setzt sich fort 139
  Forum, das, Foren 99
- Foto, das, -s 97
- Fotoapparat, der, -e 162
- Frage, die, -n
    in Frage kommen 155
- freiwillig 54
  Freude, die, -n 148
  freudig 107
- freuen, sich, auf + A / über + A 67
  Freundlichkeit, die (nur Sg.) 105
  frieren 140
  Frisur, die, -en 22
- froh 100
  Fröhlichkeit, die (nur Sg.) 132
  Frost, der, ⸚e 139
- früher 44
- fühlen 64

  führen zu + D 60
  Führung, die, -en 38
  füllen 136
  fürchten 152
  füreinander 144
  Fußballspielerin, die, -nen 42
G · Gabel, die, -n AB 161
  Galerie, die, -n 38
  Gans, der, ⸚e 123
  gar nicht 13
- Garage, die, -n 162
- Garantie, die, -n 120
  Gardine, die, -n 33
- Gas, das (nur Sg.) 125
  Gebet, das, -e 64
  Geborgenheit, die (nur Sg.) 145
  Gebrauchsanleitung, die, -en 136
  gebraucht 32
  Gebrauchtwagen, der, - 122
- Gebühr, die, -en 16
  Geburt, die, -en 83
  Geburtsdatum, das, -en 46
  Geburtsort, der, -e 46
  Geduld, die (nur Sg.) 132
  geeignet 38
  Gefahr, die, -en 124
  Gefängnis, das, -se 171
  Gegenstand, der, ⸚e AB 13
- Gegenteil, das, -e
    im Gegenteil 132
  gehäuft 150
  Geheimsprache, die, -n 65
- gehören jmdm. 50
  gehören zu + D 46
  Geige, die, -n 11
  Geländewagen, der, - 50
- Geldbörse, die, -n 160
  Gelegenheit, die, -en 103
  gelegentlich 103
  gelingen 170
  genauso 102
  generell 107
  genial 100
  geöffnet 113
- Gerät, das, -e 105
  gerieben 150
  gering 118
  gerührt 116
- Gesamtschule, die, -n 60
  Geschäftsleitung, die, -en 112
  Geschäftsplan, der, ⸚e 166
  Gesellschaft, die, -en 132
  Gesetz, das, -e 17
- Gesicht, das, -er 132
- Gespräch, das, -e 70
  Gestik, die (nur Sg.) 117
  Gewerbe, das, - 166
- Gewerkschaft, die, -en 54

Gewinner, der, - 163
• Gewitter, das, - 139
gewöhnen, sich, an + A 140
Gitarre, die, -n 11
Glas, das (*Material, nur Sg.*) 32
Glasplatte, die, -n 136
glatt 140
Glatteis, das (*nur Sg.*) 139
gleichgeschlechtlich 144
gleichzeitig 60
Glühbirne, die, -n 149
Gong, der, -s 49
Graffito, das, Graffiti 96
Grammatik, die, -en 65
• Grenze, die, -n 96
Grenzgebiet, das, -e 170
Grenzsoldat, der, -en 172
Grill, der, -s 77
großzügig 120
Grund, der, ⁼e 39
gründen 55
gründlich 154
• Grundschule, die, -n 60
Gründung, die, -en 170
• Gymnasium, das, Gymnasien 60
H halbtags 70
Hälfte, die, -n 16
Halle, die, -n 45
• halten, hält 116
halten, sich, an + A 108
Haltestelle, die, -n 26
Haltung, die, -en 132
Hammer, der, - 51
Handball, der (*Sport, nur Sg.*) 48
handeln AB 165
Handelsregister, das, - 166
Händler, der, - 53
Handtasche, die, -n 130
• Handtuch, das, ⁼er 130
Handwerk, das, -e 114
Handwerker, der, - 100
handwerklich 60
hängen 34
harmonisch 12
hart 132
Hase, der, -n 123
Haufen, der, - 147
häufig 107
Hauptfigur, die, -en 170
hauptsächlich 99
• Hauptschule, die, -n 60
Hausarrest, der, -e 171
Hausbewohner, der, - 152
Hausschuh, der, -e 35
heben 150
Heiligabend, der, -e 154
heimlich 46
hektisch 132

Held, der, -en 171
Helm, der, -e 109
• Hemd, das, -en 23
hereinholen, holt herein 163
herrlich 13
herstellen, stellt her (Kontakt) 19
herunterladen, lädt herunter 98
hervorragend 68
Heu, das (*nur Sg.*) 134
heutzutage 155
hinkriegen, kriegt hin 153
• hinter 34
hinweisen, weist hin auf + A 109
hinzufügen, fügt hinzu 138
Hip-Hop, der (*nur Sg.*) 12
historisch 173
hoch 82
Höchstwert, der, -e 139
• Hochzeit, die, -en 75
Hocker, der, - 33
Hof, der, ⁼e (Bio-Hof) 38
• holen 151
Holz, das (*nur Sg.*) 32
Honig, der (*nur Sg.*) 146
Hörer, der, - 106
Hörerin, die, -nen 106
Hose, die, -n 23
Hotline, die, -s 104
Huch! 149
Humor, der (*nur Sg.*) 171
humorvoll 170
Hut, der, ⁼e 23
I ideal 100
Identität, die, -en 65
Igitt! 149
im Voraus 39
Image, das, -s 46
individuell 60
Informatik, die (*nur Sg.*) 167
informieren, sich, über + A 166
insgesamt 102
installieren 138
Instrument, das, -e 12
integrieren, sich 46
interessieren jmdn. 42
interessieren, sich, für + A 67
interessiert 62
Internetnutzung, die (*nur Sg.*) 107
Internetportal, das, -e 122
Investor, der, -en 166
inzwischen 145
Iran, der 65
irgendetwas 131
irgendwo 153
Ironie, die (*nur Sg.*) 116
J • ja (*Partikel*) 168
Jackett, das, -s 130
Jazz, der (*nur Sg.*) 12

Jeans, die, - 23
jederzeit 108
• jemand 132
jeweils 103
Jobsuche, die (*nur Sg.*) 67
Joggen, das (*nur Sg.*) 48
• Jugendliche, der / die, -n 132
K Kaffeerösterei, die, -en 167
Kakao, der (*nur Sg.*) 80
kämmen, sich 45
kämpfen gegen / für + A 132
• Kanne, die, -n 160
Karosserie, die, -n 118
• Kassette, die, -n 160
Kaufbeleg, der, -e 105
• kaum 172
• Keller, der, - 151
Kellnern, das (*nur Sg.*) 18
• Kenntnis, die, -se 69
• Kennzeichen, das, - 127
Kerze, die, -n 75
Kerzenständer, der, - 160
Ketschup, der / das (*nur Sg.*) 80
• Kette, die, -n 23
• Kfz, das, - (*Abkürzung für* Kraftfahr-
zeug) 114
Kilometerstand, der, ⁼e 118
Kindergärtnerin, die, -nen 132
kinderlos 144
Kindheit, die, -en 46
kippen 146
Kirschtorte, die, -n 80
    Schwarzwälder Kirschtorte,
    die, -n 76
Kissen, das, - 34
kitschig 161
Klamotte, die, -n 131
klappen 132
klappern 50
Klarinette, die, -n 11
Klasse! 33
Klassik, die (*nur Sg.*) 12
klassisch 121
Klavier, das, -e 11
kleben (an + D) 144
• Kleid, das, -er 22
Kleiderschrank, der, ⁼e 32
Kleidungsstück, das, -e 23
Kleinigkeit, die, -en 154
Kleinwagen, der, - 120
klicken 138
Klima, das, -s / -ta 140
Klimaanlage, die, -n 39
klirren 50
Klischee, das, -s 132
knacken 50
knallen 50
Knie, das, - 81

knirschen 50
Knopf, der, ⸗e (*am Gerät*) 137
Knopf, der, ⸗e (*an der Kleidung*)
   AB 165
knüpfen 99
Kofferraum, der, ⸗e 119
Kombi, der, -s 120
Komik, die (*nur Sg.*) 170
Kommode, die, -n 34
kommunikativ 100
kommunizieren 100
kompetent 70
Kompliment, das, -e 22
Kompromiss, der, -e 109
Konditor, der, -en 68
Konditorei, die, -en 68
Konditorin, die, -nen 68
Konfirmation, die, -en 74
Konflikt, der, -e 108
Konkurrenz, die, -en 166
konstruieren 171
Kontinent, der, -e 167
Kontrolle, die, -n 107
konzentriert 107
Konzept, das, -e 70
Kopfhörer, der, - 14
Kopie, die, -n 136
kopieren 136
Kopierer, der, - 135
Körperhaltung, die, -en 117
Körpersprache, die, -n 96
kostenlos 166
kräftig 139
Krankenwagen, der, - 82
Kratzer, der, - 32
• Kredit, der, -e 166
Krieg, der, -e 170
• kriegen 117
Krimi, der, -s 130
Krisendienst, der, -e 81
Kriterium, das, Kriterien 118
Kritik, die, -en 171
Küchenschrank, der, ⸗e 33
• kühl 132
• kümmern, sich, um + A 83
kündigen 108
• Kündigung, die, -en 83
Kündigungsschutz, der (*nur Sg.*) 83
Kunst, die, ⸗e 38
Künstler, der, - 171
Künstlerin, die, -nen 100
Kunstwerk, das, -e 38
Kursfest, das, -e 77
Kurve, die, -n 132
kuscheln 87
L lackieren 122
Ladekabel, das, - 137
• Laden, der, ⸗e 38

• Lager, das, - 52
lahm 123
landen 130
Landsleute, die (*nur Pl.*) 65
Langeweile, die (*nur Sg.*) 18
langweilen, sich 45
lassen
   es sein lassen 37
lästig 132
Laufzeit, die, -en 103
Laune, die, -n
   gute Laune 13
Lautsprecher, der, - 137
Lautstärke, die, -n 137
lebenslang 62
Lebenslauf, der, ⸗e 68
• Lebenspartner, der, - 144
Lebenspartnerschaft, die, -en 144
• legen 34
• Lehre, die, -n 114
leisten 156
Leistung, die, -en 46
Lenkrad, das, ⸗er 118
Lenkung, die, -en (*meist Sg.*) 119
Leselampe, die, -n 33
• Licht, das (*nur Sg.*) 147
Lichtmaschine, die, -n 50
Liebeserklärung, die, -en 97
• Lied, das, -er 25
lieferbar 32
• liefern 52
Liefertermin, der, -e 53
Lieferung, die, -en 52
Limousine, die, -n 120
Linie, die, -n 29
Liste, die, -n 78
• LKW, der, -s (*Abkürzung für* Lastkraft-
   wagen) 124
locker 132
• Löffel, der, - 146
logisch 65
los sein (etwas, z. B. den Gips, *ugs.*)
   28
löschen 138
losschreien, schreit los 154
Lücke, die, -n 120
M machen, sich, aus + D 13
Macht, die, ⸗e 171
• Mal, das, -e (dieses Mal, nächstes
   Mal) 157
malen 60
Mama, die, -s 146
Manager, der, - 100
• manche 146
Mandel, die, -n 150
Mannschaft, die, -en 42
Mannschaftssport, der (*nur Sg.*) 49
• Mantel, der, ⸗ 23

Marke, die, -n 118
Marktlage, die, -n 166
Marmorkuchen, der, - 76
Maskenbildner, der, - 67
Masse, die, -n 150
Matratze, die, -n 122
Mauer, die, -n 169
Mauerfall, der (*nur Sg.*) 171
Maus, die, ⸗e (*Computer*) 138
Maus, die, ⸗e (*Tier*) 123
mehrere 63
mehrsprachig 63
Mehrsprachigkeit, die (*nur Sg.*) 63
• meinen 18
meinetwegen 157
Meister, der, - 114
melancholisch 12
Melodie, die, -n 70
• Menge, die, -n 53
Mensa, die, Mensen 15
Messe, die, -n 157
• Messer, das, - 149
• Metall, das (*nur Sg.*) 32
Meter, der, - 170
Methode, die, -n 166
Mikroskop, das, -e 51
mild 140
Mimik, die (*nur Sg.*) 117
Minderheit, die, -en 64
• mindestens 60
Minijob, der, -s 18
Ministerpräsident, der, -en 172
minus 139
mischen 150
Missbilligung, die, -en 109
Missverständnis, das, -se 78
Mitarbeiter, der, - 37
Mitarbeiterin, die, -nen 78
• mitbringen, bringt mit 52
miteinander 37
Mitfahrgelegenheit, die, -en 112
Mitgefühl, das (*nur Sg.*) 113
Mitglied, das, -er 99
mitspielen, spielt mit 163
Mitspieler, der, - 163
• Mitte, die, -n
   in der Mitte 139
mitteilen, teilt mit 100
• Mitteilung, die, -en 60
mittendrin 172
Mitternacht, die, ⸗e 172
mobil 28
Mobiltelefon, das, -e 102
Moderator, der, -en 106
• möglich 139
Möglichkeit, die, -en 16
möglichst 116
Mond, der, -e 147

Motivation, die, -en 107
Motor, der, -en 118
multifunktional 137
Mundharmonika, die, -s 11
Mundpropaganda, die (nur Sg.) 166
Museum, das, Museen 36
Musikanlage, die, -n 118
Musikerin, die, -nen 12
Muslima, die, -s 46
muslimisch 148
Muster, das, - 149
Mut, der (nur Sg.) 37
Mutter, die, -n (Werkzeug) 51
Mutterschutz, der (nur Sg.) 83
Muttersprache, die, -n 64

N  Na so was! 134
• Nachbar, der, -n 152
nachdenken, denkt nach über + A 147
Nachteil, der, -e 85
nackt 106
Nagel, der, ⸚ 51
Namenstag, der, -e 148
Nanu? 149
nass 134
Nationalmannschaft, die, -en 46
Nationalsport, der (nur Sg.) 42
• Nebel, der, - 139
• neben 34
Nebenverdienst, der, -e 18
• negativ 36
nennen 163
Nerv, der, -en
sich auf die Nerven gehen 144
Nest, das, -er 145
Netz, das, -e 99
Netzwerk, das, -e 99
nicken 86
Niederlande, die (Pl.) 173
niedrig 118
nix (ugs. für nichts) 149
noch nicht 52
Notbremse, die, -n 154
Notdienst, der, -e 80
Notdienstpraxis, -praxen 81
• Notfall, der, ⸚e 109
• nötig 105
Nudelsalat, der, -e 76
• Nummer, die, -n 153
nun 45
nur noch 52
nutzen 102
nützen jmdm. / etw. 47
Nutzfahrzeug, das, -e 114
nützlich 18
O  • ob 152
Obdachlose, der / die, -n 55
offen 120

öffentlich 74
offline 98
• öffnen 154
Öffnung, die, -en 169
Oh je! 149
Oktoberfest, das, -e 128
online 98
Opferfest, das, -e 148
optimal 103
optional 103
Orchesterprobe, die, -n 11
• Ordnung, die (nur Sg.)
in Ordnung 109
Ordnungsamt, das, ⸚er 166
orientieren, sich 59
Original, das, -e 168
originell 32
örtlich 139
östlich 139
P  Paar, das, -e 144
packen 130
• Paket, das, -e 122
Papa, der, -s 147
Papierfach, das, ⸚er 136
Paprika, die / der, -s 80
• parken 26
Parkplatz, der, ⸚e 26
• Partei, die, -en 54
• Partner, der, - 16
Patchworkfamilie, die, -n 144
Patientenverwaltung, die, -en 135
peinlich 79
perfekt 22
Personalabteilung, die, -en 108
Personalleiter, der, - 67
pfeifen 50
Pflanze, die, -n 34
pflegeleicht 32
Pflicht, die, -en 37
phänomenal 23
phonetisch 163
Physik, die (nur Sg.) 67
Pilot, der, -en 71
PIN, die, -s (Abkürzung für personal identification number) 136
Pinsel, der, - 51
planen 77
Plattenspieler, der, - 162
Plätzchen, das, - 149
Politik, die, -en (meist Sg.) 171
politisch 171
Pop, der (nur Sg.) /
Popmusik, die 12
• positiv 36
Postersammlung, die, -en 34
Praktikum, das, Praktika 58
Praline, die, -n 106
Präsentation, die, -en 78
Präsident, der, -en 173

preiswert 166
Prinzip, das, -ien 100
Probefahrt, die, -en 122
Probezeit, die, -en 114
professionell 166
Projekt, das, -e 77
Projektmanagerin, die, -nen 167
protestieren 171
Prozent, das, -e 63
prüfen 52
• Prüfung, die, -en 60
Puderzucker, der (nur Sg.) 150
• Pullover, der, - 23
Punkt, der, -e 132
Puppenhaus, das, ⸚er 163
Pyramide, die, -n 134
Q  • Qualität, die, -en 33
quietschen 50
R  Radiosendung, die, -en 18
rasant 132
Rasierapparat, der, -e 130
Rassismus, der (nur Sg.) 46
Rat, der (nur Sg.) 55
Ratschlag, der, ⸚e 82
rauffahren, fährt rauf 125
räumen 34
rausfahren, fährt raus 125
rausspringen, springt raus 149
realistisch 166
• Realschule, die, -n 60
rechnen mit + D 139
rechtfertigen, sich 109
rechtzeitig 83
Rede, die, -n 75
reden 37
Redner, der, - 116
Rednerin, die, -nen 116
Regel, die, -n 48
regelmäßig 48
Regelung, die, -en 108
• Regenschirm, der, -e 140
Reggae, der (nur Sg.) 13
Regierungspolitik, die, -en 171
Regime, das, - 169
Region, die, -en 38
Regler, der, - 137
regulär 156
reichen
Es reicht! 125
• Reifen, der, - 118
reinigen 136
• Reinigung, die, -en 154
reinpassen, passt rein 122
Reisebus, der, -se 39
Reisefreiheit, die (nur Sg.) 172
• Reiseführer, der, - 130
Reklamation, die, -en 105
reklamieren 105

religiös 148
rennen 30
Rente, die, -n 114
Rentner, der, - 18
Reporter, der, - 42
Respekt, der (*nur Sg.*) 46
Rhetorik, die (*nur Sg.*) 112
rhythmisch 12
Richtung, die, -en 29
Rindvieh, das (*nur Sg.*) 123
Ring, der, -e 23
Risiko, das, Risiken 107
Rock, der (*Musikstil, nur Sg.*) 12
• Rock, der, ⸚e (*Kleidungsstück*) 23
Rollenbild, das, -er 85
Rollenspiel, das, -e 157
Rollschuh, der, -e 147
Rollstuhl, der, ⸚e 26
Rollstuhlfahrer, der, - 26
Rolltreppe, die, -n 28
rostig 117
rüberfahren, fährt rüber 125
rübergehen, geht rüber 125
Rückfahrtzeit, die, -en 39
• rückwärts 154
Rudern, das (*nur Sg.*) 48
rufen 82
rühren 150
Rumänien 64
• rund (*+ Zahl*) 134
• rund (*Form*) 122
Runde, die, -n 49
• Rundgang, der, ⸚e 120
runterfahren, fährt runter 125
runtergehen, geht runter 125
runterklettern, klettert runter 152

S  sabotieren 171
sachlich 105
Säge, die, -n 51
Salami, die, - 80
Samba, die, -s 13
• sammeln 58
Sammlung, die, -en 34
Satz, der, ⸚e 116
sauer 80
scannen 136
Scanner, der, - 136
Schaden, der, ⸚e 105
schaffen 30
Schal, der, -s 23
Schallplatte, die, -n 161
schätzen 169
schauen 23
Schauer, der, - 139
Schaukel, die, -n 64
schieben 146
Schiedsrichter, der, - 42
schiefgehen 154

schießen (Tor) 42
Schiffbauer, der, - 71
• Schild, das, -er 26
schimpfen 64
Schimpfwort, das, ⸚er 64
• Schirm, der, -e 23
Schlaf, der (*nur Sg.*) 137
schlagen, schlägt 48
Schläger, der, - 48
Schlagzeug, das, -e 11
Schlange, die, -n 123
• schlecht werden jmdm. 80
Schleife, die, -n 154
schließlich 154
• schlimm 79
Schlittschuhlaufen, das (*nur Sg.*) 48
Schloss, das, ⸚er (*Gebäude*) 38
Schlüsseldienst, der, -e 153
Schlussfolgerung, die, -en 117
schminken, sich 46
schmücken 77
Schmusewort, das, ⸚er 123
Schnäppchen, das, - 168
Schnäppchenjäger, der, - 168
Schnecke, die, -n 123
Schneefall, der, ⸚e 139
Schneeregen, der (*nur Sg.*) 139
Schokoriegel, der, - 106
Schraube, die, -n 51
Schraubenschlüssel, der, - 51
Schraubenzieher, der, - 51
• schrecklich 145
• schriftlich 100
Schriftsteller, der, - 171
Schritt, der, -e 165
Schulabschluss, der, ⸚e
    der mittlere Schulabschluss 60
• Schüler, der, - 16
Schulform, die, -en 60
Schultyp, der, -en 60
Schulwechsel, der, - 60
Schüssel, die, -n 76
Schutz, der (*nur Sg.*) 145
• schwanger 82
• Schwein, das, -e 123
schwierig 65
Schwimmbrille, die, -n 48
Seidentuch, das, ⸚er 163
Seite, die, -n 108
Sektempfang, der, ⸚e 78
Sekunde, die, -n 170
selbst genäht 34
Selbstständigkeit, die (*nur Sg.*) 166
Semester, das, - 58
senden 97
Senf, der (*nur Sg.*) 80
Seniorenheim, das, -e 26
seriös 122

• Service, der (*nur Sg.*) 104
Sessel, der, - 31
setzen, sich 21
Sicherheit, die (*nur Sg.*) 118
sichern 171
Sicherung, die, -en 149
Silbe, die, -n 163
silber 118
Silber, das (*nur Sg.*) 162
singen 65
Sitz, der, -e 118
Sitzung, die, -en 172
skypen 98
Socke, die, -n 23
• sollen 77
sondern 100
Sonnabend, der, -e 117
Sonnenschein, der (*nur Sg.*) 134
sorgen 112
Soße, die, -n 80
souverän 105
• sozial 54
Spaghetti, die (*Pl.*) 134
sparsam 118
• Spaß machen 15
spät dran sein 45
• später 47
• Spaziergang, der, ⸚e 38
• speichern 138
sperren 124
spezial 103
Spezialität, die, -en 77
Spieler, der, - 42
Spielfeld, das, -er 46
Spielfilm, der, -e 134
Spielleiter, der, - 163
Spielstraße, die, -n 26
Spielzeug, das (*nur Sg.*) 162
spitz 149
spontan 100
Sportart, die, -en 48
Sportreporter, der, - 42
Sportveranstaltung, die, -en 49
Sportverein, der, -e 46
Sprachkurs, der, -e 58
springen 152
Sprit, der (*nur Sg.*) 118
staatlich 16
Staatssicherheit, die (*nur Sg.*) 171
stabil 118
Stadion, das, Stadien 49
Stadtplan, der, ⸚e 132
Stadtreinigung, die, -en 114
Stadtrundfahrt, die, -en 166
Stall, der, ⸚e 38
Standpunkt, der, -e 157
stärken 37
Start, der, -s 138

Statistik, die, -en 54
Stau, der, -s 22
• stecken 154
stehen jmdm. etw. 22
Stehlampe, die, -n 32
steigen (Treppen) 30
steigen (Zahl) 85
Steinzeit, die (nur Sg.) 135
Stelle, die, -n 68
stellen 34
Stern, der, -e 150
• Steuer, die, -n 18
Stiefel, der, - 130
Stift, der, -e 163
Stil, der, -e (Musikstil) 12
Stimme, die, -n 70
Stimme, die, -n (Wahl) 113
Stimmung, die, -en 20
Stipendium, das, Stipendien 15
stockend 124
Strafe, die, -n 108
Straßenfest, das, -e 75
streicheln 167
streichen 51
• Streichholz, das, ¨er 151
Streichholzziehen, das (nur Sg.) 157
Streifen, der, - 124
streng 48
streuen 150
• Strom, der (nur Sg.) 106
Stromversorgung, die, -en 139
Strumpf, der, ¨e 23
Strumpfhose, die, -n 25
Studentenwerk, das, -e 16
Studienabschluss, der, ¨e 16
Studienberatung, die, -en 15
Studiengebühr, die, -en 16
Studium, das, Studien 15
stur 123
Sturm, der, ¨e 139
Suche, die (nur Sg.) 67
summen 50
surfen 102
Symbol, das, -e 98
Systemsteuerung, die, -en 138
T   tabellarisch 69
Tabelle, die, -n 138
tabu 107
Talent, das, -e 46
Tanztheaterszene, die, -n 167
Tarif, der, -e 103
Taschenlampe, die, -n 151
Taufe, die, -n 148
Teamgefühl, das, -e 37
Technik, die (hier nur Sg.) 38
Teddybär, der, -en 154
Teelöffel, der, - 150
Teig, der, -e 150
• Teil, der, -e 64

Teilnahme, die, -n 38
• Teilzeit, die (nur Sg.) 83
Telefonanbieter, der, - 98
• Telefonbuch, das, ¨er 151
Temperatur, die, -en 139
Tempo, das, -s 117
• Tennis, das (nur Sg.) 48
• Teppich, der, -e 33
testen 120
Thema, das, Themen 65
Tierarzt, der, ¨e 71
tierisch 123
Tiger, der, - 167
• Tipp, der, -s 15
Tischdecken, das (nur Sg.) 146
Tischtennis, das (nur Sg.) 48
Todesanzeige, die, -n 112
• toll 13
Tonerkartusche, die, -n 136
• Topf, der, ¨e 146
Tor, das, -e (schießen) 42
Torte, die, -n 69
• Tourist, der, -en 166
traditionell 68
Trainer, der, - 42
trainieren 42
Träne, die, -n 172
trauen jmdm. 172
trauen, sich 132
Trauerfeier, die, -n 113
trauern um + A 113
träumen von + D 67
• treffen, sich, trifft sich mit + D 48
trennen 37
Trennung, die, -en 65
Tresor, der, -e 154
treu 117
• trocken 122
trocknen 150
Trommel, die, -n 96
Trompete, die, -n 11
tropisch 140
Truppe, die, -n 170
Tuch, das, ¨er 23
TÜV, der (Abkürzung für Technischer Überwachungsverein) 118
Typ, der, -en 100
U   • überall 37
Übergang, der, ¨e 172
überhaupt 149
Überholspur, die, -en 125
übermitteln 97
Übernahme, die, -n 114
überprüfen 136
• übersetzen 65
Übersetzung, die, -en 19
Überstunde, die, -n 156
überwachen 171
Überwachung, die, -en 171

überwältigend 172
Umfeld, das (nur Sg.) 65
Umfrage, die, -n 102
Umgang, der (nur Sg.), mit + D 132
umgekehrt 64
Umleitung, die, -en 124
Umschulung, die, -en 58
umsonst 54
umtauschen, tauscht um 105
Umtrunk, der, -e 113
umwandeln, wandelt um in + A 156
umweltbewusst 120
Umweltfreundlichkeit, die (nur Sg.) 118
Umwelttechnik, die (nur Sg.) 67
• umziehen, sich, zieht sich um 45
Umzug, der, ¨e 114
Unbekannte, der / die, -n 21
unbürokratisch 18
und zwar 155
• Unfall, der, ¨e 124
Unfallschaden, der, ¨ 122
ungeduldig 86
unglaublich 134
unhöflich 62
unmodern 22
unnötig 37
unsicher 105
Unsinn, der (nur Sg.) 61
unterbrechen, sich, unterbricht sich 62
Unterführung, die, -en 26
• unterhalten, sich, unterhält sich über + A / mit + D 60
Unternehmen, das, - 113
• Unterricht, der (nur Sg.) 60
• Unterschrift, die, -en 39
unterstützen 54
Unterstützung, die, -en 17
Ursache, die, -n
Keine Ursache! 29
ursprünglich 134
V   Vase, die, -n 160
• verabreden, sich 97
verantwortlich für + A 114
verbieten 108
verbinden 38
Verbot, das, -e 107
Verbrauch, der (meist nur Sg.) 118
verbrauchen 119
vereinbaren 105
vereinzelt 139
vergangen 160
vergeben, vergibt 16
Vergissmeinnicht, das, - 22
Vergleich, der, -e 155
Vergnügen, das, - 132
vergrößern 171
verhaften 170

Verhalten, das (nur Sg.) 102
verhandeln über + A 168
verhindert 113
Verkehr, der (nur Sg.) 124
Verkehrsbetrieb, der, -e 114
Verkehrsmeldung, die, -en 124
verkleiden, sich 79
Verkleidung, die, -en 75
verlangen 156
verlassen, verlässt 117
verlassen, verlässt sich, auf + A 145
Verletzung, die, -en 81
• verlieren 113
vermuten 152
vermutlich 81
vernetzt 99
verpassen 28
versammeln 172
Versammlung, die, -en 113
verschicken 52
verschmiert 171
verschweigen 171
verschwommen 147
Versprechen, das (nur Sg.) 170
verstärken 166
verstellbar 31
versterben 113
verstopfen 154
Versuch, der, -e 170
verteilen 163
• Vertrag, der, ⸚e 103
vertrocknet 163
verunsichern 172
verwechseln mit + D 65
verwenden 100
verwöhnt 132
Verzeihung! 79
verzichten auf + A 118
• Video, das, -s 97
viele 44
virtuell 97
Virus, der / das, Viren 80
Visagist, der, -en 67
Vitamin, das, -e 82
Vokabel, die, -n 137
Volk, das, ⸚er 169
Volksfest, das, -e 36
Volksmusik, die (nur Sg.) 12
vollautomatisch 31
Volleyball, der (Sport, nur Sg.) 48
vollständig 116
Volumen, das, - 103
von nun an 170
voneinander 148
vor (Ort) 34
vor allem 100
vorbereiten, sich 116
Vorbild, das, -er 46
Vorgehen, das (nur Sg.) 154

Vorhang, der, ⸚e 147
• vorher 122
vorkommen, kommt vor 64
vorlesen, liest vor 55
• vorschlagen, schlägt vor 36
vorsichtig 125
vorstellen, sich, stellt sich vor (etwas) 62
Vorstellung, die, -en 132
Vorstellungsgespräch, das, -e 58
Vorteil, der, -e 46
Vorurteil, das, -e 46
• vorwärts 154
Vulkanausbruch, der, ⸚e 173
W • Wagen, der, - 119
Wahl, die, -en 113
Wahnsinn, der (nur Sg.) 172
wahr 134
• wahrscheinlich 81
• Wald, der, ⸚er 36
Wanderung, die, -en 36
Wärme, die (nur Sg.) 145
warmlaufen, sich, läuft sich warm 45
Wartung, die, -en 114
• was für (ein / e) 12
• waschen, sich, wäscht sich 45
Web, das (nur Sg.) 107
Webcam, die, -s 100
Wechsel, der, - 114
wechselhaft 140
• wechseln 98
weder ... noch ... 154
wegen 52
wegnehmen, nimmt weg 150
• wegwerfen, wirft weg 162
Wehe, die, -n 82
wehen 139
Weiblichkeit, die (nur Sg.) 46
• weich 122
Weihnachtsfeier, die, -n 75
• weinen 172
Weiterbildung, die, -en 112
• Welt, die, -en 63
Weltkrieg, der, -e 132
Weltmeisterin, die, -nen 46
weltweit 63
Wende, die, -n 171
wendig 120
• wenn 64
werben, wirbt 106
• werden, wird 71
werfen, wirft 34
werktags 55
• Werkzeug, das, -e 51
Werkzeugkiste, die, -n 51
wert sein jmdm. etw. 144
Wettkampf, der, ⸚e 132
Wickelraum, der, ⸚e 26
widersprechen, widerspricht 61

• wie 32
Wiedervereinigung, die, -en 171
Wiese, die, -n 38
Wind, der, -e 139
Wirklichkeit, die, -en 132
• Wirtschaft, die (nur Sg.) 62
Witz, der, -e 132
• Wort, das, -e 172
wundern, sich, über + A 152
wunderschön 132
wundervoll 23
Würstchen, das, - 77
Z zahlreich 170
• Zahn, der, ⸚e 81
Zahnschmerzen, die (nur Pl.) 81
Zange, die, -n 51
zeitlich 70
Zeitraum, der, ⸚e 83
• Zeitschrift, die, -en 34
zeitweise 139
Zeitzeuge, der, -n 172
• Zentimeter, der, - (Abkürzung cm) 150
zerbrochen 105
• Zeugnis, das, -se 68
ziehen 34
Zimt, der (nur Sg.) 150
Zimtstern, der, -e 150
Zubereitung, die, -en 150
zueinander 148
Zugang, der, ⸚e 60
zugehen, geht zu 154
zugreifen, greift zu 118
zuhören, hört zu 86
Zuhörer, der, - 117
Zulage, die, -n 156
zulassen, lässt zu 108
zumindest 155
zunehmen, nimmt zu 155
zurückgreifen, greift zurück auf + A 64
zurückkehren, kehrt zurück 46
Zusammenarbeit, die (nur Sg.) 115
zusammenfassen, fasst zusammen 105
• zusammenleben 144
zusätzlich 156
Zuschlag, der, ⸚e 156
Zuschuss, der, ⸚e 16
Zustand, der, ⸚e 32
zuständig 166
zustimmen, stimmt zu 61
Zutat, die, -en 150
zutreffen, trifft zu auf + A 132
zuverlässig 120
Zweck, der, -e 99
Zweifel, der, - 83
zweisprachig 59
Zweitsprache, die, -n 65

# Bildquellennachweis

**Cover** iStockphoto (Justin Horrocks), Calgary, Alberta; **10.1** Fotolia LLC (Dmitri MIkitenko), New York; **10.2** Getty Images (Photo disc), München; **10.3** shutterstock (Tatiana Popova), New York, NY; **10.4** getty images/photodisc; **11.1** Getty Images RF (Photo Disc), München; **11.2** shutterstock (Tan Wei Ming), New York, NY; **11.3** Getty Images RF, München; **11.4**; **11.5** getty images/photodisc; **11.6** Fotolia LLC (Evgeny Rannev), New York; **12.1** Gestaltung und Fotografie: Ralf Athen, www.grafikdesign-athen.de; **12.2** Lingua Loca, Tübingen; **12.3** Bauer Studios GmbH, Ludwigsburg; **13.1** Bauer Studios GmbH (Blaskapelle Lublaska), Ludwigsburg; **13.2** Bauer Studios GmbH (Nachtspaziergang/Jan Harnisch), Ludwigsburg; **13.3** Bauer Studios GmbH, Ludwigsburg; **21.1**; **21.2**; **21.3** Klett-Archiv (Stephan Klonk), Stuttgart; **22.1**; **22.2**; **22.3**; **22.4**; **22.5**; **22.6** Klett-Archiv (Stephan Klonk), Stuttgart; **24** Wissenschaft Weltoffen; **25** Klett-Archiv (Anna Broermann), Stuttgart; **26.1** shutterstock (E.G.Pors), New York, NY; **26.2** shutterstock (Robert J. Beyers II), New York, NY; **26.3** Fotolia LLC (Helmut Niklas), New York; **26.4** URW, Hamburg; **27.1**; **27.3** URW, Hamburg; **27.2** Ingram Publishing, Tattenhall Chester; **27.4** shutterstock (Harijs A.), New York, NY; **27.5** iStockphoto (linearcurves), Calgary, Alberta; **29** MVV-Münchner Verkehrs- und Tarifverbund GmbH, München; **32.1** Fotolia LLC (Stockcity), New York; **32.2** iStockphoto (Onur Döngel), Calgary, Alberta; **32.3** shutterstock (Simon Krzic), New York, NY; **32.4** shutterstock (Dan70), New York, NY; **32.5** Fotolia LLC (hazelmouse), New York; **32.6** Hugo Honsel GmbH, Arnsberg; **32.7** Fotolia LLC (Michael Kempf), New York; **38.1** Fotolia LLC (Joe.Gockel), New York; **38.2** Zeppelin Museum (r.späth, zündstoff), Friedrichshafen; **38.3** Chiemsee Tourismus, www.chiemsee.de, Bernau a. Chiemsee; **41.1**; **41.3** Klett-Archiv (Stephan Klonk), Stuttgart; **41.2** Fotolia LLC (R.-Andreas Klein), New York; **41.4** Klett-Archiv (Renate Weber), Stuttgart; **42.1** Imago (Ulmer/Cremer), Berlin; **42.2** Thinkstock (BananaStock), München; **42.3** Ullstein Bild GmbH (Malzkorn), Berlin; **43.1** Imago (Pius Koller), Berlin; **43.2** shutterstock (paul prescott), New York, NY; **43.3** Fotosearch Stock Photography (Stockbyte), Waukesha, WI; **43.4** iStockphoto (Phil Augustavo), Calgary, Alberta; **46** Imago (Oliver Schneider), Berlin; **53** Klett-Archiv (Stephan Klonk), Stuttgart; **54** Picture-Alliance (Globus Infografik), Frankfurt; **56.1** Picture-Alliance (Globus Infografik), Frankfurt; **56.2** Fotolia LLC (www.fzd.it), New York; **56.3** shutterstock (Mike Liu), New York, NY; **58.1** Fotolia LLC (Gali Anikeyev), New York; **58.2** Fotolia LLC (contrastwerkstatt), New York; **58.3** Klett-Archiv (Katja Schüch), Stuttgart; **58.4** Fotolia LLC (Bilderbox), New York; **59.1** Avenue Images GmbH (Fancy), Hamburg; **59.2** Klett-Archiv (Thomas Weccard), Stuttgart; **59.3** Fotolia LLC (AVAVA), New York; **62** Klett-Archiv (Stephan Klonk), Stuttgart; **64.1** Klett-Archiv (Andrea Marto, München), Stuttgart; **64.2** Klett-Archiv (Evguenia Rauscher, München), Stuttgart; **65.1** Klett-Archiv (Mehtap Demir-Cabut, München), Stuttgart; **65.2** Klett-Archiv (Roberta Basilico, München), Stuttgart; **65.3** Klett-Archiv (Abbas Âkbari, München), Stuttgart; **67.1** iStockphoto (Andrew Rich), Calgary, Alberta; **67.2** iStockphoto (Kevin Russ), Calgary, Alberta; **67.3** iStockphoto (Rich Legg), Calgary, Alberta; **69** Fotolia LLC (Gina Smith), New York; **72.1**; **72.2** Klett-Archiv (Stephan Klonk), Stuttgart; **74.1** Fotolia LLC (12foto.de), New York; **74.2** shutterstock (ruzanna), New York, NY; **74.3** Klett-Archiv (Stephan Klonk), Stuttgart; **74.4** shutterstock (n.fraiz), New York, NY; **74.5** Ullstein Bild GmbH (CARO/Bastian), Berlin; **75.1** Thinkstock (Maria Teijeiro), München; **75.2** Klett-Archiv (Andreas Kunz), Stuttgart; **75.3** Klett-Archiv (Renate Weber), Stuttgart; **77** Klett-Archiv (Stephan Klonk), Stuttgart; **82.1**; **82.2**; **82.3**; **82.4** Klett-Archiv (Stephan Klonk), Stuttgart; **86** Klett-Archiv (Stephan Klonk), Stuttgart; **88.1** shutterstock (Carole Castelli), New York, NY; **88.2** iStockphoto (Tom Hahn), Calgary, Alberta; **89.1** Ullstein Bild GmbH (Sylent-Press), Berlin; **89.2** Thinkstock (Digital Vision.), München; **89.3** Fotolia LLC (Günter Menzl), New York; **96.1** Thinkstock (Thomas Northcut), München; **96.2** Avenue Images GmbH (Corbis RF), Hamburg; **96.3** iStockphoto, Calgary, Alberta; **96.4** Wikimedia Foundation Inc., St. Petersburg FL; **97.1** Fotolia LLC (ExQuisine), New York; **97.2**; **97.4** Klett-Archiv (Renate Weber), Stuttgart; **97.4** Fotolia LLC (Cobalt), New York; **98** Klett-Archiv, Stuttgart; **99** shutterstock (Dean Mitchell), New York, NY; **100.1** Avenue Images GmbH (Image Source/RF), Hamburg; **100.2** Thinkstock, München; **100.3** shutterstock (Photoroller), New York, NY; **100.4** shutterstock (Andrew Lever), New York, NY; **109** Klett-Archiv (Stephan Klonk), Stuttgart; **110.1** Fotolia LLC (jedi-master), New York; **110.2** Fotolia LLC (exyne), New York; **110.3** Klett-Archiv (Renate Weber), Stuttgart; **110.4** Klett-Archiv, Stuttgart; **111.1**; **111.2** Klett-Archiv, Stuttgart; **114** Klett-Archiv (Stephan Klonk), Stuttgart; **115** Klett-Archiv (Stephan Klonk), Stuttgart; **120.1**; **120.3** Wikimedia Foundation Inc. (PD), St. Petersburg FL; **120.2** Wikimedia Foundation Inc. (CC-BY-SA-3.0), St. Petersburg FL; **120.4** Wikimedia Foundation Inc. (CC-BY-SA-3.0/S 400 HYBRID), St. Petersburg FL; **121.1**; **121.2**; **121.3**; **121.4** Wikimedia Foundation Inc. (PD), St. Petersburg FL; **124.1**; **124.2**; **124.3**; **124.4**; **124.5** URW, Hamburg; **126.1** Thinkstock (Digital Vision), München; **126.2** Getty Images, München; **126.3** Thinkstock (AbleStock.com), München; **126.4** Thinkstock (iStockphoto), München; **126.5** Fotolia LLC (ThKatz), New York; **126.6** Thinkstock (Hemera), München; **127.1** RUHR.2010/TAS Emotional Marketing GmbH; **127.2** Fotolia LLC (Dark Vectorangel), New York; **127.3** Wikimedia Foundation Inc. (PD), St. Petersburg FL; **127.4** Stadt Salzgitter, Salzgitter; **127.5** Wikimedia Foundation Inc. (Krokodyl), St. Petersburg FL; **128.1**; **128.3** shutterstock (Coprid ), New York, NY; **128.2** shutterstock (Cathleen A Clapper), New York, NY; **128.4** iStockphoto (parema), Calgary, Alberta; **128.5** Logo, Stuttgart; **129.1** shutterstock (janecat ), New York, NY; **129.2** Fotolia LLC (PeJo), New York; **129.3** URW, Hamburg; **129.4** shutterstock (photo-oasis), New York, NY; **132** Fotosearch Stock Photography (Digital Wisdom), Waukesha, WI; **136** Klett-Archiv (Stephan Klonk), Stuttgart; **138** Klett-Archiv, Stuttgart; **139** iStockphoto (benoitb), Calgary, Alberta; **140.1** shutterstock (Paul Prescott), New York, NY; **140.2** Thinkstock (Hemera), München; **140.3** Fotolia LLC (GeoM), New York; **142.1** Thinkstock (iStockphoto), München; **142.2** shutterstock (Ronen), New York, NY; **142.3** shutterstock (Karkas), New York, NY; **142.4** iStockphoto (milosluz), Calgary, Alberta; **143.1** Imago (Steinach), Berlin; **143.2** Fotolia LLC (Angelika Bentin), New York; **144.1**; **144.2**; **144.3** Klett-Archiv (Stephan Klonk), Stuttgart; **145.1**; **145.2**; **145.3**; **145.4**; **145.5** Klett-Archiv (Stephan Klonk), Stuttgart; **150** Fotolia LLC (sonne Fleckl), New York; **152** Klett-Archiv (Stephan Klonk), Stuttgart; **153.1**; **153.2**; **153.3**; **153.4** Klett-Archiv (Stephan Klonk), Stuttgart; **155** Hans-Böckler-Stiftung, Düsseldorf; **158** Klett-Archiv (Anastasia Raftaki), Stuttgart; **159.1** Imago (UPI), Berlin; **159.2** Thinkstock (Hemera), München; **159.3** Thinkstock (Bananastock), München; **159.4** Fotolia LLC (Jules Kitano), New York; **160.1**; **160.2**; **160.3** Klett-Archiv (Stephan Klonk), Stuttgart; **160.4** Thinkstock (iStockphoto), München; **160.5** Ingram Publishing, Tattenhall Chester; **160.6** Thinkstock (istockphoto), München; **161.1** shutterstock (magicoven), New York, NY; **161.2**; **161.3** Thinkstock (Hemera), München; **161.4** shutterstock (Studio 1a Photography), New York, NY; **161.5** shutterstock (Suzanne Tucker), New York, NY; **161.6** shutterstock (mimo), New York, NY; **161.7** Thinkstock (iStockphoto), München; **165** Thinkstock (iStockphoto), München; **167.1** Picture-Alliance (Berliner_Kuri), Frankfurt; **167.2** Picture-Alliance (Karlheinz Schindler), Frankfurt; **169.1** Ullstein Bild GmbH (dpa), Berlin; **169.2** Klett-Archiv (Renate Weber), Stuttgart; **169.3** Thinkstock, München; **169.4** iStockphoto (AngiePhotos), Calgary, Alberta; **169.5** Corbis (Jacques Langevin), Düsseldorf; **169.6** Picture-Alliance, Frankfurt; **169.7** AKG, Berlin; **170.1** Cinetext GmbH (Richter), Frankfurt; **170.2** Kinowelt Home Entertainment, Leipzig; **171.1** Cinetext GmbH (Buena Vista), Frankfurt; **171.2** Cinetext GmbH (RR), Frankfurt; **172.1** Ullstein Bild GmbH (Roth), Berlin; **172.2** Image Source Ltd (Imagesource), Soho, London, W1F 9NZ; **172.3** Avenue Images GmbH (Brand X Pictures), Hamburg; **174** Klett-Archiv (Stephan Klonk), Stuttgart; **175.1** ddp images GmbH, Hamburg; **175.2** AKG (album), Berlin; **182** EDITION NAUTILUS, Hamburg

Ein herzliches Dankeschön an die Mitarbeiter/innen des bfz München für das Zurverfügungstellen der Privatfotos auf den Seiten 64

## Textquellen

**KB11/Ausklang, S. 25:** Song „Louie"/Band YOKO, Text: Sigmund Kiesant/Yoko, Musik: Sigmund Kiesant; **KB12/Ausklang, S. 41:** Der „Poäng"-Sessel - mein Lieblingsmöbelstück, aus: Woistwalter, jetzt.de http://sueddeutsche.de/jetztpages/Woistwalter (gekürzt und vereinfacht); **KB13/6, S. 46:** Das Tor ins Leben, aus: Süddeutsche Zeitung, 15.10.2009, Interview: Andreas Thieme (gekürzt und vereinfacht); **KB13/20, Text 1, S. 55:** http://www.stern.de/wirtschaft/arbeit-karriere/arbeit/engagement-run-aufs-ehrenamt-502810. html, Titel: Engagement: Run aufs Ehrenamt, aus: Stern, 17.1.2003; **KB13/20, Text 2 und 3, S. 55:** http://www.stern.de/wirtschaft/arbeit-karriere/arbeit/soziales-engagement-ehrenamt-statt-ruhestand-56, Titel: Soziales Engagement: Ehrenamt statt Ruhestand, aus: Stern vom 19.7.2006, Autorin: Brigitte Zander; **KB13/Ausklang, S. 57:** Alltag von Robert Gernhardt © Nachlass Robert Gernhardt, durch Agentur Schlück. Alle Rechte vorbehalten; **KB14/9, S. 63:** Textauszug zu Mehrsprachigkeit aus: Herbert Günther/Britta Jung: Erstsprache, Zweitsprache, Fremdsprache. © 2. Auflage 2007, Beltz Verlag, Weinheim/Basel (gekürzt und vereinfacht); **KB14/10, S. 64, 65:** Sprache - eine Schaukel in eine andere Welt. Texte von Andrea Marton, Genia Rauscher, Mehtap Demir-Cabut, Abbas Akbari (alle Mitarbeiter/innen des bfz München); **KB14/Ausklang, S. 73:** meine heimat ist meine sprache von Gabriela Hofmann La Torre, aus: Karl Esselborn (Hg.): Über Grenzen. Berichte, Erzählungen, Gedichte von Ausländern; **KB15/15, S. 84:** Elternzeit, Quelle: http://www. eltern.de/beruf-und-geld/job/elternzeit (gekürzt und vereinfacht); **KB 16/9, S. 102:** Festnetz oder Handy, Datenquelle: Statistisches Bundesamt Deutschland (Destatis); **KB 16/19, S. 108:** Die Experten raten, ttp://www.n24.de/news/newsitem_777249.htmlS.: © EuroCar Landshut Gmbh, Landshut; **KB 17/Ausklang, S. 127:** Ruhr-Schnellweg, Grafik: RUHR.2010/TAS Emotional Marketing GmbH; **KB 18/4, S. 132, 133:** Deutschland mit anderen Augen, Text 1 + 6: www.goethe.de/jetzt, Text 2, 3, 5, 7 + 8: © Horlemann Verlag, Bad Honnef, Text 4: © Corinna Nohn, Süddeutsche Zeitung, München; **KB 19/2, S. 146, 147:** Eine Geschichte, aus: Mirjam Pressler, Leselöwen-Geschwistergeschichten © 1994 Loewe Verlag GmbH, Bindlach; **KB 19/14, S. 155:** Arbeitszeiten, http://www.karrieretrends.de/wissen/analysen-und-studien/normale-arbeitszeiten-nicht-die-regel/; **KB 19/Ausklang, S. 158:** Gedicht Familie © Annemarie Schnitt, Northeim; **KB 20/10, S. 167:** Wann?, Warum?, Wie?, Wo? © bundesweite gründerinnenagentur (bga), Stuttgart; **KB 20/15, S. 172:** Zeitzeugen © Bundesministerium des Innern, Berlin; **KB Strategietraining, S. 176ff:** Hörtext © Goethe-Institut, Toronto; **Strategierezepte 11-15, S. 182:** Meine Leidenschaft ist das Lesen. Ein Interview mit Abbas Khider von Ulrike Gasser, Quelle (stark gekürzt und bearbeitet) http://www.zenithonline.de/kultur/interview/?article=552&pageb=2&cHash=63498172cb © Deutscher Levante-Verlag GmbH, Berlin; **Strategierezepte 11-15, S. 182:** Abbas Khider: Der falsche Inder (stark gekürzt und bearbeitet) http://www.abbaskhider.com/seiten/b%C3%BCcher.html © Edition Nautilus, Hamburg; **Strategierezepte 11-15, S. 183:** Jeder Vierte liest keine Bücher, Quelle: Lesen in Deutschland 2008. Eine Studie der Stiftung Lesen, gefördert vom Bundesministerium für Bildung und Forschung. Hrsg. Heinrich Kreibich; **Strategierezepte 11-15, S. 183:** Leserbrief, Quelle: http://eltern.t-online.de/lesen-so-begeistern-sie-ihr-kind-fuer-buecher-/id_18218810/index (Elternportal von t-online.de); **Strategierezepte 11-15, S. 183:** Vorlese-Tandem, Quelle: http://www.ruhrnachrichten. de/lokales/dortmund/sueden/Dortmunder-Sueden-Mehrsprachige-Vorleser-gesucht;art2575,892444 (stark gekürzt)

## Audio-CD Impressum

**Sprecherinnen und Sprecher:** Hede Beck, Marit Beyer, Christian Büsen, Heike Denkinger, Fabian Eckenfels, Irene Fechau, Muriel Hahn, Lukas Holtmann, Odine Johne, Stela Katic, Aylish Kerrigan, Andrej Kritenko, Regina Lebherz, Vincent Liebenwein, Guido Lang, Stephan Moos, Barbara von Münchhausen, Radoslav Pallarz, Ana-Paula Pereira, Leon Pfannenmüller, Francesca Pisu, Mario Pitz, Yvonne Racine, Lena Reinheimer, Felix Rick, Fridolin Sandmeyer, Benno Schulz, Michaela Schulz, Kais Setti, Helge Sidow, Barbara Stoll, Luu Truong

**Regie:** Hede Beck
**Tontechnik:** Michael Vermathen
**Produktion:** Bauer Studios GmbH, Ludwigsburg
**Presswerk:** optimal media production GmbH, Röbel/Müritz

© Ernst Klett Sprachen GmbH, Stuttgart 2011

## Audio-CD 1

| Track | Lektion / Aufgabe | Titel |
|---|---|---|
| 1 | Vogels & Co. | Was bis jetzt passiert ist. |
| 2 | 11 / 1 | Orchesterprobe |
| 3 | 11 / 2 | Klassik, Pop oder Rock? |
| 4 | 11 / 4 | Wirklich begeistert? |
| 5 | 11 / 5 a | Ein bisschen laut? |
| 6 | 11 / 5 b | |
| 7 | 11 / 7 | Lust auf einen Kaffee? |
| 8 | 11 / 11 | Eine Radiosendung über Minijobs |
| 9 | 11 / 13 | Ich verstehe dich nicht! |
| 10 | 11 / 14 | Keine Angst vor Unbekannten |
| 11 | 11 / 16 | Komplimente |
| 12 | 11 / 18 a | Kleidungsstücke und gereimte Komplimente |
| 13 | 11 / 18 c | |
| 14 | 11 / Ausklang | Ein Lied von Yoko |
| 15 | 12 / 2 | Gleich bin ich ihn los! |
| 16 | 12 / 3 | Nehmen Sie die Linie … |
| 17 | 12 / 6 | Ach Mensch! |
| 18 | 12 / 7 | Endlich! Ich bin so froh! |
| 19 | 12 / 9 a | So schöne Möbel! |
| 20 | 12 / 9 b | |
| 21 | 12 / 9 d | |
| 22 | 12 / 10 | Secondhand-Möbel: pro und contra |
| 23 | 12 / 11 | Das Schlafzimmer – ein Abstellplatz? |
| 24 | 12 / 12 | Im Rhythmus durch die Wohnung |
| 25 | 12 / 14 | Ein guter Vorschlag?! |
| 26 | 12 / 15 | Meinungen |
| 27 | 12 / Ausklang a | Wer hat Lust wozu? |
| 28 | 12 / Ausklang b | |
| 29 | 13 / 2 | Guck mal! |
| 30 | 13 / 5 | Sorgen am Morgen: Wasch dich, zieh dich an, …! |
| 31 | 13 / 9 | X wie in Boxen |
| 32 | 13 / 11 b | Komische Geräusche |
| 33 | 13 / 11 d | |
| 34 | 13 / 14 | Die Schrauben sind alle! |
| 35 | 13 / 15 | Können Sie das bitte prüfen? |
| 36 | 13 / 18 | Umsonst |
| 37 | 14 / 4 | Die richtige Schule |
| 38 | 14 / 6 a | Wer darf sprechen? |
| 39 | 14 / 6 b | |
| 40 | 14 / 8 | Cappuccino & Co. |
| 41 | 14 / 17 | Ist die Stelle noch frei? |
| 42 | 14 / 18 | Wie klinge ich? |
| 43 | 14 / 19 | Alles klar! |
| 44 | 14 / Ausklang | Ein Gedicht. meine heimat ist meine sprache |
| 45 | 15 / 2 | Was fehlt denn? |
| 46 | 15 / 4 | Was sollen wir mitbringen? |
| 47 | 15 / 7 | Verzeihung, ich habe nicht gewusst … |
| 48 | 15 / 8 | Kirschtorte mit Würstchen |
| 49 | 15 / 9 | Schmeckt denn das? |
| 50 | 15 / 11 | Was sagt die Notfallpraxis? |
| 51 | 15 / 13 | Du sollst doch …! – gut gemeinte Ratschläge |
| 52 | 15 / 14 | Freust du dich? |
| 53 | 15 / 18 | Im Gespräch mit der Vorgesetzten |

**Gesamtlänge:** 75:09 Min.

## Audio-CD 2

| Track | Lektion / Aufgabe | Titel |
|---|---|---|
| 1 | 16 / 2 | Warum skypst du nicht? |
| 2 | 16 / 5 | Wir treffen uns im Netz. |
| 3 | 16 / 11 a | Ich möchte wechseln. |
| 4 | 16 / 11 b | |
| 5 | 16 / 12 | Nicht ärgern! |
| 6 | 16 / 13 | Reklamieren am Telefon |
| 7 | 16 / 16 | Alles billig, oder was? |
| 8 | 16 / 17 | Eine freudige Nachricht |
| 9 | 16 / 20 | Das ist nicht in Ordnung! |
| 10 | 17 / 3 | Arbeiten und feiern |
| 11 | 17 / 4 | Es wird Zeit … |
| 12 | 17 / 7 | Der könnte der Richtige sein! |
| 13 | 17 / 11 | Ich suche … |
| 14 | 17 / 13 | Wir fahren in den Urlaub! |
| 15 | 17 / 14 | Ich Rindvieh! |
| 16 | 17 / 15 | Tierische Schimpfwörter und Schmusewörter |
| 17 | 17 / 16 | Aktuelle Verkehrsmeldungen |
| 18 | 17 / 18 | Stress auf der Autobahn |
| 19 | 18 / 3 | Irgendetwas stimmt nicht! |
| 20 | 18 / 5 a | Wirklich? |
| 21 | 18 / 5 c | |
| 22 | 18 / 7 | Willkommen in der Steinzeit |
| 23 | 18 / 8 | Können Sie mir bitte helfen? |
| 24 | 18 / 11 | Wie war das gleich? |
| 25 | 18 / 12 | Anruf bei der Hotline |
| 26 | 18 / 17 | Ganz gemütlich |
| 27 | 19 / 5 | Weihnachten – ein Fest der Familie? |
| 28 | 19 / 6 | Autsch, ich seh nix! |
| 29 | 19 / 7 a | Oh, wie schön?! – Wir packen Geschenke aus. |
| 30 | 19 / 7 b | |
| 31 | 19 / 9 | Wen rufen wir jetzt an? |
| 32 | 19 / 10 | Ich finde keine! |
| 33 | 19 / 11 | So eine Aufregung! |
| 34 | 19 / 12 | Beruhigen Sie sich! |
| 35 | 19 / 16 | Streichholzziehen |
| 36 | 20 / 1 | Auf dem Flohmarkt |
| 37 | 20 / 2 | Auf dem Dachboden |
| 38 | 20 / 4 | Phonetischer Flohmarkt |
| 39 | 20 / 5 a | Spiele spielen |
| 40 | 20 / 5 d | |
| 41 | 20 / 6 | Sie sind der Spielleiter. |
| 42 | 20 / 7 a | Ein Flohmarktverkäufer |
| 43 | 20 / 7 d | |
| 44 | 20 / 11 | Schnäppchenjäger |
| 45 | 20 / 12 | Das ist doch nicht teuer! |
| 46 | 20 / 13 a | Fotos aus alter Zeit |
| 47 | 20 / 13 b | |
| 48 | 20 / Ausklang | Vorlesewettbewerb |
| 49 | Strategietraining 16–20, 2 a | |
| 50 | Strategietraining 16–20, 2 c | |
| 51 | Strategietraining 16–20, 5 | |

**Gesamtlänge:** 77:21 Min.